学术前沿

THE FRONTIERS OF ACADEMIA

规训与惩罚

监狱的诞生

修订译本

［法］米歇尔·福柯 著

刘北成 杨远婴 译

*

生活·讀書·新知三联书店

图书在版编目（CIP）数据

规训与惩罚：监狱的诞生：修订译本／（法）福柯著；刘北成，
杨远婴译. —5 版. —北京：生活·读书·新知三联书店，2019.9
（2025.9 重印）
（学术前沿）
ISBN 978 – 7 – 108 – 06584 – 1

Ⅰ．①规⋯　Ⅱ．①福⋯　②刘⋯　③杨⋯　Ⅲ．①哲学理论－法国－现代
Ⅳ．① B565.59

中国版本图书馆 CIP 数据核字（2019）第 091394 号

Michel Foucault
SURVEILLER ET PUNIR
© Editions Gallimard 1975
本书中文简体版权由法国伽利玛出版社授权出版

责任编辑　王晨晨　舒　炜
装帧设计　薛　宇
责任印制　卢　岳
出版发行　生活·讀書·新知 三联书店
　　　　　（北京市东城区美术馆东街 22 号　100010）
网　　址　www.sdxjpc.com
图　　字　01-2019-2193
经　　销　新华书店
印　　刷　河北松源印刷有限公司
版　　次　1999 年 5 月北京第 1 版　2003 年 1 月北京第 2 版
　　　　　2007 年 4 月北京第 3 版　2012 年 9 月北京第 4 版
　　　　　2019 年 9 月北京第 5 版
　　　　　2025 年 9 月北京第 37 次印刷
开　　本　880 毫米 × 1230 毫米　1/32　印张 11.25
字　　数　251 千字　图 30 幅
印　　数　257,001 – 267,000 册
定　　价　58.00 元
（印装查询：01064002715；邮购查询：01084010542）

学术前沿

总　序

　　生活·读书·新知三联书店素来重视国外学术思想的引介工作，以为颇有助于中国自身思想文化的发展。自80年代中期以来，幸赖著译界和读书界朋友鼎力襄助，我店陆续刊行综合性文库及专题性译丛若干套，在广大读者中产生了良好影响。

　　第二次世界大战结束后，随着世界格局的急速变化，学术思想的处境日趋复杂，各种既有的学术范式正遭受严重挑战，而学术研究与社会——文化变迁的相关性则日益凸显。中国社会自70年代末期起，进入了全面转型的急速变迁过程，中国学术既是对这一变迁的体现，也参与了这一变迁。迄今为止，这一体现和参与都还有待拓宽和深化。由此，为丰富汉语学术思想资源，我们在整理近现代学术成就、大力推动国内学人新创性著述的同时，积极筹划绍介反映最新学术进展的国外著作。"学术前沿"丛书，旨在译介"二战"结束以来，尤其是本世纪60年代之后国外学术界的前沿性著作（亦含少量"二战"前即问世，但在战后才引起普遍重视的作品），以期促进中国的学科建设和学术反思，并回应当代学术前沿中的重大难题。

　　"学术前沿"丛书启动之时，正值世纪交替之际。而现代中国的思想文化历经百余年艰难曲折，正迎来一个有望获得创造性大发展的历史时期。我们愿一如既往，为推动中国学术文化的建设竭尽绵薄。谨序。

生活·读书·新知三联书店

1997 年 11 月

目 录

第一部分

酷　刑

第一章　犯人的肉体

1757年3月2日，达米安（Damiens）因谋刺国王而被判处"在巴黎教堂大门前公开认罪"，他应"乘坐囚车，身穿囚衣，手持两磅重的蜡烛"，"被送到格列夫广场。那里将搭起行刑台，用烧红的铁钳撕开他的胸膛和四肢上的肉，用硫黄烧焦他持着弑君凶器的右手，再将熔化的铅汁、沸滚的松香、蜡和硫黄浇入撕裂的伤口，然后四马分肢，最后焚尸扬灰"（《达米安案件》，372～374）。

1757年4月1日的《阿姆斯特丹报》描述道："最后，他被肢解为4部分。这道刑罚费了很长时间，因为役马不习惯硬拽，于是改用6匹马来代替4匹马。但仍然不成功，于是鞭打役马，以便拉断他的大腿、撕裂筋肉、扯断关节……

"据说，尽管他一贯满嘴秽言，却从未亵渎过神明。过度的痛苦使他鬼哭狼嚎般的喊叫。他反复呼喊：'上帝，可怜我吧！耶稣，救救我吧！'圣保罗教区的神甫年事已高，但竭尽全力地安慰这个受刑者，教诲在场的所有观众。"

现场监视官员布东（Bouton）留下了这样的记载："硫黄

点燃了，但火焰微弱，只是轻微地烧伤了手的表皮。刽子手便卷起袖子，拿起专为这次酷刑特制的约一英尺半长的铁钳，先后在右边的小腿和大腿上撕开两处，然后在右臂上撕开两块肉，接着在胸部撕拉。刽子手是一个彪形大汉，但要撕扯下肉块也不容易，因此他在每一处都要撕扯两三次，而且要拧动铁钳。他在每一处撕开大约 6 磅肉的伤口。

"被铁钳撕扯时，达米安虽然没有咒骂，但却声嘶力竭地嚎叫。他不断地抬起头来，然后看看自己的身体。那个刽子手用一个钢勺从一个锅里舀出滚沸的液体，胡乱地浇注每一个伤口。然后，人们把挽马用的绳索系在犯人身上，再给马套上挽绳，把马分别安排在四肢的方向。

"法庭书记员勒·布列东（Le Breton）先生几次走近犯人，问他有什么话要说。犯人每次都表示无话可说。每受一下刑，他都嚎叫：'宽恕我吧，上帝！宽恕我吧，老天爷！'声音仿佛出自地狱。尽管疼痛无比，他仍不时地昂起头，勇敢地看着自己的身体。几个人紧紧地拉住捆他的绳子，使他痛苦万分。勒·布列东再次走近他，问他有什么话要讲。他回答说：'没有。'几名忏悔神父分别走近他，对他说了一阵子。他主动吻了伸向他的十字架，张开嘴反复说：'宽恕我吧，上帝。'4 匹马分别由 4 名刑吏牵引着，向 4 个方向拖拽四肢。一刻钟后，又重新开始拖拽。最后，经过几次尝试，不得不对马拉的方向做些改变，拉手臂的马向头的方向拉，拉腿的马向手臂的方向拉，这才扯断了臂关节。这样拉了几次，仍未成功。犯人抬起头来，看着自己的身体。刑吏又增加了两匹马，与拉腿的马套在一起，但还是没有成功。

"最后，刽子手桑松（Samson）对勒·布列东说，毫无成功的希望，因此请他问问尊贵的老爷们是否愿意让他把犯人砍成几段。勒·布列东从市中心回来，下令再试一次。结果是，役马顶不住了。其中一匹拉腿的马倒在地上。神父们又走过来，与犯人说话。我亲耳听见他对他们说：'吻我一下，先生们！'圣保罗教区神甫畏葸不前，于是德·马西里先生匆匆地从拉着右臂的绳子下钻过去，吻了他的前额。刽子手们围了过来。达米安对他们说，不要咒骂，快执行他们的任务，他不恨他们，他请他们为他向上帝祈祷，请圣保罗教区神甫在做第一次弥撒时为他祈祷。

"接连试了两三次后，刽子手桑松和先前使用铁钳的刽子手各自从衣兜里掏出一把匕首，不是去切断大腿关节，而是直接在大腿根部切割身体。4匹马一用劲，拖断了两条大腿，即先拖走了右腿，后拖走了左腿。然后对手臂、肩膀等如法炮制。刽子手切肉时几乎剔到骨头。马先拖断右臂，然后拖断左臂。

"四肢被拖断后，神父们走过来要对他说话。刽子手告诉他们，他已经死了。但我却看到这个人还在动，他的下颚左右移动，似乎在说话。有一个刽子手甚至说，稍后当他们把躯体扔到火刑台时他还活着。四肢上的绳子也解了下来，四肢被扔到火刑台上。用长长短短的木柴覆盖住躯体和残肢，然后点燃了混杂在木头中的柴草。

"……遵照敕令，一切都被化为灰烬。到晚上10点半，在余火中发现了最后一片需要烧毁的东西。焚烧肉片和躯干大约用了4个小时。官员们（包括我和我的儿子）和一队弓箭手在广场上一直待到将近11点钟。

"有些人证实，有一条狗曾躺在被火烧过的草地上，几次被人赶走，但总是转回来。这不难理解，因为这个小动物发现这个地方比其他地方温暖。"（转引自 Zevaes，201～214）

八十年后，列昂·福歇（Leon Faucher）制定了"巴黎少年犯监管所"规章。其中规定：

"第 17 条：犯人作息日冬天从早上 6 点开始，夏天从早上 5 点开始。每天劳动 9 小时，学习 2 小时。作息日冬天晚上 9 点结束，夏天晚上 8 点结束。

第 18 条：起床。第一次击鼓时，看守打开囚室门，犯人必须起床穿衣，并保持肃静。第二次击鼓时，他们必须穿好衣服，整理好床铺。第三次击鼓时，他们必须整队出发，到小教堂做晨祷。每次击鼓间隔 5 分钟。

第 19 条：祈祷由牧师主持，诵读道德或宗教经文。整个过程不超过半小时。

第 20 条：劳动。夏天 5 点 3 刻，冬天 6 点 3 刻，犯人到院子里洗脸洗手，领取第一份面包。随后，他们编成劳动小组开始工作。劳动时间夏天必须从 6 点开始，冬天必须从 7 点开始。

第 21 条：进餐。犯人在 10 点钟暂停工作，到食堂就餐。他们必须先在各自院子里洗手，然后分组进餐。午餐后休息到 10 点 40 分。

第 22 条：学习。10 点 40 分，随着击鼓声，犯人列队分组到教室。上课时间为 2 小时，交替学习读写、绘画和算术。

第 23 条：12 点 40 分，犯人以组为单位离开教室，回到各自院内休息。12 点 55 分，随着击鼓声，犯人按劳动小组集合。

第 24 条：1 点，犯人必须回到工作车间，工作到 4 点。

第 25 条：4 点，犯人离开车间到院子里洗手，然后按就餐小组集合。

第 26 条：5 点以前是晚餐和休息时间，5 点整返回车间。

第 27 条：夏天 7 点，冬天 8 点，劳动结束。在车间里最后一次发放面包。由一名犯人或一名看守用一刻钟时间诵读一段道德教诲。然后做晚祷。

第 28 条：夏天 7 点半，冬天 8 点半，犯人必须回到各自囚室，事先须在院子里洗手和检查衣物。第一次击鼓时，他们必须脱去衣服，第二次击鼓时，必须上床就寝。看守锁好牢门，在走廊巡视，确保秩序和肃静。"（Faucher，274～282）

我们已经看到了一次公开处决和一份作息时间表。它们惩罚的不是同一种罪行或同一种犯人。但是它们各自定义了一种惩罚方式。其间相隔不到一个世纪。但这是一个时代。正是在这段时间里，无论在欧洲还是在美国，整个惩罚体制在重新配置。这是传统司法"丑闻"迭出、名声扫地的时代，也是改革方案纷至沓来、层出不穷的时代。当时出现了一种新的有关法律和犯罪的理论，一种新的关于惩罚权利的道德和政治论证；旧的法律被废弃，旧的惯例逐渐消亡。各国各地纷纷酝酿或制定"现代"法典：俄国在 1769 年，普鲁士在 1780 年，宾夕法尼亚和托斯坎尼在 1786 年，奥地利在 1788 年，法国在 1791 年、共和 4 年、1808 年和 1810 年。这是刑事司法的一个新时代。

在众多变化中，我将考虑的是这样一种变化：作为一种公共景观的酷刑消失了。今天我们可能对此不以为然。但在当时，或许这曾引发了无数慷慨激昂的华丽文字，或许这曾被人兴奋地大肆渲染为"人道化"的进程，从而无须更深入地分析。再者说，与重大的制度改造、明确统一的法典和司法程序的制定相比，与普遍采用陪审团制度、确定刑罚的性质以改造教养为主以及自19世纪起愈益明显的因人量刑的趋势相比，这种变化又算得了什么？不那么直接的肉体惩罚，在制造肉体痛苦的技术方面的慎重，不再被展示的更微妙、更憋闷的折磨，这些不应被视为更深刻变化的一个具体例子、一种附带的结果吗？但是，毕竟存在着这样一个事实：即在几十年间，对肉体的酷刑和肢解、在面部和臂部打上象征性烙印、示众和暴尸等现象消失了，将肉体作为刑罚主要对象的现象消失了。

到18世纪末和19世纪初，阴森的惩罚盛会虽然在各地还时而零星地出现，但毕竟在逐渐消逝了。在这种转变中有两个进程。它们不是同步的，而且原因各异。第一个进程是惩罚景观的消失。惩罚的仪式因素逐渐式微，只是作为新的法律实践或行政实践而残存下来。公开认罪在法国于1791年首次废除，后来虽曾有过短暂的恢复，但在1830年被再次废除。示众柱刑在法国于1789年废除，在英国于1837年废除。在奥地利、瑞士以及美国的一些州，如宾夕法尼亚，曾使用囚犯从事公益劳动，如清扫城市街道、修整公路。这些身穿囚衣、剃了光头的犯人"被带到公众面前。对这些懒汉和恶棍的嘲弄，常常激怒他们。他们很自然地会对挑衅者进行疯狂的报复。为了防止他们以牙还牙，给他们戴上铁颈圈和脚镣，上面还绑着炸弹。他们拖着铁链，从事丢人现眼的杂役。警卫身挎刀剑、短枪和其他武器进行监督"（Roberts Vaux：《短论集》，21，转引自Teeters，1937，24）。到18世纪末或19世纪初各地实际上废除了这种做法。在法国，公开展示犯人的做法延续到1831年，并受到激烈的批评。雷阿尔（Réal）指责说，这是一种"令人作呕的场面"。这种做法最终在1848年4月被废除。以往用铁链拴成的囚犯队伍跋涉整个法国，远至布雷斯特和土伦。到1837年取而代之的是不显眼的黑色囚车。惩罚逐渐不再是一种公开表演。而且，依然存留的每一种戏剧因素都逐渐减弱了，仿佛刑罚仪式的各种功能都逐渐不被人理解了，仿佛这种"结束罪恶"的仪式被人们视为某种不受欢迎的方式，被人们怀疑是与罪恶相连的方式。在人们看来，这种惩罚方式，其野蛮程度不亚于，甚至超过犯罪本身，它使观众习惯于本来想让他们厌恶的暴行。它经常地向他们展示犯罪，使刽子手变得像罪犯，使法官变得像谋杀犯，从而在最后一刻调换了各种角色，使受刑的罪犯变成怜悯或赞颂的对象。早在1764年，贝卡里亚（Beccaria）*就指出："极其恐怖的谋杀被人们不动声色地、若无其事地重演着。"（Beccaria，101）公开处决此时已被视为一个再次煽起暴力火焰的壁炉。

因此，惩罚将愈益成为刑事程序中最隐蔽的部分。这样便产生了几个后果：它脱离了人们日常感受的领域，进入抽象意识的领域；它的效力被视为源于它的必然性，而不是源于可见的强烈程度；受惩罚的确定性，而不是公开惩罚的可怕戏剧，应该能够阻止犯罪；惩罚的示范力学改变了惩罚机制。结果之一是，司法不再因与其实践相连的暴力而承担社会责任。如果它过于强硬，开了杀戒，这也不是对本身力量的赞颂，而只是

---

* 贝卡里亚（1738～1794），意大利著名法学家。另：书中凡用＊标示的注释，均为中译者所加。

它的一个因素，是应该予以容忍的，也是很难说清的。恶名被重新分摊。在惩罚景观中，从断头台上弥散出一种混合的恐怖，把刽子手和罪犯都笼罩起来；这种恐怖总是要把受刑者所蒙受的耻辱转换成怜悯或光荣，而且还常常把刽子手的合法暴力变成耻辱。现在，耻辱和目光的分布与以前不同了。定罪本身就给犯罪者打上了明确的否定记号。公众注意力转向审讯和判决。执行判决就像是司法羞于加予被判刑者的一个补充的羞辱。因此，司法与执行判决保持着距离，将这种行动委托他人秘密完成。被惩罚是很丢人的，而实施惩罚也不光彩。这样，司法就在自身和它所施加的惩罚之间建立了一个双重保护体系。执行刑罚的人往往成为一个独立部门；由于官僚机构对刑罚过程的掩盖，司法就逃脱了有关责任。法国的情况十分典型。长期以来，监狱管理应该是内务部的责任，苦役犯监狱、苦囚船和罪犯殖民地的劳役管理则是海军部和殖民地部的责任。除了这种角色分配，还有一种理论上的遁词：不要以为我们法官有意惩罚才做出判决，这些判决的目的是使人改邪归正、"治病救人"；在刑罚中，有一种劝恶从善的技术压倒了纯粹的赎罪，同时也使执行有损身份的惩罚任务的官员得到宽慰。在现代司法和执行司法者中有一种羞于惩罚的气氛。当然这并不排除偶尔有激烈的情绪。这种羞愧感在不断增强。由于这种心理创伤，心理学家和辅助道德矫正的公务员的数量急剧增多。

因此，公开处决的消失就不仅标志着这种景观的衰落，而且标志着对肉体控制的放松。1787 年，本杰明·鲁思（Benjamin Ruth）在"促进政治研究会"上说："我仅仅希望，在不远的将来，绞刑架、示众柱、断头台、鞭笞和裂尸刑轮这些刑罚史上的东西都被视为野蛮时代和野蛮国家的标记，理性和宗教对人们心灵影响微弱的证据。"（Teeters，1935，30）果然，六十年后，范米南（Van Meenen）在布鲁塞尔宣布第二届教养大会开幕时，回忆起他的童年时代就好像在描述一个遥远的过去："我曾目睹过裂尸刑轮、绞刑柱、绞刑架、示众柱比比皆是的大地；我曾目睹过被刑轮车裂的可怕残骸。"（《慈善事业年鉴》，529～530）英国于1834年、法国于1832年废除了打烙印的做法。1820年，英国就不再对叛国者使用全部的惩罚手段（西斯尔伍德就没有被四马分尸）。只有鞭刑在一些刑罚体系中依然保存着（俄国、英国和普鲁士）。但是，一般而言，惩罚越来越有节制。人们不再（或基本上不再）直接触碰身体，而是触碰身体以外的东西。有人会对此提出异议，认为监禁、禁闭、强制劳动、苦役、限制活动区域、放逐等等在现代刑罚体系中占有十分重要的位置，而这些都是"体罚"。与罚款不同，它们直接影响人身。然而，惩罚与人的身体的关系毕竟与公开处决时代的酷刑中的情况不一样了。现在，人的身体是一个工具或媒介。如果人们干预它，监禁它或强使它劳动，那是为了剥夺这个人的自由，因为这种自由被视为他的权利和财产。根据这种刑罚，人的身体是被控制在一个强制、剥夺、义务和限制的体系中。肉体痛苦不再是刑罚的一个构成因素。惩罚从一种制造无法忍受的感觉的技术转变为一种暂时剥夺权利的经济机制。如果说触及和操纵罪犯的肉体对于法律来说依然是必要的，那这就要保持一定的距离，采用恰当的方式，遵循严格的规定，而且还要有更"高尚"的目的。由于有了这种新的限制，刽子手这种痛苦的直接制造者被一个技术人员大军所取代。他们包括监狱看守、医生、牧师、精神病专家、心理学家、教育学家等。他们接近犯人，高唱法律所需要的赞歌。他们反复断言，肉体和痛苦不是法律惩罚行动的最终目标。今天，医生会照顾死刑犯，直至最后一刻。他们作为慈善事业的代表和痛苦的安慰者与那些执行死刑的人共同工作。这是很值得玩味的。在即将行刑之际，犯人被注射镇静剂。这是一个司法保持克制的乌托邦：夺走犯人的生命，但不让他有所感觉；剥夺囚犯的全部权利，但不造成痛苦；施加刑罚，但没有任何肉体痛苦。诉诸心理——药理学和各种心理"阻断物"——哪怕是暂时的——是这种"非肉体"刑罚的一个合乎逻辑的结果。

现代处决仪式证实了这一双重进程：酷刑景观的消失和痛苦的消除。这种趋势影响了欧洲各种法律体系，虽然影响的速度不一样。死刑对所有的人都一样了，不再区分所犯的罪行和犯罪者的社会身份；死刑在瞬间完成，预先不再附加任何酷刑，事后也不再对尸体采取更多的处置；处决只伤害生命而非肉体。不再使用那种长时间的程序——用精心计算的间歇和连续的伤残来拖延死亡和加剧死亡的痛苦。死不再使用那种处死弑君者的综合酷刑或18世纪初《绞刑不足以惩罚》（1707年）的匿名作者所鼓吹的那种酷刑，即先用轮刑将犯人肢解，再鞭打使其昏厥，再用铁链将其吊起来，最后使其慢慢地饿死。也不再使用下述死刑，即或者把犯人放在枝条编的席子上（防止他的头部被路石撞碎），沿街拖拉，或者割破他的肚皮，使内脏翻露出来，让他亲眼看着这些内脏被扔到火上，最后砍头和分尸。[1] 把这"千百种死刑"简化为一种严格意义上的死刑，这就确定了一种关于惩罚行为的全新道德。

早在1760年，英国就试制了一种绞刑机（为处死费勒爵士而研制的）。它使用了一个支撑台。这个支撑台可以在犯人脚下张开。这就避免了死亡的拖延，还避免了犯人与刽子手之间的冲突。这个绞刑机经过改进，最终在 1783 年正式采用。同年还废除了从伦敦纽盖特监狱到泰布伦刑场的传统游街仪式。同年，在戈登暴动之后，利用重建监狱的机会，在纽盖特监狱设立了绞刑架（见 Hibbert，85～86）。法国 1791 年法典著名的第 3 条规定："凡被判处死刑者均处以断头。"这包含着三重意义。首先，对一切人使用同一种死刑。（用 1789 年 12 月 1 日通过的吉洛丹的提案中的说法："无论犯罪者具有何种身份和地位，相同罪行将受到相同惩罚。"）其次，一下完成对每一个犯人的死刑，不再使用"拖延时间从而十分残酷的"处决方式，诸如勒佩尔蒂埃所指责的绞刑架。第三，惩罚只是针对犯人个人，因为斩首原来是用于贵族的死刑，对于犯人家庭来说是耻辱最小的（Le Peletier，720）。1792 年 3 月首次使用的断头机最完善地体现了这些原则。死刑被简化为明显可见但瞬间便完成的事情了。法律、执法者与犯人身体的接触也只有一瞬间了。再也没有体力较量了。刽子手只需如同一个细心的钟表工人那样工作就行了。"经验和理智表明，过去使用的砍掉犯人头颅的方法使犯人面临比丧失生命更可怕的酷刑，而这正是当时法律的明确意图；因此，处决应该在一瞬间、用一次打击来完成。但实例表明很难做到这一点。为了达到完善的方法，必须依赖固定的机械手段——因为其力量和效果是能够确定的。……制造这种准确无误的机械是十分容易的事情；根据新法律的意图，斩首将在瞬间完成。如果这种机器看来是十分必要的，它就不会引起任何轰动，甚至不会引人注意。"（Saint-Edme，161）正如监狱剥夺人的自由，也正如罚款减少人的财富，断头机也是在几乎不触及人的肉体的情况下夺走人的生命。其目的就是对一个拥有各种权利，包括生存权的司法对象行使法律，而不是对一个有疼痛感觉的肉体行使法律。它必须具有法律本身的抽象性。

无疑，在法国，旧式公开处决的某些因素一度附着在新的有节制的方法上。犯忤逆罪者，包括弑君者，被送上断头台时要身着黑纱，直到 1832 年，还要先被砍掉一只手。此后，装饰的黑纱依然长期保留着。1836 年 11 月对暗杀路易-菲利普（Louis-Philippe）*的未遂犯菲埃希（Fieschi）的判决便是一例："他被带到刑场时应身穿衬衫，赤脚，头上罩着黑纱。当官员向民众宣读判决书时，他将被展示在断头台上，然后立即处决。"我们会由此想到达米安，并且注意到死刑的最后一点附加物：表示哀丧的黑纱。人们再也看不到犯人的面孔。只是在断头台上宣读的判决书公布了罪行，而罪犯则不露面。（罪犯越罪大恶极，越不准亮相：既不准他看见外界，也不让外界看到他。这是当时的流行观念。人们应该给叛逆者"制造一个铁笼或挖一个不透光线的地牢，使他永远地消遁"。——De Molène，275 ～ 277）公开处决的最后这点遗迹是对这种行刑方式的废止判决：用一块布来遮藏肉体。三重罪犯（弑母，同性恋和谋杀）伯努瓦（Benoit）是第一个不再被砍掉手的逆犯："在宣读判决书时，他站在由刽子手们支撑的断头台上。这是一个恐怖的场面；他被一块白色的尸衣包住，头上罩着黑纱。这个叛逆躲开了沉默人群的目光。生命藏匿在这些神秘不祥的衣物下，仅在凄惨的喊叫声中表明自己的存在，旋即在刀下了结。"（《判决公报》，1832 年 8 月 30 日）

19 世纪初，肉体惩罚的宏大景观消失了，对肉体的酷刑

---

* 路易-菲利普（1773 ～ 1850），法国七月王朝（1830 ～ 1848）的国王。

也停止使用了，惩罚不再有戏剧性的痛苦表现。惩罚的节制时代开始了。到1830—1840年间，用酷刑作为前奏的公开处决几乎完全销声匿迹。当然，对于这种概括性的结论需要做一些限定。首先，这些变化不是一下子发生的，也不是某一种发展进程的结果。也有滞延现象。奇怪的是，英国是公开处决消失得最迟缓的国家之一。其原因也许是，陪审团制度、公开审讯制度和对人身保护法的尊重使其刑法具有一种楷模形象。毫无疑问，最重要的原因是，英国在1780—1820年的大骚乱时期不愿削弱其刑法的严峻性。在相当长的一段时间里，罗米利（Romily）、麦金托什（Mackintosh）和巴克斯顿（Fowell Buxton）都曾试图减轻英国法律所规定的繁杂而严厉的刑罚，但未成功。罗西（Rossi）把英国法律描绘成"狰狞的屠宰"。（实际上，陪审团也往往认为规定的刑罚太苛酷，因此在量刑时尽量从宽。）而刑罚的严厉程度还在不断地增强。1760年，布莱克斯通曾列举出英国法律所规定的160种死罪。到1819年，死罪增加到223种。其次，我们还应考虑1760—1840年间的各种反复。在奥地利、俄国、美国以及制宪议会时期的法国都曾进行急剧的改革，然后在欧洲反革命时期以及1820—1848年的社会大恐慌时期则出现倒退；紧急状态时期的法庭和法律也造成暂时的变化；在法律和法庭的实践之间也有差距（法庭的实践绝不会如实地反映立法状况）。所有这些因素都使19世纪初的转变显得参差不齐。

应当补充说明的是，虽然到1840年多数变革已经实现，惩罚机制也相应地采用了新的运作方式，但是这一过程远未完成。减少酷刑的潮流是以1760—1840年的大转变为背景的，但并未在这一时期终结。可以说，公开处决的习俗长期以来纠缠着我们的刑罚体系，直到今天依然如此。在法国，断头机这种迅速完成死刑的机器体现了一种关于合法死刑的新伦理。但是，大革命随即赋予它一种大型戏剧仪式。在许多年里，它提供了一种景观。因此，不得不将它移到圣雅克要塞；用封闭的马车取代敞开的囚车，把犯人从车厢直接推上断头台；在人们没有料到的时间里迅速完成处决。最后（在 1939 年处决魏德曼之后），为了防止公众接近，断头机不得不设在监狱里，并且封锁通往监狱的街道，秘密执行死刑（如 1972 年在桑戴处决布菲和邦当）。描述现场情况的目击者甚至会被追究，以此来保证处决不再成为一种景观，而只是法律与其制裁对象之间的一种奇怪的秘密。我们必须指出，那么多的防范措施表明，时至今日死刑依然是一种景观，因而必须切实地加以禁止。

同样，在 19 世纪中期，对肉体的摆布也尚未完全消失。无疑，惩罚的重心不再是作为制造痛苦的技术的酷刑，其主要目标是剥夺财富或权利。但是，诸如强制劳动甚至监禁——单纯剥夺自由——这类惩罚从来都有某种涉及肉体的附加惩罚因素：限量供食，性生活被剥夺，体罚，单人囚禁。这些难道不正是监禁的客观必然结果吗？事实上，即便是最单纯的监禁也总会造成一定程度的肉体痛苦。一种针对 19 世纪初教养制度的批评认为，监禁作为惩罚是不够的，因为囚犯与许多穷人甚至工人相比，既不那么挨饿受冻，而且被剥夺的更少。这种批评提出了一种从未遭到否定的要求：犯人应该比其他人受更多的肉体痛苦。把惩罚与附加的肉体痛苦分开是难以做到的。怎么可能有一种非肉体的惩罚呢？

因此，在现代刑事司法体系中存留着"酷刑"的痕迹。这种痕迹从未完全抹掉，而是逐渐被非肉体刑罚体系包裹起来。

在过去两百年间，刑罚的严峻性不断减弱，这是法律史学家所谙熟的现象。但是在很长一段时间里，人们笼统地视之为一种数量现象：更少的残忍，更少的痛苦，更多的仁爱，更多的尊重，更多的"人道"。实际上，与这些变化伴随的是惩罚运作对象的置换。那么，惩罚强度是否减轻了呢？结果或许如此。但是，可以肯定地说，惩罚对象发生了变化。

如果说最严厉的刑罚不再施加于肉体，那么它施加到什么上了呢？理论家们在 1760 年前后开创了一个迄今尚未结束的时代。他们的回答简单明了。答案似乎就包含在问题之中：既然对象不再是肉体，那就必然是灵魂。曾经降临在肉体的死亡应该被代之以深入灵魂、思想、意志和欲求的惩罚。马布利*明确彻底地总结了这个原则："如果由我来施加惩罚的话，惩罚应该打击灵魂而非肉体。"（Mably，326）

这是一个重要的历史时刻。惩罚景观的旧伙伴——肉体和鲜血——隐退了。一个新角色戴着面具登上舞台。一种悲剧结束了，一种喜剧开演了。这是一种影子表演，只有声音，没有面孔，各种实体都是无形的。因此，惩罚司法的机制必须刺透这种无形的现实。

这只是一种理论论断吗？刑罚实践不是与之矛盾吗？不要匆忙地做出这种结论。诚然，今天，惩罚不仅是改造灵魂。但是马布利的原则不仅是一种虔诚的愿望。在现代刑罚实践中处处可以感受到它的影响。

首先是对象改变了。这并不是说人们开始突然惩罚另外的

---

* 马布利（1709～1785），法国思想家。

罪行了。毫无疑问，犯罪的定义、罪行的等级、赦免的限度、实际所容忍的和法律所许可的界限，所有这些在过去两百年间都发生了相当大的变化。许多与某种宗教权威的行使或某种经济活动相关的罪行已不再成为罪行了。亵渎神明不再是一种罪过，走私和偷窃也不再是重罪。但是这些变化或许并不是最重要的，因为准许和禁止之间的划分从一个世纪到另一个世纪会保持一定的稳定性。但在另一方面，"犯罪"这个刑罚实践的对象则发生了深刻的变化：这里说的是犯罪的性质以及某种意义上可惩罚因素的内容，而不是形式上的定义。在法律相对稳定的表层下，发生了大量微妙而急剧的变化。诚然，判决所确定的"犯罪"或"犯法"都是法典所规定的司法对象，但是判决也针对人的情欲、本能、变态、疾病、失控、环境或遗传的后果。侵犯行为受到惩罚，但侵略性格也同时因此受到惩罚。强奸行为受到惩罚，性心理变态也同时受到惩罚。凶杀与冲动和欲望一起受到惩罚。有人会反驳说，判决实际上不是针对它们的；如果提到这些因素，也是为了说明相关的行为，为了确定受审者的意志在多大程度上与犯罪有关联。这不是令人满意的回答。因为受审判和受惩罚的正是这些潜藏在案件背后的幽灵。它们是被当作"减轻罪行的间接因素"而间接受到审判，使判决结论不仅引入"间接因素"证据，而且加进并非司法规定的完全不同的东西，如罪犯的自我认识，人们对罪犯的评估，人们对罪犯本人、他的过去与其罪行之间的关系的认识，对罪犯未来情况的估计等。它们还因为 19 世纪以来在医学和司法之间流行的种种观念而受到审判（如乔治时代的"怪物"，肖米埃*

---

* 肖米埃（1849～1919），法国政界人物。

所谓的"心理反常",当代专家所谓的"变态""失控"等等）。这些观念名义上是解释人们的行为，实际上成为给每个人下定义的工具。它们还受到一种惩罚机制的惩罚——这种惩罚机制旨在使犯法者变得"不仅乐意而且能够在法律范围内生活，并能够满足自己的需求"。它们还受到一种刑罚的内部机制的惩罚——这种刑罚在惩罚犯罪的同时可以根据囚犯行为的变化而变化（一般是缩短刑期，有时也延长刑期）。它们还受到伴随刑罚的"安全措施"的惩罚（如限制活动地区，缓刑，强制性医疗措施等）。这些措施的目的不是惩罚犯法行为，而是监督这个人，消除其危险心态或改造其犯罪倾向，甚至在罪犯转变以后，仍然维持这些措施。在审讯中，涉及罪犯的灵魂，不仅是为了解释他的罪行和在司法上分辨责任。人们把灵魂提交给法庭，加以渲染，影响人们对案情的理解，并被"科学地"运用，这正是由于它也和罪行本身一样要受到审判并分担惩罚。在整个刑事程序中，从预审、判决到刑罚的最终后果，有一个被各种对象渗透了的领域。这些对象不仅复制了而且分裂了司法规定的对象。精神病学，尤其是犯罪人类学以及犯罪学的重复话语，在此发挥了它们的一项重要功能：通过庄重地把犯罪纳入科学知识的对象领域，它们就给合法惩罚机制提供了一种正当控制权力：不仅控制犯罪，而且控制个人，不仅控制他们的行为，而且控制他们现在的、将来的、可能的状况。被法律体系所控制的犯法者的灵魂，这一附加因素在表面上只是解释性和限定性的，而实际上却具有扩张性。在欧洲建立了新的刑法体系的一百五十至两百年间，法官借助于一种渊源久远的进程，逐渐开始审判罪行之外的东西，即罪犯的"灵魂"。

因此，他们开始做判决之外的事情。更确切地说，在司法审判中悄悄地掺进了其他的评估，从而深刻地改变了司法判决的规则。自中世纪艰难缓慢地建立起调查这一重大程序以来，审判就意味着确定犯罪事实，确定犯罪者和实施合法惩罚。有关罪行的知识、有关罪犯的知识和有关法律的知识，这三个条件为符合事实的判决提供了基础。然而，现在，在刑事审判过程中插入了一个截然不同的事实问题。首先，不再像原来那样简单地问："该行为是否已被确认，是否应受到惩罚？"还要追问："这是什么行为？这种暴行或谋杀行为是什么性质？它属于哪一种现象？它是想入非非的结果，还是精神病反应，是一时糊涂，还是一种变态行为？"其次，也不再简单地问："这是谁干的？"还要追问："我们怎么来确定造成犯罪的原因？犯罪的根源是出自犯罪者的哪一方面？是本能，还是潜意识，是环境还是遗传？"最后，也不再简单地问："根据哪一条法律来惩罚这种犯罪？"还要追问："什么措施最恰当？如何估计犯罪者的未来发展？使他重新做人的最佳方法是什么？"这些对罪犯的评估、诊断、预测和矫正性裁决逐渐在刑事审判中占据一席之地。另一种事实渗透进法律机制所要求的事实中。后一种事实被前一种事实所纠缠，结果把罪行认定变成了一种奇特的科学—司法复合体。刑法实践处理疯人问题的方式就很典型。根据1810年法典，只能用第64条来处理疯人。该条款规定，如果犯罪者在犯罪时精神不健全，则不算犯罪或犯法。因此，确定精神错乱是与确定犯罪行为完全无关的事情；该行为的严重性并不因为行为者精神错乱或随后减免惩罚而改变；但是犯罪本身不存在了。据此便不能宣布某个人既犯下罪行又精神错乱。精神错乱的诊断一旦被认可，它就不能被纳入审判；它就打断了审判程序，解除了法律对行为者的制裁。不仅对被怀疑精神失常的罪犯的检查，而且这种检查的结果，都必须独立于并先于判决。然而，时隔不久，19世纪的法庭便开始误解第64条的含义。尽管最高上诉法院几次做出决定，重申对精神错乱者不能判处轻刑，甚至不能做赦免判决，而应撤销立案。但是普通法院依然把精神错乱写进判决书。他们认为，一个人可以既是罪犯又是疯子；疯得越厉害，罪行越轻；罪行是肯定的，但应该把人送去治疗，用刑罚以外的方法来处置；这种人不仅是罪犯，而且是很危险的人，因为他病得太严重，等等。从刑法的角度看，这种观点必然导致许多荒唐的判决。然而，这种情况恰恰是某种演变的开始，法理学和立法本身在以后的一百五十年间加速了这种演变进程：1832年的改革已经引入了"减轻罪行的间接因素"，从而能够根据某种疾病的设定程度或某种半疯癫状态的程度来修改判决。此外，请精神病专家出庭的做法（这种做法在巡回法庭中十分普遍，有些即决法庭也这样做）也意味着，即使判决通常是依法量刑，但也多少混合着对是否正常的评定，对因果关系的归纳，对各种可能前景的估计以及对犯罪者未来的预测。如果以为这些运作都是从外面影响判决的内容，那就大错特错了。它们是直接参与一项判决的形成过程。本来按照第64条的原意，精神错乱就消除了罪行，而现在任何犯罪或犯法都被纳入这一条款，受到合法的怀疑，同时在任何反常的案件中人们都可以提出精神不正常的假设。而且，无论是有罪还是无罪的判决，都不再仅仅是一项针对罪行的判决，一项实施惩罚的法律决定。它还包含了对是否正常的评定和对正常化前景的技术性预测。今天的审判者，无论是法官还是陪审员，当然就不只是在"判案"了。

而且，他也不是在独自审判。整个刑事诉讼程序和执行判决过程充斥着一系列的辅助权威。围绕着主要审判衍生出大量的小型法律体系和变相的法官：精神病和心理分析专家，执行判决的官员，教育工作者，监狱服务人员。所有这些人都分享着合法惩罚权力。有人会反驳说，以上这些人无一真正分享审判权；其中有些人只是在判决后实施法庭规定的惩罚，而另一些人，即那些专家，是在判决之前介入的，是帮助法官们做出决定。然而，只要法庭所规定的刑罚和安全措施不是绝对的明确，它们就会不断地被修改，就会给法官以外的人留下一个任务：决定犯人是否"应该"享有半自由或有条件的自由，他们是否将对他的监管贯彻到底。这就把合法惩罚的机制交给了他们，由他们任意支配。尽管他们可能是辅助性法官，但他们毕竟是法官。这种机制是长期以来围绕着判决的实施及其因人而异的调整而发展起来的，造成了司法决策权威的大量衍生，并把决定权扩展到判决以外的领域。精神病专家本身可能是不愿参与审判的。让我们来考察自"1958 年裁决"以来他们向自己提出的 3 个问题，即被定罪者是否构成社会的威胁？他是否应受到刑事惩罚？他是否能够被矫正？这些问题丝毫不涉及第 64 条，也不涉及被定罪者在犯法时是否精神失常，也不涉及"责任"问题。它们只涉及刑罚的使用、必要性和效用。用浅显易懂的语言说，它们使得人们有可能证明，精神病院是否是比监狱更合适的禁闭场所，这种禁闭应该是短期的还是长期的，人们所需要的是医疗处置还是安全措施。那么，精神病专家在刑事领域里的角色是什么呢？他不是负有责任的专家，而是一个关于惩罚问题的顾问。他需要回答的是，这个对象是否"危险"，人们应该如何防范他，人们应该如何改变他，人们应强迫他服从还是应给予他治疗。最初，人们求助精神病学专业知识时是为了对罪犯的自由在其犯罪行动中所起的作用得出"真的"解释。现在这种知识则被用来为对罪犯的"医学—司法治疗"提供处方。

总之，自从18世纪和19世纪的重要法典所规定的新刑罚体系实施以来，由于一种普遍的进程，使得法官审理罪行以外的某种东西，使得他们的判决也包含了审判以外的某种内容，审判的权力也部分地转移到审理罪行的法官以外的其他权威手中。整个司法运作吸收了超司法的因素和人员。有人会说，这毫无异常之处；法律不断地吸收其他因素，乃是一种必然趋势。但是，现代刑事司法的怪异之处在于，尽管它采纳了许多超司法因素，却不是为了从司法角度限定它们，逐渐把它们整合进实际的惩罚权力，相反，是为了让它们作为非司法因素在刑罚运作中发挥作用，是为了使刑罚运作不再是单纯的合法惩罚，是为了使法官不再是纯粹的和唯一的惩罚者。"当然，是我们做出了判决。但是，这种判决并不直接与罪行相关。显然，在我们看来，它是一种医治罪犯的方式。我们施加惩罚，但这也是在表明，我们希望获得一种疗效。"今天，刑事司法只有通过这种不断地指涉自身之外的某种东西，通过这种不断地嵌入非司法体系，才能展开运作和为自己正名。它的命运需要不断地由知识来重新确定。

这样，在这种惩罚日益宽松的现象背后，人们可以发现惩罚作用点的置换，而且可以看到，通过这种置换出现了一个新的对象领域，一个新的事实真理体系以及一大批在刑事司法活动中一直不为人们所知的角色。一整套知识、技术和"科学"话语已经形成，并且与惩罚权力的实践愈益纠缠在一起。

本书旨在论述关于现代灵魂与一种新的审判权力之间相互关系的历史，论述现行的科学—法律综合体的系谱。在这种综合体中，惩罚权力获得了自身的基础、证明和规则，扩大了自己的效应，并且用这种综合体掩饰自己超常的独特性。

但是，这样一部现代灵魂遭受审判的历史应该从何写起呢？如果我们局限于立法或刑事程序的演变，那么我们就可能会错误地认为，在集体情感中发生了一种变化，有一种人道化趋势，把人文科学的发展看作是一种大范围的、外在的、消极的和基本的事实。如果像涂尔干那样（见本书"参考书目"所引文），只是研究一般的社会现象，我们就可能错误地认为，在惩罚的个人化方式中日益宽松似乎成为一种原则。而惩罚的个人化方式其实是新的权力策略的一个后果，这些策略也包括新的刑罚机制。因此，本书的研究将遵循4个基本规则：

1. 对惩罚机制的研究并不单纯限于其"镇压"效应和"惩罚"方面，而是将它们置于惩罚机制可能产生的一系列积极效应中，即使这些积极效应乍一看似乎是边缘性的。这样也就是把惩罚视为一种复杂的社会功能。

2. 在分析惩罚方式时不只是将它们视为立法的后果或社会结构的表征，而是视为在其他行使权力方式的更普遍领域里具有自身特色的技术。这样也就是把惩罚视为一种政治策略。

3. 不是把刑法史与人文科学史看作两个独立的系列——它们的相互重合似乎对某一方或对双方有干扰作用或有益效应，而是考察是否存在着共同母体，它们是否都出自同一个"认识—司法"结构过程。简言之，把权力技术学变成刑罚体系人道化和对人的认识这二者的共同原则。

4. 试图发现灵魂进入刑事司法舞台以及一套"科学"知识进入法律实践是不是权力关系干预肉体的方式发生改变的结果。

总之，我将试着基于某种有关肉体的政治技术学来研究惩罚方式的变化，从中读解出权力关系和对象关系的一部共同历史。这样，通过把刑罚的宽松当作一种权力技术来分析，我们或许能够理解人类、灵魂、正常或不正常的人是如何复制作为刑罚干预对象的犯罪，一种特殊的征服方式是如何能够造就出一种作为具有某种"科学"地位的话语的认识对象的人。

但是，我并不自诩是第一个做这种研究的人。[2]

鲁舍（Rusche）与基希海默尔（Kirchheimer）*的大作《惩罚与社会结构》提供了一系列基本参考点。我们首先必须摆脱那种错觉，即认为刑罚主要是（即使并非绝对的是）一种减少犯罪的手段；因此，尽管由于社会形态、政治制度和政治信仰不同，刑罚或者十分严厉或者比较宽松，但都旨在达到矫正修补的目的，都要追究个人或集体责任。我们应该分析"具体的惩罚制度"，把它们当作社会现象来研究，但不能单纯地从社会的司法结构来考虑，也不能单纯地从社会的基本道德选择来考虑。我们应该把它们置于它们运作的领域——在这种领域中对犯罪的惩罚不是唯一的因素；我们应该揭示，惩罚措施不仅仅是进行镇压、防范、排斥和消灭的"消极"机制，它们还具有一系列积极的、有益的效果，而它们的任务正是提供和维持这种效果（而且在这种意义上，虽然合法惩罚是为了惩罚犯

---

* 鲁舍和基希海默尔，均系德国社会学家。

罪，但人们也可以说，对犯罪的界定和追究也是为了维持惩罚机制及其功能）。从这种观点出发，鲁舍和基希海默尔将不同的惩罚制度与它们在其中运作的生产制度联系起来：譬如，在奴隶制经济中，惩罚机制被用于提供一种额外的劳动力——在战争和贸易所提供的奴隶之外，造成一批"民法"奴隶；在封建制度下，在货币和生产的早期阶段，我们会发现肉体惩罚急剧地增多——在大多数情况下，肉体是唯一可以触动的财产；随着商业经济的发展，收容所（总医院、纺织劳动院或木工劳动院*）、强制劳动和监狱工厂纷纷出现。但是工业制度需要的是一个自由劳动市场，因此在 19 世纪，惩罚机制中的强制劳动逐渐式微，"教养"拘留取而代之。毫无疑问，关于这种严格的对应关系已经有了一系列的研究成果。

但是，我们可以有把握地接受一个基本观点，即在我们今天的社会里，惩罚制度应该置于某种有关肉体的"政治经济"中来考察：尽管它们并不使用粗暴的、血腥的惩罚，尽管它们使用禁闭或教养的"仁厚"方法，但是，最终涉及的总是肉体，即肉体及其力量、它们的可利用性和可驯服性、对它们的安排和征服。以道德观念或法律结构为背景来撰写一部惩罚史，当然是无可非议的。但是，当这种惩罚制度声称以掌握罪犯的灵魂秘密为自己的目标时，我们能以肉体史为背景来撰写这种惩罚史吗？

历史学家早就开始撰写肉体的历史。他们研究了历史人口学或病理学领域里的肉体；他们把肉体看作是需求和欲望之源，心理变化和新陈代谢之所，细菌和病毒的侵害目标；他们

---

* 　纺织劳动院是英国收容妓女的地方。木工劳动院是德国和荷兰设立的罪犯教养院。

揭示了历史进程在多大程度上涉及似乎纯粹生物学意义上的生存基础，在社会史中，诸如杆菌的传播或寿命的延长这类生物学"事实"应占有何种地位（参见 Le Roy-Ladurie）。但是，肉体也直接卷入某种政治领域；权力关系直接控制它，干预它，给它打上标记，训练它，折磨它，强迫它完成某些任务、表现某些仪式和发出某些信号。这种对肉体的政治干预，按照一种复杂的交互关系，与对肉体的经济使用紧密相连；肉体基本上是作为一种生产力而受到权力和支配关系的干预；但是，另一方面，只有在它被某种征服体制所控制时，它才可能形成为一种劳动力（在这种体制中，需求也是一种被精心培养、计算和使用的政治工具）；只有在肉体既具有生产能力又被驯服时，它才能变成一种有用的力量。这种征服状态不仅是通过暴力工具或意识形态造成的，它也可以是直接实在的力量的对抗较量，具有物质因素，但又不包含暴力；它可以被计算，被组建，被具体地设想出来；它可能是很微妙的，既不使用武器，也不借助于恐怖，但依然具有物质结构。也就是说，可能有一种关于肉体的"知识"，但不完全是关于肉体功能运作的科学；可能有对肉体力量的驾驭，但又不仅是征服它们的能力；这种知识和这种驾驭构成了某种可以称为肉体的政治技术学。当然，这种技术学是发散的，几乎没有形成连贯的系统的话语；它往往是各种零星的片断；它使用的是一套形形色色的工具和方法。尽管其结果具有统一性，但一般来说，它不过是一种形式多样的操作。另外，它不是固定在某种特殊的制度机构或国家机器中。它们都求助于它，使用、选择或推行它的某些方法。但是，就其机制和效应而言，它处于另外一个层面。在某种意义上，国家机器和各种机构所运用的是一种权力的微观物理学，其有效领域在某种意义上是介于这些重大功能运作与具有物质性和力量的肉体之间。

这样，我们对这种微观物理学的研究就提出以下的假设：首先，施加于肉体的权力不应被看作是一种所有权，而应被视为一种战略；它的支配效应不应被归因于"占有"，而应归因于调度、计谋、策略、技术、运作；人们应该从中破译出一个永远处于紧张状态和活动之中的关系网络，而不是读解出人们可能拥有的特权；它的模式应该是永恒的战斗，而不是进行某种交易的契约或对一块领土的征服。总之，这是一种被行使的而不是被占有的权力。它不是统治阶级获得的或保持的"特权"，而是其战略位置的综合效应——是由被统治者的位置所展示的、有时还加以扩大的一种效应。其次，这种权力在实施时，不仅成为强加给"无权者"的义务或禁锢；它在干预他们时也通过他们得到传播；正是在他们反抗它的控制时，它对他们施加压力。这就意味着，这些关系深入到社会深层；它们不是固定在国家与公民的关系中，也不是固定在阶级分野处，它们不仅在个人、肉体、行为举止的层面复制出一般的法律和政府的形式；尽管存在着某种连续性（它们确实通过一系列复杂机制而连接成这种连续形式），但是，既没有相似性，也没有同源性，而只有机制和模态的特殊性。最后，它们不是单义的；它们确定了无数冲撞点、不稳定中心，每一点都有可能发生冲突、斗争，甚至发生暂时的权力关系的颠倒。这些"微观权力"的颠覆并不是遵循着"要么全部，要么全不"的法则；这种颠覆不是由于国家机器被新的势力控制或原有的制度机构行使新的功能或遭到毁灭而一下子造成的；另一方面，这些局部的插曲无一会被载入史册，除非它对制约着它的整个网络产生影响。

或许，我们也应该完全抛弃那种传统的想象，即只有在权力关系暂不发生作用的地方知识才能存在，只有在命令、要求和利益之外知识才能发展。或许我们应该抛弃那种信念，即权力使人疯狂，因此弃绝权力乃是获得知识的条件之一。相反，我们应该承认，权力制造知识（而且，不仅仅是因为知识为权力服务，权力才鼓励知识，也不仅仅是因为知识有用，权力才使用知识）；权力和知识是直接相互连带的；不相应地建构一种知识领域就不可能有权力关系，不同时预设和建构权力关系就不会有任何知识。因此，对这些"权力—知识关系"的分析不应建立在"认识主体相对于权力体系是否自由"这一问题的基础上，相反，认识主体、认识对象和认识模态应该被视为权力—知识的这些基本连带关系及其历史变化的众多效应。总之，不是认识主体的活动产生某种有助于权力或反抗权力的知识体系，相反，权力—知识，贯穿权力—知识和构成权力—知识的发展变化和矛盾斗争，决定了知识的形式及其可能的领域。

因此，为了分析对肉体的政治干预和权力微观物理学，在权力问题上，我们必须抛弃暴力—意识形态对立、所有权观念、契约和征服模式；在知识问题上，我们必须抛弃"有利害关系"和"无利害关系"的对立、认识的模式和主体的第一性。借用配第（Petty）*及其同时代人的一个词，但赋予它一种不同于17世纪的含义，我们可以设想一种政治"解剖学"。它不是把国家当作某种"肉体"（具有各种因素、资源和力量的

---

* 配第（1623～1687），英国政治经济学家。

实体）来研究，也不是把肉体及其环境当作一个微型国家来研究。我们关注的是"政治实体"（body politic），把它看作一组物质因素和技术，它们作为武器、中继器、传达路径和支持手段为权力和知识关系服务，而那种权力和知识关系则通过把人的肉体变成认识对象来干预和征服人的肉体。

这就需要我们把惩罚技术——它们或者是用公开酷刑和公开处决的仪式来捕捉肉体，或者是以人们的灵魂为对象——置于这个政治实体的历史中。这还需要我们在考虑刑罚实践时，与其把它们看作法律理论的后果，不如把它们看作政治解剖学的一章。

坎托罗维茨（Kantorowitz）对"国王的身体"做了一个精彩的分析。按照中世纪的司法神学，国王的身体具有双重性质，既包含着有生有死的暂时因素，又包含着一个不受时间影响的不变因素。后者需要受到维护，因为它是该王国的物质的但又无形的依托物。这种二元性从根本上讲很接近于基督教神学模式。围绕着这种二元性形成一种肖像学，一种关于君主制的政治理论，一些将国王本人与王位的要求既区分开又联系起来的法律机制，一些以加冕典礼、葬礼和征服典礼为登峰造极的仪式。在相反的一端，人们会想到罪犯的肉体。后者也有其法律地位，也造就了自己的仪式。他们也引起了一系列的理论话语，但不是为了证实君主本人所拥有的"过剩权力"，而是为了说明这些受惩罚者所显示的"权力的匮乏"。在这个最黑暗的政治领域里，罪犯是国王的对称而颠倒的形象。借用坎托罗维茨的说法，我们应该分析"罪犯的微不足道的身体"。

如果说国王所拥有的过剩权力造成了国王身体的复制物，那么施加在罪犯被征服的肉体上的过剩权力不也造成了另一种复制物吗？即马布利所说的"非肉体"，"灵魂"。因此，这种惩罚权力的"微观物理学"的历史就将成为现代"灵魂"的一个系谱或一个因素。人们不应把这种灵魂视为某种意识形态残余的死灰复燃，而应视之为与某种支配肉体的权力技术学相关的存在。如果认为这种灵魂是一种幻觉或一种意识形态效应，那就大错特错了。相反，它确实存在着，它有某种现实性，由于一种权力的运作，它不断地在肉体的周围和内部产生出来。这种权力是施加在被惩罚者身上的，更广义地说，这种权力的对象是被监视、训练和矫正的人，疯人，家庭和学校中的儿童，被隔离的人以及被机器所束缚、工余时间也受监视的人。这就是这种灵魂的历史现实。它与基督教神学所展示的灵魂不同，不是生而有罪并应该受到惩罚的，而是生于各种惩罚、监视和强制的方法。这种现实的非肉体的灵魂不是一种实体，而是一种因素。它体现了某种权力的效应，某种知识的指涉，某种机制。借助这种机制，权力关系造就了一种知识体系，知识则扩大和强化了这种权力的效应。围绕着这种"现实—指涉"，人们建构了各种概念，划分了各种分析领域：心理、主观、人格、意识等等。围绕着它，还形成了具有科学性的技术和话语以及人道主义的道德主张。但是，我们不要产生误解，不要以为一种现实的人——认识、哲学思考或技术干预的对象——取代了神学家幻觉中的灵魂。人们向我们描述的人，让我们去解放的人，其本身已经体现了远比他本人所感觉到的更深入的征服效应。有一种"灵魂"占据了他，使他得以存在——它本身就是权力驾驭肉体的一个因素。这个灵魂是一种权力解剖学的效应和工具；这个灵魂是肉体的监狱。

一般而言的惩罚以及具体而言的监狱属于一种关于肉体的政治技术学——我的这一结论与其说得自于历史，不如说得自于现实。近些年，监狱暴动在世界各地时有发生。当然，暴动的目的、口号和方式有某种似乎矛盾的东西。有些暴动是反抗整个延续了一个多世纪的恶劣物质状况：寒冷、窒闷、拥挤、潮湿、饥饿以及虐待。但是，也有些暴动是反抗模范监狱、镇静药物、隔离手段以及医疗和教育措施。这些暴动的目标仅仅是物质方面吗？既反对落后陈旧的条件，又反对舒适，既反对看守，又反对精神病专家，这些暴动不是相互矛盾吗？实际上，所有这些暴动（以及自19世纪初以来由监狱引起的无数话语）一直是围绕着肉体和物质状况展开的。正是那些琐碎的物质细节维持了这些话语、这些记忆和谩骂。人们可能会把这些只视为盲目的要求或者怀疑在这些要求背后有图谋不轨的计划。实际上，它们是肉体层面上的反抗，反抗的就是监狱这种实体。问题并不在于监狱的环境是否太严酷或太令人窒息，太原始或太有章法，而在于它本身作为权力工具和载体的物质性。"灵魂"技术学——教育专家、心理学家或精神病专家的技术学——既无法掩饰也无法弥补的正是这种支配肉体的权力技术学。原因很简单，前者是后者的工具。我要撰写的就是这种监狱的历史，包括它在封闭的建筑物中所汇集的各种对肉体的政治干预。我为什么愿意写这样一部历史呢？只是因为我对过去感兴趣吗？如果这意味着从现在的角度来写一部关于过去的历史，那不是我的兴趣所在。如果这意味着写一部关于现在的历史，那才是我的兴趣所在。[3]

注　释

〔1〕威廉・布莱克斯通（William Blackstone）描述了这种处决叛国者的场面。见 *Commentaries on the Laws of England* Vol. 4，1766，P. 9，89。法文译本想显示英国立法的人道性，在与 1760 年的旧赦令进行比较时，法文译者加以注释："在这种惨不忍睹的死刑中，罪人没有受很多的痛苦，或者说，没有受长时间的痛苦。"

〔2〕在此，我无须详述本书从吉尔・德勒兹以及他与费利克斯・加塔利的工作中所受到的启发。我还从卡斯特尔（R. Castell）的《精神分析学说》（*Psychanalysm*）中受到多处启发。我还要对彼埃尔・诺拉（Pierre Nora）表示感谢。

〔3〕我将仅限于研究监狱在法国刑事制度中的诞生。因为各国的历史发展与制度千差万别，这就使得进行一项具体详细的比较研究令人不胜重负，而从总体上来描述这种现象又过于简单化。

第二章　断头台的场面

　　迄法国大革命为止，刑罚的基本形式是由 1670 年法令规定的。该法令规定了下列刑罚等级："死刑、拷问、苦役、鞭刑、公开认罪、放逐。"肉体惩罚占的比重极大。习俗、犯罪性质、犯人的身份也都在考虑之中。"极刑包括许多种类：对有些犯人可直接处以绞刑，对有些犯人则先断手或割舌，再送上绞架；对重罪犯人有些可用刑轮裂肢折磨至死，然后再肢解躯干，有些则在死前肢解躯干，有些可先绞死再车裂，有些可烧死，有些则先绞死再焚尸，有些可用四马分尸，有些可斩首，有些可击碎其头。"（Soulatges，169 ~ 171）苏拉日（Soulatges）还顺带补充说，在该法令中，还有一些较轻的刑罚未被提及，如满足受害者的要求、警告、正式申斥、短期监禁、行动限制以及钱财上的惩罚——罚款或没收。

　　然而，我们绝不应产生误解。在这个恐怖武库与日常刑罚实践之间，实际上有一个很大的差距。公开的酷刑和处决绝不是最常见的惩罚形式。在今天看来，古典时期刑罚实践中的死刑判决比例似乎很高。1775—1785 年间，在沙特莱（Châtelet）

要塞[1] 的判决中，有将近百分之十是死刑，包括车裂、绞刑和火刑。（Petrovitch，自第 226 页起）弗兰德（Flander）最高法院在 1721—1730 年间共做出 260 项判决，其中有 39 项死刑判决（在 1781—1790 年间的 500 项判决中有 26 项死刑判决。——见 Dautricourt）。但是，不应忘记，法庭有许多放宽刑罚的办法，或者拒绝追究会受到过于严厉惩罚的罪行，或者修改犯罪的定义。有时，国王也指示，对某个严峻的法令不要过于认真地执行（舒瓦瑟尔论 1744 年 8 月 3 日关于流浪汉的公告——Choiseul，128 ~ 129）。总之，大多数的判决是放逐和罚款。像沙特莱要塞（只处理较重的犯罪）这样的法庭，在 1755—1785 年间做出的判决，多半是放逐。但是，这些非肉体惩罚常常附加着其他惩罚，后者包括程度不同的酷刑：示众、上颈手枷、戴铁颈圈、鞭笞、烙印。凡是判处做划船苦工的男人或判处幽闭在医院里的女人，都附加这些惩罚。放逐之前往往先示众和打烙印，罚款有时也伴随鞭笞。不仅在那种庄严的死刑中，而且在这些附加的刑罚中，酷刑都显示出自己在刑罚中的重要地位：凡是稍微重要的刑罚必然包含着一种酷刑或肉刑的因素。

何谓"肉刑"（Supplice）？若古（Jaucourt）* 在《百科全书》的词条中解释："引起某种令人恐惧的痛苦的肉体惩罚。"他补充说："这是人的想象力所创造的一种令人费解的极其野蛮和残酷的现象。"这种现象或许令人费解，但并非反常，也并非原始。酷刑是一种技术，它并非一种无法无天的极端狂暴表现。惩罚要成为酷刑的话，必须符合三条基本标准：首先，它必须制造出某种程度的痛苦，这种痛苦必须能够被精确

---

* 若古（1704 ~ 1780），法国学者。

地度量，至少能被计算、比较和划分等级；死刑也是一种酷刑，因为它不仅剥夺了人的生存权，而且它也是经过计算的痛苦等级的顶点，它包括从斩首（这是将全部痛苦化简为在一瞬间完成的一个行为——这是零度的酷刑），绞刑、火刑和轮刑（这些都延长了痛苦），到肢解活人（这种方法使人的痛苦达到极点）。极刑是一种延续生命痛苦的艺术，它把人的生命分割成"上千次的死亡"，在生命停止之前，制造"最精细剧烈的痛苦"（见 Ollyffe）。酷刑是以一整套制造痛苦的量化艺术为基础的。不仅如此，这种制造痛苦的活动还是受到调节的。酷刑将肉体效果的类型、痛苦的性质、强度和时间与罪行的严重程度，罪犯的特点以及犯罪受害者的地位都联系起来。制造痛苦有一套法律准则。在用酷刑进行惩罚时，绝不会不加区别地同等地对待肉体。人们会根据具体的规则进行计算：鞭笞的次数、打烙印的位置，在火刑柱或刑轮上制造死亡痛苦的时间（由法庭决定，罪犯应被即刻处死还是慢慢处死，在何处表现恻隐之心），戕残身体的方法（断手或割嘴、割舌）。这些各种不同的因素扩大了惩罚方式，并根据法庭情况和罪行而加以组合。正如罗西（Rossi）所形容的："但丁的诗进入了法律。"总之，这是肉体刑罚知识中一门需要长期学习的课程。

其次，酷刑应成为某种仪式的一部分。它是惩罚仪式上的一个因素，必须满足两个要求。它应该标明受刑者。它应给受刑者打上耻辱的烙印，或者是通过在其身体上留下疤痕，或者是通过酷刑的场面。即使其功能是"清除"罪恶，酷刑也不会就此罢休。它在犯人的身体周围，更准确地说，是在犯人的身体上留下不可抹去的印记。无论如何，人们都不会忘记示众，戴枷受辱，酷刑和历历在目的痛苦。

第三，从规定酷刑的法律的角度看，公开的酷刑和死刑应该是引人注目的，应该让所有的人把它看成几乎是一场凯旋仪式。它所使用的过分的暴力是造成它的荣耀的一个因素。罪人在受刑时呻吟哀嚎，这种情况并不是令人难堪的副作用，而恰恰是伸张正义的仪式。因此，甚至在人死后仍施加酷刑，如焚尸扬灰，暴尸囚笼和悬尸路旁，也是十分正常的了。即使已没有任何痛苦了，司法正义仍对犯人的身体紧追不舍。

"司法酷刑"这个词并不涵盖一切肉体惩罚。它是一种有差别的痛苦制造方式，一种标明受刑者和体现惩罚权力的有组织的仪式。它并不表明法律体系怒不可遏、忘乎所以、失去控制。在"过分的"酷刑中，包含着一整套的权力经济学。

受刑的肉体首先被纳入法律仪式中，而这种仪式应该产生并向一切人展示罪行的真相。

除了英国这一明显的例外，在法国以及多数欧洲国家，整个刑事诉讼过程，包括最后的判决，始终是秘密进行的，也就是说，不仅对于公众，而且对于被告都是不透明的。这一过程是背着被告，至少是在他对指控或证据茫然不知的情况下进行的。在刑事司法的程序中，知情是起诉追究的绝对特权。按照1498年的法令，先期调查应"尽可能地认真而秘密地"进行。1670年法令肯定并在某些方面强化了前一时期的严厉性。按照这项法令，被告不能接触有关本案的材料，不能知道原告的身份，在反驳证人以前不能知道证据的情况，直到最后审判前不能利用书面证词，不能有律师确保案件审理的合理或在主要问题上参与辩护。初审司法官则有权接受匿名的告发，对被告隐瞒这种情况，怀着疑心并使用各种巧妙的方式来讯问被告、捕捉被告的漏洞。（直至 18 世纪，人们还在长篇大论地争辩在"吹毛求疵的"讯问过程中法官使用虚假的承诺、谎言和双关语，即一整套居心叵测的司法决疑术是否合法。）初审司法官拥有独自建构某种事实并加于被告身上的全权，正式法庭的法官所得到的就是这种以文件和书面陈述形式提供的现成事实。对于他们来说，这些文件足以构成证据。他们仅在通过判决之前传讯被告一次。这种秘密的和书面的司法程序体现了一个原则，即在刑事案件中，确立事实真相是君主及其法官的绝对排他的权力。埃罗（Ayrault）认为，这种程序（大体上在 16 世纪确立）起源于"恐惧心理，即恐惧那种人民往往会情不自禁地喧哗和欢呼的场面，担心出现混乱、暴力和针对当事人甚至针对法官的骚动"。国王希望通过这种方式表明，派生出惩罚权的"主权者权力"在任何情况下都不属于"民众"（见 Ayrault，LIII，第 LXXII 和 LXIX 章）。在君主的司法面前，一切人都必须鸦雀无声。

然而，在确立事实真相时，尽管极其秘密，但也必须遵守某些准则。保密本身就要求规定一种关于刑讯事实的严格模式。从中世纪开始，经过文艺复兴时期著名法学家的发展，形成了一套传统，规定了证据的性质和使用方法。甚至在 18 世纪，人们还会常常见到如下的区分：真实、直接或正当的证据（如由目击者提供的证据）与间接、推断和制造的证据（如通过论证获得的证据）；明显的证据、值得考虑的证据，不完善的证据或蛛丝马迹（Jousse，660）；使人们对行为事实无可置疑的"必不可少的"证据（这是"充足"证据。譬如由两名无可指责的目击者证实，他们看到被告持一把出鞘带血的剑离开了，稍后发现因刀伤致死的尸体的地方）；接近或半充足证据——只要被告不能提出相反的证据，这种证据就可被认为是真实的（如，一个目击者的作证，或在谋杀前被告所做的死亡恐吓）；最后还有间接的、完全由意见构成的"副证"（如传言，疑犯的逃遁，疑犯在审讯时的举止，等等。见 Muyart de Vouglans，1757，345～347）。现在，这些区分不只是理论上的精密分析，而且具有操作上的功能。首先，这些证据孤立地看都可能有一种特殊的司法作用。"充足"的证据可以导致任何判决。"半充足"的证据可以导致除死刑外的任何"重刑"。不完善的线索也足以导致传讯拘留疑犯、立案审讯或对其课以罚款。其次，它们可以按照精确的算术法则进行组合。两个"半充足"证据就可合成一个完整的证据。如果同时有几个"副证"，它们就可以组成一个"半证据"。但是，无论"副证"有多少，它们本身不能构成一个完整的证据。这个刑法算术学在许多方面十分细密，但是仍有值得商榷之处。如，根据一个充足证据是否足以做出一项死刑判决，是否还应有其他的副证？两个半充足证据是否总是等于一个充足证据，是否应该用三个半充足证据或者用两个半充足证据和一些副证来充当一个充足证据？有些因素是否仅仅对于某些罪行，在某些场合和涉及某些人时可以被视为副证呢？（譬如，如果证据出自一个流浪汉，那么就可以不予注意；相反，如果证据是由"一个重要人物"或者在家庭案件中由户主提供的，那么它就变得重要了。）这是一种受决疑术调节的算术，其功能是确定如何建构一个法律证据。一方面，这种"法律证据"体系在刑事领域中把一种复杂艺术的结果变成真理。它所遵循的是只有专家才懂的法则，因此它加强了保密原则。"法官仅有任何有理智的人都会有的那种信念是不够的。……没有什么比这种判案思路更错误，实际上，这种思路不过是在某种程度上言之成理的意见。"另一方面，它也是一种对司法官的严格限制。如果没有这种规则，"任何判决都可能是胡来，而且，在某种意义上可以说，即便被告真的有罪，判决也是不公正的"（Poullain du Parc，112～113。另参见 Esmein，260～283 和 Mittermaier，15～19）。这种独特的司法真实总有一天会显得荒诞不经，好像法律不必遵循一般的真实准则。"在科学中半个证据能够证明什么呢？几何或代数中的半个论证有什么意义呢？"（Seigneux de Correvon，63）但是，不应忘记，这些对法律证据的正式限制乃是绝对性权力和垄断性知识所固有的管理方式。

这种刑事案件调查以书面形式秘密进行，遵循严格的法则建构证据，乃是一种无须被告出席便能产生事实真相的机制。因此，虽然法律上一般并没有明确规定，但是这种程序往往必然要求犯人招供。这有两个原因。首先，供词能够成为强有力的证据，以至几乎无须补充其他的证据，或者说不需要进行那种麻烦而不可靠的副证组合。如果供词是通过正当方法获得的，那么就几乎能够免除检察官提供进一步的证据（也是最难获得的证据）的责任。其次，这种程序运用自己全部明确无误的权威真正征服被告的唯一途径，真理充分展示其全部威力的唯一方式，就是使罪犯认罪，在先期调查所做的巧妙而模糊的结论上签字画押。埃罗不太关心这些秘密程序，但他也指出："仅仅使犯罪者受到公正的惩罚是不够的。应该尽可能地使他们做到自我审判和自我谴责。"（Ayrault，第 1 部分，第 14 章）在由文字重构的罪行事实中，认罪的罪犯担当起活生生的真相体现者的角色。招供是罪犯承担责任、表明态度的行为，是对书面的、秘密的先期调查的补充。因此，使这种审讯调查程序最终获得供词，是十分重要的。

供词的作用也由此产生了歧义性。一方面，人们试图将它纳入一般的证据算术学中，强调它不过是许多证据中的一种。它不是"明确证据"（evidentia rei），也不是最强有力的证据，单凭它本身并不足以定罪，必须附加上其他的旁证。众所周知，被告有时会谎称犯了某种罪行。因此，如果检察官仅有被告的供词，他必须再做进一步的调查。但是，另一方面，有人强调，供词比其他任何证据都重要。在某种程度上，它高于其他任何证据。它不仅是确定事实的算术计算中的一个因素，它也是被告接受指控、承认这种事实的行为。它将背着他进行的调查变成自愿的确认。被告通过供认而加入制造司法事实的仪式。正如中世纪的法律所规定的，供词"使事情大白于天下"。除了上述歧义外，还有下面第二种歧义。如果把供词看作一种特别有力的证据，那就只需要再附加少量的副证便可定罪，因此能大大地减轻调查和论证工作。所以，供词受到高度的评价。只要能获得供词，可以使用任何强制手段。但是，尽管在司法程序中它应该成为活生生的和口头的与先期调查相辅相成的对应物，尽管它只能是被告对先期调查的应答与确认，它仍然需要有各种保证条件和正式手续的支持。它保留了交易的某种特点。因此，它必须是"自愿的"，它必须是在有法定资格的法庭上做出的，它必须是在完全清醒的状态下做出的，它不应涉及不可能存在的事情，等等[2]。通过供认，被告把自己交给了这种程序，他认可了先期调查确定的事实。

用供词的双重歧义性（既是一种证据，又是先期调查的对应物，既是强制的结果，又是一种半自愿的交易）可以解释古典时期的刑法为获得供词而规定的两大手段。其一是要求被告在正式讯问前（也是在人神司法正义前不得做伪证的压力下）宣誓（这同时也是一种做出承诺的礼仪）；其二是司法拷问（为获得实情而施加的暴力。这种实情必须在法官面前以"自愿"供认的形式再现，才能构成证据）。在18世纪末，酷刑将作为另一个时代的野蛮残余，作为"哥特人"的野蛮标志而遭到唾弃。诚然，酷刑实践起源于古代，至少可以追溯到中世纪的宗教法庭，甚至还可以追溯到对奴隶的拷打。但是，它在古典时期的法律中并不表示某种残余或缺陷。它在复杂的刑罚机制中占有明确的地位。在这种机制中，审问程序因增添了起诉制度*的因素而得到加强；书面证明需要有一个相应的口头证明；司法官所操纵的制造证据的技术与用痛苦来考验被告的神裁法**混合在一起；人们要求被告在这种程序中扮演一个自愿的合作者，为达到这一目的，必要时采用最激烈的威慑办法。总之，在这种刑法机制中，关键是通过一种机制来产生事实真相。这种机制包含两个因素，一个是由司法机关秘密进行的调查，另一个是被告的仪式行为。被告的肉体、会说话的和必要时受折磨的肉体将这两种因素联结在一起。这就是为什么直到古典时期的惩罚制度受到彻底的检查之前，对酷刑的激烈批评极为少见的原因（最著名的批评是尼古拉〔Nicolas〕于1682年发表的《酷刑是确定罪行的手段吗？》）。而更常见到的只是关于谨慎使用酷刑的建议："司法拷问是获得事实真相的不可靠手段。因此，法官不应不假思索地诉诸这种手段。没

---

* 指法官与公诉人分开的制度。

** 神裁法，古条顿族施行的判罪法，如将疑犯的手浸入沸水中或火中，受神裁决，如手无损伤，则定为无罪。

有比这更不可靠的手段了。有些罪犯能咬紧牙关，拒不透露实情，……而有些无辜的受害者则会被迫供认不属于他们的罪行。"(Ferrière，612)

根据上述情况，让我们看看拷问和逼供的功能。首先，拷问并不是一种不惜任何代价获取事实真相的方式，也不是现代审讯中的无限制的拷打。它确实很残忍，但它并不野蛮。它是一种受制约的活动，遵循着明确规定的程序。拷问的各种阶段、时限、刑具、绳索的长度、重物的重量、审讯官干预的次数等，所有这些在因地而异的刑律上都有详细的规定（1729年，阿格索〔Aguesseau〕*下令调查法国的酷刑手段和规则。有关调查结果，见 Joly de Fleury，322～328）。拷问是一种严格的司法活动，它与早在宗教法庭以前就在起诉制度中实行的古老的考验和审判方法——神裁法、法庭决斗、上帝的审判——相联系。在下令施刑的法官和受刑的疑犯之间保存着那种较量的因素。受刑者受到步步升级的考验，如果他"挺住"了，他便获得成功；如果他招供了，他就失败。（酷刑的第一阶段是展示刑具。对于儿童和70岁以上的老人来说，他们过不了这一关。）但是，审讯官在使用酷刑时是冒着一定风险的（除了使疑犯致死的危险）；他是用已经搜集到的证据来下赌注。按照规定，如果被告"挺住"了，没有招供，那么审讯官就只能放弃指控，而受刑者便获得胜利。这样，在最重大的案件中就形成一种惯例，即在证据不足时使用酷刑，在酷刑失败后，司法官可以继续调查。疑犯并不因经受住了酷刑而被宣布无罪，但他的胜利至少使他免于判处死刑。法官依然掌握着除了最后一张王牌以外的

---

* 阿格索（1668～1751），法国法学家，曾任大法官。

一切——"死亡前的一切"（Omnia citra mortem）。因此，在审理重大犯罪案件时，常常有人向司法官建议，既然已经有足以定罪的证据就不必给疑犯动刑，否则如果疑犯挺住了酷刑，法官就无权对死有余辜的疑犯判处死刑。在这种较量中，司法正义可能成为输家。如果证据足以"宣判这类罪人死刑"，人们就不应"让这种判决冒险，听凭往往一无所获的审讯的结果。公共安全的利益要求对那些重大的恐怖罪行严惩不贷，以儆效尤"（Rousseaud de la Combe，503）。

在古典时期的拷问中，除了表面上有一种对事实真相的坚决而急切的寻求外，还隐含着一种有节制的神裁法机制：用肉体考验来确定事实真相。如果受刑者有罪，那么使之痛苦就不是不公正。如果他是无辜的，这种肉体考验则是解脱的标志。在拷问中，痛苦、较量和真理是联系在一起的。它们共同对受刑者的肉体起作用。通过拷问寻求事实真相当然是一种获得证据的途径，其目的在于获得最重要的证据——犯罪者的供认。但这也是一场战斗，一方对另一方的胜利将"产生"符合某种仪式的真理。在为了获得招供而使用的酷刑中，有一种调查的成分，但也有一种决斗的成分。

看上去，调查和惩罚已交融在一起。这并非毫无悖理之处。拷问确实被规定为当"审问中没有实施足够的刑罚"时的一种补充证明方式。因为它属于刑罚之列，而且在惩罚体系中是一种很重的刑罚，所以1760年法令将它置于仅次于死刑的位置上。后人会问，一种刑罚怎么能被当作一种手段来使用呢？人们怎么会把应该是一种证明方法的东西当成一种惩罚呢？其原因应该在古典时期刑事司法产生事实真相的运作方式中寻找。片断的证据并不构成大量的客观的要素，除非它们能够被搜集在一起，形成一批统一的证据，并能对罪行做出最终的证实。每一个证据片断都会引起对疑犯一定程度的反感。对罪行的认定不是在所有的证据都汇在一起时才开始的。而是随着每一个可能使人认定罪犯的要素的积累而逐渐形成的。因此，在半证据未得到补充而形成一个完整的证据之前，疑犯并不能得到解脱，而是被认定为有部分罪责。有关一桩严重罪行的副证能够证明某人是一个轻罪犯。总之，刑事诉讼论证不是遵循非真即假的二元体系，而是遵循逐渐升级的原则。论证中的每一级都构成一定的罪责认定，从而涉及一定的惩罚。因此，疑犯总会受到一定的惩罚。人若成为怀疑的对象就不可能是完全无辜的。怀疑就暗含着法官的论证因素，疑犯的某种程度的罪责以及有限度的刑事惩罚。一个疑犯如果始终受到怀疑，就不会被宣布无罪，而要受到部分的惩罚。当人们的推理达到某种程度时，人们就完全有理由展开一种具有双重作用的活动：根据已搜集的信息开始施加惩罚，同时，利用这初步的惩罚以获得尚不清楚的事实真相。在18世纪，司法拷问依据的是一种奇特的原理：产生事实真相的仪式与实施惩罚的仪式同步进行。被拷问的肉体既是施加惩罚的对象，又是强行获取事实真相的地方。而且，正如推理既是调查的一个因素，又是罪责认定的一个片断，司法拷问所造成的有节制的痛苦既是惩罚手段，又是调查手段。

至此，值得玩味的是，这两种仪式通过人的肉体而形成的结合，在刑罚的实施过程中，既使证据得到确认，又使判决得以通过；而犯人的肉体在公开惩罚的仪式中再度成为一个基本因素。犯罪者的任务是公开承认对他的谴责和所犯罪行的真相。被展示和受刑的犯人肉体被用来公开支持在此之前一直被遮掩的程序。判决必须通过犯人的肉体向所有的人昭示。在

18 世纪，犯罪真相通过公开的刑罚直接鲜明地表现出来，这种做法具有几种方式。

1. 使犯罪者成为自己罪行的宣告者。在某种意义上，他负有宣布并证实自己所受指控的任务。其方式是，游街，在其前胸后背或头上佩戴醒目的牌子；在各个路口示众，宣读判决，在教堂门口当众认罪，"赤裸双脚、身穿衬衫、手持火把，跑着宣布：自己邪恶可怖、卑鄙无耻，犯下了最不齿于人类的罪行等"。另外还有在火刑柱前或断头台下宣布犯罪者的罪行和判决。无论犯人仅仅戴枷示众还是受火刑或轮刑，他都要用肉体来承担他的罪行和对他施加的司法正义，从而使这种罪行和司法正义昭示于众。

2. 沿用、复活了忏悔的场面。这是用一种主动的公开认罪的方式复制了强制的当众认罪，将公开处决变为昭示真理的时刻。在这最后的时刻，犯罪者已不会再失去什么了，真理的全部光辉将取得胜利。法庭在判决之后可以决定采用某种新的拷问方法来获得犯罪同谋的名字。人们还认为，在犯人走上断头台时，可以要求暂缓执行死刑，这样可以使他吐露出新的情况。公众愿意看到在披露真相的过程中出现这种新的转折。许多犯人用这种方法来争取时间。被定为持械行凶罪的米歇尔·巴比埃（Michel Barbier）就是这样做的。"他厚颜无耻地看着断头台说，这个台肯定不是为他搭的，因为他是无辜的。他要求返回法院。在法院里，他东拉西扯拖了半个小时，竭力证明自己无罪。当他被送回到刑场时，他坚定地走上刑台。当他被脱去衣服、捆在十字架上，但还未分开四肢时，他第二次要求回到法院。在那里，他彻底地供认了自己的罪行，甚至声称自己还负有另一桩谋杀的罪责。"（Hardy，IV，80）公开的酷刑和死刑的功能就是揭示真相。就此而言，它是在众目睽睽下继续着司法拷问在私下进行的工作。它在罪行判决上补上了犯人的签名。凡是成功的公开处决都伸张了司法正义，在将被处决的人的肉体上公布了罪行真相。弗朗索瓦·比亚尔（François Billiard）是一个好犯人的典型。他原来是高级邮政官，于1772年杀害了自己的妻子。刑吏想遮住他的脸，使他免受围观人群的羞辱。"'我应该受到的惩罚一直没有降临到我头上，'他说，'所以公众不应看到我的脸。……'他仍然穿着悼念妻子的丧服。……他穿着新鞋，他的头发是新烫的并洒了粉，他的态度既谦卑又庄严，使围观者能更清楚地观察他。围观者说，他要不是一个最完美的基督徒就是一个最坏的伪君子。他胸前挂的牌子有些歪斜，他自己将牌子摆正，无疑是为了使围观者更容易看到上面的字。"（Hardy，Ⅰ，327）如果罪大恶极的犯人都像他这样，刑罚仪式就会具有一种充分的公开忏悔的效果。

3. 将公开受刑与罪行本身联系起来。这是在二者之间建立了一系列可译解的关系。这是在犯罪现场或附近的十字路口所进行的犯人人身展览。处决往往是在犯罪发生的地点进行。譬如，1723年，一名学生杀死了几个人。南特初级法庭决定，在他行凶的小酒店前搭设刑台（Nantes，F. F. 124；参见Parfouru，XXV）。在有些"象征性"酷刑中，处决的形式表明犯罪的性质。如，渎神者被割舌，淫秽者受火刑，杀人者被砍掉右手。有时，犯人被强迫手持其犯罪器械。如达米安被强迫用犯罪的右手拿着那把著名的行凶匕首，他的手和匕首都被涂上硫黄，一起焚烧。正如维科（Vico）*指出的，这种古老的法

---

* 维科（1668～1774），意大利哲学家。

理学是"一套完整的诗学"。

在处决犯人时，有时甚至完全戏剧性地重现犯罪——使用同样的器具和同样的动作。这样，司法正义便可以在公众面前重现犯罪，揭示其真相，使这种罪行与犯人同归于尽。甚至到18世纪晚期，人们还可以发现类似下述的判决：1772年，康布雷的一名女仆杀死了女主人，她被判用"路口的垃圾车"送到刑场，绞刑架前应"安放已故女主人拉列伊被杀害时坐的椅子，让罪犯坐在椅子上，法院的刑吏砍断她的右手，当着她的面将其抛入火中，接着用她杀害女主人的切肉刀对她猛击四下，前两下击其头部，第三下击其左臂，第四下击其胸部，然后将她吊死，两个小时后，放下尸体，在绞架前用她杀害女主人的同一把刀子割下头颅；悬挂于康布雷城外通往杜埃的大路旁20英尺高的杆子上，尸体装入一个袋子，埋在这根杆子旁的10英尺深处"（转引自Dautricourt，269～270）。

4.最后，行刑的缓慢过程、突如其来的戏剧性时刻、犯人的哀嚎和痛苦可以成为司法仪式结束的最后证据。每一种临终时的痛苦都表达了某种真理。但是，在刑场上，这种表达更为强烈，因为肉体的痛苦促进了这种表达。这种表达也更为严峻，因为它发生在人的审判与上帝的审判的结合点上。这种表达也更引人注目，因为它发生在公众面前。犯人的痛苦是在此之前受拷问的痛苦的延续。但是，在拷问中，事情虽未结束，犯人却还可能保住生命，而此时，犯人必死无疑，人们应该拯救的只是灵魂。永恒的受难提前开始，处决的酷刑使彼岸的惩罚提早到来。它显示了彼岸惩罚的情景。它就是地狱的模拟表演。犯人的哀嚎、挣扎和污言秽语已经表明了其不可挽回的命运。但是，此刻的痛苦也可以被视为悔罪，从而减轻彼岸的惩罚：上帝对于这种无奈的受难不会不加考虑的。尘世惩罚的残酷性也将在彼岸的惩罚中予以折算，因此其中包含着一线得到宽恕的希望。但是，人们也许会说，这种骇人的受难难道不是上帝遗弃罪人，将其交给同胞支配的标志吗？此外，它们不仅不能保证未来的赦免，而且它们不是还预示着即将受到打入地狱的惩罚吗？如果犯人不受痛苦的煎熬而一死了之，岂不证明上帝想保护他，不让他陷于绝望吗？因此，这种受难便具有模棱两可的含义，它既表示犯罪的真相又意味着法官的错误，既显示罪犯的善又揭示罪犯的恶，既表示人的审判与上帝的审判的一致，又表示这二者的背离。正因为如此，围观者才怀着永不满足的好奇心到刑场，观看真实的受难场面。在那里他们能够发现有罪和无罪，过去和未来，人间和永恒的秘密。观众所感兴趣的是揭示真相的时刻：每一个词语、每一声哀嚎、受难的持续时间、挣扎的肉体、不肯离开肉体的生命，所有这一切都构成了一种符号。有一名犯人"在刑轮上煎熬了六个小时，刽子手无疑在尽可能地安慰和鼓励他，而他也不希望刽子手离开他的身边"。有一名犯人是"怀着真正的基督徒情感被处决的，他表现出十分真诚的忏悔"。有一个人"受了一个小时的轮刑才断气。据说，在场的观众都被他所表现出的虔诚和忏悔感动了"。有一个人在赴刑场的路上一直做出最明显的悔悟表示，但是，当他被送上刑轮时，他"不断地发出令人毛骨悚然的哀嚎"。"有一名妇女一直镇定自若，但是在判决宣读后便开始丧失理智，到送上绞刑架时已完全疯了。"（Hardy，Ⅰ，13；Ⅳ，42；Ⅴ，134）

至此，我们已讨论了一个完整的过程。从司法拷问到处决执行，肉体一再产生或复制犯罪的真相。或者更确切地说，它是整个仪式和审问中的一个因素：供认罪行，承认被告的确犯有这种罪行，显示被告是用自己的人身来承担这种罪行，支撑惩罚的运作并用最醒目的方式展现惩罚的效果。肉体受到多次折磨，从而成为一个承担着行为现实和调查结果、诉讼文件和罪犯陈述、犯罪和惩罚的综合体。因此，它在神圣的刑事程序中是一个基本因素。它必须是一个以君主的可怕权利，即起诉追究和保密权利为中心安排的程序的合作者。

司法酷刑同时也应被理解为一种政治仪式。即使是在小案件中，它也属于展示权力的仪式。

按照古典时期的法律，如果逾越了法律为其规定的严格界线，就是犯法，而不考虑其是否造成伤害，甚至不考虑是否破坏了现存统治。"如果有人做了法律禁止的事，即使没有财产损失和人身伤害，这种行为也是必须加以弥补的罪过，因为最高者的权利受到侵犯，这种行为冒犯了其尊严。"（Risi，9）除了直接受害者之外，这种罪行还冒犯了君主。它是对君主人格的冒犯，因为法律体现了君主的意志。它也是对君主人身的冒犯，因为法律的效力体现了君主的力量。"一项法律若想在王国内生效，它就必须是由君主直接发布的，至少是由他的权威所批准的。"（Muyart de Vouglans，xxxiv）因此，君主的干预并不是在两个敌对者之间进行的仲裁，也不只是强制人们尊重个人权利的行动，而是对冒犯他的人的一个直接回答。毫无疑问，"君权在惩治犯罪方面的行使，是主持司法正义的基本组成部分"（Jousse，vii）。因此，惩罚不能被认为是对伤害的补偿，甚至不能用这种补偿来衡量。在惩罚中，总有一部分理应属于君主。而且，即使在惩罚与补偿相结合时，惩罚仍是用刑法消灭犯罪的最重要因素。这样，属于君主的部分已不那么单纯。一方面，它要求对他的王国所受到的侵害做出补偿（这种侵害值得重视，因为它逾越了一个人的本分，从而成为一种无序因素和有害的榜样）。另一方面，它也要求国王对他个人所受到的冒犯进行报复。

因此，惩罚权是君主对其敌人宣战权利的一个层面。惩罚权属于"罗马法称之为绝对权力（merum imperium）的生杀予夺大权，君主凭借这种权力，通过惩治犯罪来监督人们尊重法律"（Muyart de Vouglans, xxxiv）。但是，惩罚也是强制索取既是个人的又是公共的补偿的一种方式，因为在某种意义上，君主的物质—政治力量是通过法律体现的："人们根据法律的定义便能知道，法律不只是限制，而且通过惩罚违反其禁令者报复对其权威的蔑视。"（Muyart de Vouglans, xxxiv）在最普通的刑罚中，在最微不足道的法律形式的细节中，占据支配地位的是活跃的报复力量。

因此，公开处决就具有一种司法—政治功能。它是重建一时受到伤害的君权的仪式。它用展现君权最壮观时的情景来恢复君权。公开处决虽然是一种匆促而普通的形式，但也属于表现权力失而复得的重大仪式之列（其他仪式有加冕仪式、攻克城池后的国王入城仪式、叛民投降仪式）。它在众目睽睽之下对使君权受辱的犯罪施展无坚不摧的力量。其宗旨与其说是重建某种平衡，不如说是将胆敢蹂躏法律的臣民与展示其威力的全权君主之间的悬殊对比发展到极致。尽管对犯罪造成的私人伤害的补偿应该是成比例的，尽管判决应该是平衡的，但是惩罚的方式应使人看上去不是有分寸的，而是不平衡的、过分的。在这种惩罚仪式中，应该着重强调权力及其固有的优势。这种优势不仅是君主权力的性质，而且是君主用以打击和控制其反对者的肉体的物质力量的性质。犯罪者破坏法律，也就触犯了君主本人，而君主，至少是他所授权的那些人，则抓住犯人的肉体，展示它如何被打上印记、被殴打、被摧毁。因此，惩罚的仪式是一种"恐怖"活动。18世纪，当法学家开始与改革者争论时，他们对法律规定的刑罚的肉刑残酷性做了一种限制性的和"现代派的"解释。他们认为，严刑峻法之所以必要，是为了杀一儆百，使人铭记在心。然而，实际上，维持着这种酷刑实践的并不是示范经济学——后者是在"观念学派"（idéologues）的时代所理解的那种经济学（即刑罚表象应该大于犯罪兴趣）——而是一种恐怖政策，即用罪犯的肉体来使所有的人意识到君主的无限存在。公开处决并不是重建正义，而是重振权力。因此，在17世纪，甚至在18世纪初，公开处决及其全部恐怖场面不是前一个时代的挥之不去的残余。它的残忍性、展示性、暴力性，力量悬殊的演示，精细的仪式，总之，它的全部机制都蕴藏在刑法制度的政治功能中。

这样，我们便能理解酷刑和处决仪式的某些特点，尤其是那种有意大张旗鼓的仪式的重要性。这是在庆祝法律的胜利，无须做任何掩饰。这种仪式的细节始终如一，但是它们在刑罚机制中十分重要，因此在判决书上从来不会忘记将其一一列出：游街、在路口和教堂门口逗留、当众宣读判决、下跪、公开表示因冒犯上帝和国王而悔罪。有时，法庭就决定了仪式方面的细节，如"官员们应按下列顺序行进：领头的是两名警士，然后是受刑者，在受刑者后面，邦福尔（Bonfort）和勒科尔（Le Corre）在其左侧一起步行，随后是法庭的书记，以此方式抵达集市广场，在那里执行判决"（转引自Corre，7）。当时，这种刻意安排的仪式不仅具有法律意义，而且具有十分明显的军事意义。国王的司法正义被表现为一种武装的正义。惩罚罪犯之剑也是摧毁敌人之剑。在行刑台周围部署着一架完整的军事机器：骑兵巡逻队、弓箭手、禁卫军、步兵。当然，这样做是为了防止犯人逃跑或出现暴力场面，也是为了防范人民可能被激发同情或愤怒、防范任何劫走犯人的图谋，对图谋不轨者格杀勿论。但是，这也是为了提醒人们，任何类似的犯罪都是对法律的反叛，类似的罪犯都是君主的敌人。所有这些理由—无论是作为特殊环境的防范措施，还是作为举行仪式的功能因素—都使得公开处决超出了作为一个司法行为的意义。它是一种力量的显示，更确切地说，它是君主的令人望而生畏的物质力量在此所伸张的司法正义。公开的酷刑和处决的仪式，使所有的人都看到，使君主能实施法律的那种权力关系。

公开处决是展现武装的法律的一种仪式。在这种仪式中，君主显示出自己既是司法首领又是军事首领的一身二职的形象。因此公开处决既表现胜利，又表现斗争。它庄严地结束罪犯与君主之间胜负早已决定的战争。它必须显示君主对被他打得一败涂地的人所行使的优势权力。双方力量的悬殊和不可逆转的倾斜，是公开处决的一个基本要素。被君主的无限权力所抹掉而灰飞烟灭的肉体，被一点一点地消灭的肉体，不仅是惩罚的理论界限，也是其实际界线。在阿维农举行的对马索拉（Massola）的公开行刑，就是一个著名的例子。这是最早激起人们愤怒的事例之一。这次行刑显然是一次荒唐的仪式，因为它几乎完全是在犯人死后进行的，司法几乎仅在展示其壮观的场面，礼赞其对尸体的暴力。当时，犯人被蒙住眼，捆在一根柱子上。在刑台上，四周的柱子挂着铁钩。"牧师在受刑者耳边低语一番，为他划了十字，然后刽子手手持一根类似屠宰场用的铁棒，尽其全力对受刑者的头侧部猛然一击，后者立即死亡。然后刽子手拿起一把大匕首，割开死者的喉咙，鲜血喷洒在他身上。这是一个十分恐怖的景象。他切割开死者脚跟附近的肌肉，然后割开死者的肚子，掏出心、肝、脾、肺，挂在一个铁钩上，削割成碎片。他似乎是在屠宰一只动物。有谁能忍心目睹这种场面！"（Bruneau，259）在这段明确地与屠夫行当相提并论的描述中，对肉体的凌迟是与展示相连的：尸体的每一块都被悬挂展览。

　　公开处决不仅伴有一整套庆祝胜利的仪式，而且还包括一种冲突的场面，后者是其单调的进程中的戏剧核心。这就是刽子手对受刑者的肉体的直接行动。诚然，它是一种有程式的行动，因为惯例和判决书（后者往往十分明确地）规定了主要细节。但是，它也保留了某些作战的成分。刽子手不仅在执法，而且也在施展武力。他是某种暴力的使用者，为了战胜犯罪而对犯罪的暴力使用暴力。他是这种犯罪的有形的对手，他既可以表现出怜悯，又可以表现得残酷无情。达姆代尔（Damhoudère）与许多同时代人一样抱怨，刽子手"极其残忍地对待作恶的受刑者，摆布他们，折磨他们，残杀他们，似乎他们是他手中的野兽"（Damhoudère，219）。这种风俗延续了很长的一段时间。[3]在公开处决的仪式中一直有一种挑战和较量的因素。如果刽子手取得胜利，如果他能一下子砍断犯人的头颅，他就会"拿着头颅向人们展示，将其放在场地中，然后向鼓掌称赞他的技术的人们挥手致意"（这是格莱特〔T. S. Gueulette〕*于1737年在观察处决蒙蒂尼〔Montigny〕时所看到的场面。见Anchel,

---

* 　格莱特（1683～1766），法国作家、法官。

62～69）。反之，如果他失败了，如果他没有按照要求成功地杀死受刑者，他就要受到惩罚。处决达米安的刽子手便是这种例子。他未能依照规定将受刑者四马分尸，只得用刀来凌迟后者。结果，原来许诺给他的达米安的头发被充公，拍卖所得的钱散给了穷人。若干年后，阿维农的一名刽子手把三名强悍的强盗搞得过分痛苦，欲死不能，便只得将他们吊死。围观者群情激愤，斥责刽子手。为了惩罚他，也为了使他免受群众的殴打，他被关入监狱（Duhamel，25）。此外，在对不熟练的刽子手进行惩罚的背后，有一种我们今天依然不陌生的传统。按照这种传统，如果刽子手意外地失败了，那么犯人就可得到赦免。这种风俗在某些国家是十分明确的，如在勃艮第（见Chassanée，55）。民众常常期待这种情况的发生，有时会保护以这种方式逃脱死神的犯人。为了消灭这种风俗和抑制这种期望，人们只得诉诸古老的谚语："绞刑架从不放过自己的捕获物"，在死刑判决书中加入明确的指示，如"勒住脖颈悬挂，直至死亡为止"。在18世纪中期，塞尔皮雍（Serpillon）和布莱克斯通（Blackstone）*等法学家认为，刽子手的失误并不意味着犯人的生命可以苟全（Serpillon，III，1100）。布莱克斯通在《英国法律释义》一书中指出："显然，如果犯人根据判决被处绞刑，但没有彻底咽气，而又复活，那么司法长官应该再次吊死他。因为前一次绞刑没有执行判决。而且，如果在这种情况下心慈手软，就会遗患无穷。"（Blackstone，199）在处决仪式中有某些令人迷惑不解的神裁法和上帝审判的成分。在与犯人的较量中，刽子手有点像国王的斗士，但他是没有资格因

---

* 布莱克斯通（1723～1780），英国法学家、法官、议员。

而得不到承认的斗士。历来的传统似乎是，当刽子手的委任状被盖上印玺后，不是放在桌子上，而是掷于地上。众所周知，围绕着这个"十分必要"但又"不自然的"职务有各种限制（Loyseau, 80～81）。在某种意义上，刽子手是国王手中的剑，但是，他也分担着其对手的耻辱。君权授权他杀戮并通过他杀戮，但君权不体现在他身上，也不以他特有的残忍为自己的标志。而且，它从不出现，除非在能造成最轰动的效果的时候，即用赦令来中止刽子手行刑的时刻。在判决和行刑之间通常只有短暂的时间（往往只有几个小时），这意味着赦免通常是在最后一刻才降临。而仪式的进行十分缓慢，无疑是为了给这意外的变化留下余地（见 Hardy, 1769 年 1 月 30 日，Ⅰ，125 和 1779 年 12 月 14 日，Ⅳ，229）。安舍尔在《18 世纪的犯罪与惩罚》一书中讲述有关安杜瓦·布列泰克斯的故事：当一名骑士带着人们熟知的羊皮纸卷奔驰而来时，他已经被带到行刑台下了。"上帝保佑国王"的欢呼声响成一片，布列泰克斯被带到小酒馆，法庭书记员则为他收拾好东西。犯人总是希望获得赦免。为了拖延时间，甚至到了绞刑架下，他们还会假装要吐露新的案情。当民众希望看到赦免时，他们会大声呼喊，要求赦免，竭力设法延迟最后的时刻，期盼着携带绿色蜡封的赦令的信使，在必要时甚至谎传信使正在途中（1750 年 8 月 3 日，在处决几名因反抗劫持儿童而暴动的人时便发生了这种情况）。君主在处决时的存在，不仅表现为实施依法报复的权力，而且表现为能够中止法律和报复的权力。他应该始终是独一无二的主宰，唯有他能够荡涤冒犯他本人的罪行。尽管他确实授权法庭行使他主持正义的权力，但他并没有转让这种权力。他仍完整地保持着这种权力。他可以任意撤销判决或加重判决。

我们应该把公开处决看作为一种政治运作。公开处决在18世纪依然被仪式化。它合乎逻辑地包含在一种惩罚制度中。在这种制度中，君主直接或间接地要求、决定和实施惩罚，因为他通过法律的中介而受到犯罪的伤害。在任何违法行为中都包含着一种"大逆罪"（crimen majestatis），任何一个轻罪犯人都是一个潜在的弑君者。而弑君者则是彻头彻尾的罪犯，因为他不像其他违法者那样，只是冒犯君权的某个特殊决定或意愿，而是冒犯君主的原则和君主本人。在理论上，对弑君者的惩罚必须是集一切酷刑之大成。它应该是无限报复的体现。对这种十恶不赦之徒，法国法律不限定刑罚方式。为了处决拉维亚克（Ravaillac），当局必须创造仪式的形式，将当时法国最残忍的酷刑组合在一起。为了处决达米安，人们试图发明更残酷的肉刑。当时人们提出了各种建议，但是这些建议都被认为不够完善。结果，还是沿用了处决拉维亚克的方式。应该承认，这种方式是比较温和的，因为我们可以比较一下在1584年是如何用类似无限报复的方式来处置谋杀奥伦治亲王威廉（William of Orange）*的刺客的。"第一天，他（刺客）被带到广场，那里设置着一个大沸水锅，他的那只犯罪的手被浸入锅中。第二天这只手被砍掉，因为这只手落在他脚边，他就在行刑台前后不停地踢它。第三天，用烧红的铁钳烫烙他的胸部和手臂的前端。第四天，同样用铁钳烫烙他的手臂上部和臂部。这个人就这样连续受了八天的酷刑。"最后一天，他被施以轮刑和锤刑（用一根木棒锤击）。六个小时后，他还在要水喝，

---

* 奥伦治亲王威廉（1533～1584），荷兰贵族，领导尼德兰革命，任尼德兰执政，后遇刺身亡。

但没有给他。"最后，治安长官在他的哀求下下令绞死他，以使他的灵魂不致绝望和迷失。"（Brantôme，II，191~192）

　　毫无疑问，公开的酷刑和处决所以存在，是和某种与这种内部结构之外的东西相联系的。鲁舍和基希海默尔正确地看到，这是一种生产制度的后果。在这种生产制度中，劳动力乃至人的肉体没有在工业经济中所赋予的那种效用和商业价值。此外，这种对肉体的"轻视"当然是与某种对死亡的普遍态度有关。我们在这种态度里不仅可以发现基督教的价值观，而且还能窥见一种人口学上的，在某种意义上是生物学上的形势：疾病猖獗、饿殍遍野，瘟疫周期性地横扫人世，婴儿死亡率骇人听闻，生态—经济平衡极不稳定——所有这一切都使得人们对死亡司空见惯，而且产生了包容死亡的仪式，以使死亡变得为人们所接受，并赋予步步紧逼的死亡现象以某种意义。但是，我们在分析公开处决长期存在的原因时，还应该注意历史的联系。我们不应忘记，迄大革命前几乎一直有效的关于刑事司法的1670年法令，在某些方面甚至加重了旧法令的严峻性。对此，皮索尔（Pussort）*应负有责任。他是起草体现国王意图的文件的委员会成员之一。他根本不顾及拉穆瓦农（Lamoignon）等行政官员的意见。在古典主义兴盛期，频繁的民众起义，一触即发的内战阴影，国王为了巩固自己的权力而不惜损害高等法院的愿望，这些都有助于说明这种严刑峻法延续存在的原因。
　　在考虑一个包括如此之多酷刑的刑法制度时，这些事实是一般性的、在某种意义上是外在的理由。它们不仅可用于解释

---

* 皮索尔（1615～1679），法国政治家、大法官。

肉体惩罚的条件和长期延续，而且也可用以解释反对意见的软弱性和偶发性。我们应该在这种一般背景下，阐述肉体惩罚的具体功能。如果酷刑在法律实践中根深蒂固，那是因为它能揭示真相和显示权力的运作。它能确保把书面的东西变为口头的东西，把秘密公之于众，把调查程序与忏悔运作联系起来。它能够在有形的罪犯肉体上复制罪恶。这种罪恶应该以同样恐怖的方式显现出来和被消灭。它还把犯人的肉体变成君主施加报复之处，显示权力之处以及证实力量不平衡的机会。我们在后面将要看到，真理—权力关系始终是一切惩罚机制的核心，在现代刑罚实践中依然如此，只不过形式不同、效果不同。启蒙运动很快将要谴责这些酷刑是一种"残暴"（atrocity）。法学家们常用这个词来描述公开的酷刑和处决，但不带任何贬义。或许"残暴"观念是最能表示旧刑罚实践中酷刑的经济学观念之一。首先，"残暴"是某些重大犯罪的一个特征。它涉及被罪犯所冒犯的某些自然法或成文法、神法或世俗法，涉及公开的丑闻或秘密的诡计，涉及这些罪犯及其受害者的社会地位和身份，涉及他们打算或实际造成的混乱以及引起的恐慌。因为惩罚必须以极其严峻的方式将罪行暴露于众目睽睽之下，所以惩罚也必须对这种"残暴"承担责任：它必须通过忏悔、声明和铭文揭示残暴；它必须用仪式复制它，以羞辱和痛苦的方式将其施加于犯罪者的肉体上。残暴是犯罪的组成部分，而惩罚则用酷刑来回击，目的在于将其暴露在光天化日之下。因为残暴是一种机制的固有现象，这种机制能在惩罚本身的中枢产生可见的犯罪真相。公开处决是那种能够确立被惩罚事物的真实情况的程序之组成部分。其次，犯罪的残暴也是对君主的激烈挑战。它使君主做出回应，这种回应比犯罪的残暴走得更远，以便制服它，通过矫枉过正来消灭它、克服它。因此，附着于公开处决的残暴具有双重作用：它既是沟通犯罪与惩罚的原则，也加重了对犯罪的惩罚。它提供了展示真相和权力的场面。它也是调查仪式和君主庆祝胜利仪式的最高潮。它通过受刑的肉体将二者结合在一起。19世纪的惩罚实践尽可能地拉开"平和的"真相探求与无法完全从惩罚中抹去的暴力之间的距离。这种实践力图区分应受惩罚的犯罪与公共权力所施加的惩罚，表明二者的异质性。在犯罪真相与惩罚之间，只应有一种合理的因果关系，而不应再有其他关系。惩罚权力不应被比它所想惩罚的罪恶更大的罪恶玷污自己的双手。它应当不因它所施加的刑罚而蒙受恶名。"让我们尽快制止这种酷刑吧！它们仅属于那些头戴王冠、统治罗马人的怪物。"（帕斯托雷〔Pastoret〕《论对弑君者的惩罚》，Ⅱ, 61）但是，按照前一时期的刑罚实践来看，在公开处决中，君主与罪恶的密切联系，由"展示证明"和惩罚所产生的这种混合，并不是某种蛮荒状态的产物。使他们结合在一起的，是残暴机制及与其必然相关的联系。清算罪过的残暴用无限的权力组织了毁灭邪恶的仪式。

罪与罚通过残暴联系和结合起来，这一事实并非某种被心照不宣地公认的报复法则的产物，而是某种权力机制在惩罚仪式中的效应。这种权力不仅毫不犹豫地直接施加于肉体上，而且还因自身的有形显现而得到赞颂和加强。这种权力表明自己是一种武装的权力，其维持秩序的功能并非与战争功能毫无关联。这种权力将法律和义务视为人身束缚，凡违反者均为犯罪，均应受到报复。凡不服从这种权力的行为就是敌对行为，就是造反的最初迹象，在原则上，无异于进入内战状态。这种权力无须说明它为什么要推行贯彻法律，但是应该展示谁是它的敌人并向他们显示自己释放出来的可怕力量。这种权力在没有持续性监督的情况下力图用其独特的表现场面来恢复自己的效应。这种权力正是通过将自己展示为"至上权力"的仪式而获得新的能量。

为什么不以"残暴"为耻的惩罚会被力求"人道"声誉的惩罚所取代?对此,有许多原因。其中有一个原因是应该首先加以分析的,因为这个原因是公开处决本身所包含的,是其功能运用的一个因素及其长期混乱失调的根源。

在公开处决的仪式中,主要角色是民众。他们实际而直接的存在是举行这种仪式的必需品。如果处决秘密进行,即使广为人知,那也几乎毫无意义。公开处决的目的是以儆效尤,不仅要使民众意识到最轻微的犯罪都可能受到惩罚,而且要用权力向罪人发泄怒火的场面唤起恐怖感。"在处理刑事犯罪案件时,最棘手的是如何实施刑罚:对罪人恰当地实施刑罚,发挥儆戒和恐怖的作用,正是该程序的宗旨和目的,也是唯一的成果。"(Bruneau,第一部分前言)

但是,在这种恐怖场面中,民众的角色是多义的。民众是作为观众而被召集来的。他们聚在一起是为了观看公开处决和当众认罪。示众柱、绞刑架、断头台等设立在广场或路旁。有时在犯罪地点附近让被处决的犯人暴尸几日。民众不仅应该耳闻,而且应该目睹,因为必须使他们有所畏惧,而且有必要使他们成为惩罚的见证人。他们还应该在某种程度上参与惩罚。见证的权利是他们所拥有的并要求得到的权利。秘密处决是一种特权。人们往往会怀疑它是否按照通常的严峻方式进行。当受刑者在最后一刻被带走而避开公众时,就会爆发抗议。有一名高级邮政官因杀妻而被示众。示众后,他从围观的人群中被带走。"他被押上一辆出租马车。民众对他百般侮辱。如果无人护卫的话，很难使他免受民众的虐待。"（Hardy，Ⅰ，328）当一个名叫勒孔巴（Lescombat）的妇人被送上绞刑架时，她的脸部被有意蒙起来，她被"一块头巾包住脖子和头部。民众因此哗然，认为这不是勒孔巴"（Anchel，70～71）。民众认为自己有权观看处决，有权看到被处死的人。当第一次使用断头机时，《巴黎记事》（Chronique de Paris）报道说，民众抱怨他们什么都看不到，他们高唱"还我绞刑架"（Lawrence，自第71页起）。民众也有参与权。当犯人被游街示众并被用各种方式显示其罪行的恐怖时，他被有意地提供给观众，让观众侮辱他，有时是让观众攻击他。民众的报复被召唤出来，成为君主报复的一个次要组成部分。它绝不是最主要的，君主也不是用自己的方式表达民众的报复。毋宁说，当国王决定"向自己的敌人雪耻"时，尤其当需要在民众中寻找这些敌人时，民众应该给国王提供帮助。这种帮助更像是民众为国王的报复所做的"断头台杂役"。这种"杂役"在古老的法令中就有规定。1347年关于渎神者的法令规定，这种人应置于示众柱，"从清早一直展示到死亡为止。除石头和其他伤害身体的物品外，泥土和其他垃圾均可掷向其面部。……如果是累犯犯人，我们的意见是，在重大集市日，将他置于示众柱，并将他的上唇割开，露出他的牙齿"。无疑，在古典时期，这种参与酷刑的方式仅仅是受到容忍而已，当时有人在设法限制，其原因是它引出种种暴行，而且它还包含着对惩罚权力的僭越。但是它属于公开处决的一般机制，而且关系密切，难以根除。甚至在18世纪，还有些场面类似于1737年处决蒙蒂尼时的情况。当刽子手进行处决时，当地渔妇列队游行，高举着犯人的模拟像，然后砍掉它的头（Anchel，63）。而且，常常有这样的情况：当犯人游街通过人群时，必须"保护"犯人免遭人群的攻击。对于围观者来说，罪犯既是一个儆戒的榜样又是一个攻击的目标，既是一个潜在的威胁又是一个"猎物"，而这个"猎物"既是应允给他们的又是禁止他们捕获的。在召集民众来显示其力量时，君主能够暂时容忍暴烈行动，他将此视为忠诚的表示，但他又用自己的特权严格地限制这种行动。

于是就出现了这样一种情况：民众被召来观看旨在恫吓他们的场面，而他们则可能表现出对惩罚权力的拒斥，有时会出现暴乱。阻止不公正的处决，从刽子手手中抢走犯人，用暴力争取对犯人的赦免，追打刽子手，辱骂法官和喧闹公庭、反对判决——所有这些构成了民众干预、指责并往往破坏了公开处决仪式的实践。当然，这种情况往往发生在因暴动而被判死刑的犯人案中。在著名的劫持儿童案中就出现了骚动。三名所谓的暴乱者被预定吊死在圣－让公墓，"因为那里只需要较少的人来把守入口和警戒游行队伍"。[4] 群众想阻止处决的执行。惊慌失措的刽子手砍死了一个犯人，弓箭手乱箭四射。在1775年的粮食风潮之后，1786年做散工的工人进军凡尔赛，试图解救被捕的同伴时，都一再出现这种情况。在这些例子中，骚动早已触发，而且不是针对刑事司法的某些措施。此外，还有许多例子显示，骚动是由某项法令或某次处决直接触发的，即"断头台周围的骚乱"，规模虽小，但频频发生。

就其基本形式而言，这些骚乱始于人群对即将处决的犯人发出的鼓励呼喊，有时是喝彩。在整个游街过程中，犯人得到"温顺善良者的同情和冷酷无畏之徒的鼓掌、赞扬和羡慕"（Fielding，449）。当民众聚在断头台周围时，他们不仅为了目睹犯人的痛苦和激起刽子手的热血，而且是为了听到一个已一无所有的人咒骂法官、法律、政府和宗教。在公开处决时，犯人将受到人间最严厉的惩罚，因此允许他们有片刻的恣意胡为。有了"即将处死"这个保护伞，罪犯就可以任意说话，而围观的人群则给以喝彩。"如果史籍精心记录受酷刑和被处决的人的临终话语，如果有人有勇气读完这种记录，甚至如果有人仅仅对那些出于残忍的好奇心而聚在行刑台周围的卑劣民众产生疑问的话，那么他将获悉，凡死于轮刑的人没有不因使他犯罪的苦难而诅咒上天、咒骂法官的野蛮、诅咒身边的牧师、亵渎造就他的上帝。"（Boucher d'Argis，128～129）这些处决仪式本来只应显示君主的威慑力量，但却有一个狂欢节的侧面：法律被颠覆，权威受嘲弄，罪犯变成英雄，荣辱颠倒。与犯人的眼泪和呼喊一样，鼓励也只会引起对法律的冒犯。菲尔丁（Fielding）略带遗憾地指出："将死亡观念与耻辱观念结合，并不像想象的那么容易。……我要问目睹过一次处决或处决前的游行的人，请他告诉我，当他看到一个可怜的人被缚在车上，处于生死边缘，因即将降临的命运而面色惨白、浑身战栗时，他可曾产生耻辱的观念？如果犯人是一个无所畏惧的无赖，那么他在此刻的光荣，很少会使观看者产生这种情绪。"（Fielding，450）对于在场观看的民众来说，即使君主采取最极端的报复，也总是有一种为犯人报仇的借口。

当民众认为判决不公时，或者当人们看到平民因有点理由的犯罪而被处死，而出身高贵或富有者犯同样的罪行则可能受到较轻的刑罚时，尤其会产生上述情况。在 18 世纪或稍晚些，某些刑事司法实践似乎已不再得到下层民众的支持。这一点有助于解释为什么处决犯人很容易导致社会骚动。有一名司法长官注意到（Dupaty，1786，247），因为最穷苦人的声音不能在法庭上表达，因此在公开显示法律、将穷人召来作为目击者和法律的助手的地方，穷人会强行干预：凭借暴力介入惩罚机制并重新安排其效应，在另外一种意义上接纳惩罚仪式的暴力。当时出现了反对刑罚中的社会阶级差别的骚动。1781 年，尚普雷（Champré）的教区神父被该地庄园主杀死。当局试图宣布凶手精神失常。"农民对这位神父极其拥戴，因此群情激愤，开始似乎打算对老爷下毒手并焚烧城堡。……人人表示抗议，反对大臣剥夺司法机关对这种十恶不赦的罪行行使惩罚手段，宽宥凶手。"（Hardy，Ⅳ，394）有的骚动是反对对某些常见的违法行为（如侵入民宅）做出过重的判决，或反对对某些因社会所迫而犯的罪行（如偷窃）所使用的惩罚方式。对这类犯罪使用的死刑引起很大的不满，因为在一个家庭中有许多仆人，在发生这类事情时，他们很难证明自己的清白，因为他们很容易成为主人泄愤的牺牲品，因为某些主人纵容这种行为，这就使被指控、定罪和送上绞刑架的仆人受到更不公正的待遇。处决这类仆人时往往招致抗议（见 Hardy，Ⅰ，319，367；Ⅲ，227～228；Ⅳ，180）。1761 年在巴黎发生一次小骚乱，起因于对一个偷窃主人一块布料的女仆的同情。尽管这个女仆认了罪，归还了布料并请求宽恕，但主人拒绝撤回自己的起诉。在处决那天，当地民众阻止绞刑，洗劫这个商人的店铺。结果，女仆获得赦免，但有一个用针扎那个恶毒主人而未遂的女人被流放三年（Anchel，226）。

人们都记得 18 世纪的一些重大案件，当时开明的思想通过"哲学家"和某些司法长官对这些案件进行干预，如卡拉（Calas）案件，希尔万（Sirven）案件和拉巴尔骑士（Chevalier de la Barre）案件。但是人们很少注意惩罚实践所引起的民众骚乱。诚然，它们很少超出一个城镇甚至一个区的范围。但是它们具有很实际的重要意义。有时这些起源于底层的运动波及上层或吸引了较高地位的人的注意，后者利用它们，赋予它们新的因素（如在大革命前夕，1785 年，被错判犯忤逆罪的卡特琳·埃斯皮纳〔Catherine Espinas〕的案件，1786 年迪帕蒂〔Dupaty〕*在著名的回忆录中记载的肖蒙〔Chaumont〕3 名被判轮刑的犯人的案件，1782 年卢昂法院以放毒罪判处火刑的玛丽·弗朗索瓦斯·萨尔蒙〔Marie Fransoise salmon〕的案件——但该犯直到 1786 年尚未处决）。更常见的是，这些骚动针对着本应成为一种儆戒的刑事司法及其表现，形成一种持久的动乱。为了保证刑场的秩序，不是常常要采取"令民众痛苦""令当局难堪"的步骤吗？（Argenson，241）很显然，惩罚大展示是冒着被民众拒斥的风险的。事实上，公开处决的恐怖造成许多非法活动的中心。在处决日，工作停顿，酒馆爆满，当局受到谩骂，刽子手、警卫和士兵受到侮辱和石块的袭击。出现各种抢劫犯人的企图，有的是要救他，有的则是为了更确实地杀死他。斗殴时有发生，刑场的好奇围观者是小偷最好的目标（哈第〔Hardy〕列举了诸如治安长官家中被盗的重大案件。——IV，56）。最重要的，也是这些不利之处为何具有政治危险性的原因是，民众在展示罪恶的恐怖和无敌的权力的仪式中感到自己比任何时候都更接近那些受到刑罚的人，而且与那些人一样，民众感到自己比任何时候都更严重地受到不受限制的合法暴力的威胁。整整一批居民经常表现出与我们可称之

---

* 迪帕蒂（1746～1788），法国司法官。

为轻微犯法者——流浪汉、奸猾的乞丐、二流子、小偷、窝赃人和赃物交易人——的团结一致：抗拒警察的搜索，制裁告密者，袭击能够提供有关证据的监视者（见 Richet，118～119）。因此，打破这种团结便成为当局运用司法和治安镇压手段的目的之一。但是，通过公开处决的仪式，通过那种在瞬间便出现暴力方向逆转的不确定的节日，这种团结比君主权力更容易获得新的、更大的力量。18 世纪和 19 世纪的改革者不会忘记，实际上，作为最后手段的公开处决并不能吓倒民众。他们发出的最初呐喊之一就是要求废除这种手段。

为了阐明由民众干预公开处决所造成的政治问题，我们仅需要举出两个例子。第一个是 17 世纪末发生在阿维农的事例。这次处决包含着恐怖戏剧的所有基本要素：刽子手与犯人之间的体力较量，决斗的形势逆转，民众追打刽子手，继之而起的暴动和刑罚机制的急遽变化拯救了犯人。被判处绞刑的凶手名叫彼埃尔·迪·福尔（Pierre du Fort）。他的腿行动不便，在"上台阶时几次绊倒"。"看到这种情况，刽子手便用自己的短上衣蒙住他的脸，刺他的小腿、下腹和前胸。当民众看到刽子手给犯人造成了过度的痛苦，甚至认为刽子手要用刺刀来杀死犯人时，……对受刑者的同情和对刽子手的愤慨便油然而生。当刽子手撤掉两个梯子，把受刑者摔倒，压着他的胳膊踢他时，当这个刽子手的妻子在绞刑架下拉犯人的脚时，犯人嘴里流出鲜血，民众纷纷向行刑台掷石块。石块如雨点般飞来，愈来愈密集。甚至有一块砸到被吊起的犯人的头部。刽子手急忙跑向梯子。他下梯子时太匆忙，结果从梯子上跌下来，梯子倒下，砸到他的头部。当一伙人围打他时，他站起来，手持刺刀，威胁说，谁敢靠近他，他就杀死谁。他又跌倒了几次，终于站起来，他只能听任殴打，在泥地里翻滚，差点被人淹死在小河里。后来他被激愤的人群拖到大学和科德利埃公墓。他的仆人也遭到毒打，遍体鳞伤，送到医院几天后就死了。与此同时，有些姓名不详的人爬上梯子，砍断绳索，而另一些人则从下面抱住被吊起的犯人。犯人吊在那里的时间已经比念完《上帝怜我》还要长了。然后，人群捣毁了绞刑架和刽子手用的梯子。……孩子们把拆散的绞刑架抬走，抛进罗纳河。"犯人被送到一个公墓，"为的是使他不再受到法律的追究和将他从那里送到圣安东尼教堂"。主教宣布赦免他的罪，并让人把他送进医院，要求医院给予他特殊护理。最后，记述者说"我们给他做了一套新衣，两双袜子和两双鞋。我们给他从头到脚换了一身新装。我们的同伙还送给他衬衫、裤子和一套假发"（Duhamel，5～6；这类情况在 19 世纪仍时有发生，见Lawrence，56，195～198）。

第二个事例发生在一个世纪后的巴黎，准确地说，是在粮食暴动后不久的 1775 年。由于民众的气氛非常紧张，当局唯恐处决犯人时受到干扰。在行刑台与民众之间，站立着两排负责警卫的士兵，使二者保持较大的距离。一排士兵面向即将开始的处决场面，另一排面向民众，以防暴动。民众与处决的直接联系打破了，虽然这是一次公开处决，但是其中展示的因素被消除了，更确切地说，被简化成抽象的恫吓。司法正义是在武力保护下，在一个空旷的场地上悄悄地完成其工作。如果说它展示了它所带来的死亡，那么这是在又高又远的地方发生的："为了发挥儆戒作用，两个绞刑架都有 18 英尺高。这两个绞刑架直到午后三点钟才架设好。从两点开始，格列夫广场和四周的街道都被一队队步兵或骑兵占据。瑞士人和法国人卫兵在毗邻的街道持续巡逻。在处决时，任何人都不得进入格列夫广场。人们所能看到的是两排刺刀出鞘的士兵，他们背对背站着，一排面向外面，另一排面向广场。两个犯人……一路上呼喊他们无罪，在登上梯子时也不断发出抗议的呼喊。"（Hardy，III，67）在废弃公开处决的仪式这一问题上，无论人们对犯人的恻隐之心起了何种作用，国家权力对这些多义性仪式效果的政治担忧，无疑也是一个因素。

这种模棱两可的态度在"绞刑架前的演讲"中表现得更鲜明。处决仪式在安排上想使犯人宣布自己有罪，其方式是大呼"公开悔罪"，展示一块牌子以及被迫发表声明。此外，在处决之时，他似乎再次有机会说话，但不是宣称自己无辜，而是承认自己的罪行和判决的公正。在编年史上大量地记述这类言辞。但是，它们是真的吗？有些肯定是真的。难道它们不是虚构的，事后为了警世而传播的吗？无疑，更多的属于这种情况。譬如，关于马里昂·勒高夫（Marion Le Goff）之死的记载有多少可信度呢？勒高夫是 18 世纪中期布列塔尼一个著名的强盗头。据说她在行刑台上大喊："做父亲的和做母亲的人们，你们听我讲，注意你们的孩子，好好教育他们。我从小就爱撒谎，专做坏事。我是从偷一把六分钱的小刀开始变坏的，……后来我就抢劫小贩和牲畜贩，最后我成为一个强盗头。因此我落到这个下场。把这些都讲给你们的孩子听，让他们以我为戒。"（Corre，257）这种讲演甚至在语调上都近似于传统警世小册子宣传的道德，很难说不是虚构的。但是"犯人遗言"的存在本身就意味深长。法律要求它的牺牲者在某种意义上证明其受到的酷刑的正当性。罪犯应该通过宣布自己罪行的邪恶来向惩罚自我献祭。他必须像三个凶杀案的罪犯让-多米尼克·朗格拉德（Jean-Dominique Langlade）那样宣称："请大家听一听我在阿维农城犯下的可怕、可耻、可悲的罪行。阿维农城的人们提到我就感到厌恶，因为我毫无人性地亵渎了神圣的友爱风俗。"（Duhamel，32）在某种意义上，传单和死者遗言是这种仪式的余绪。或者更确切地说，它们追随一种机制，即公开处决能够将审讯程序中秘密获得的书面案情转移到罪犯的肉体、姿态和言论上的那种机制。司法正义需要这些逸闻传说，使自己具有真理的依据。因此，司法判决就被这些死后"证据"笼罩着。有时，在审判之前，也有些关于犯罪案情和罪犯劣迹的记述报道作为宣传品刊行，目的在于对人们怀疑过于宽容的法庭施加压力。为了打击走私，"农场协会"（Compagnie des Fermes）发布"简报"，报道走私者的罪行。1768 年，它散发传单，揭露一个叫蒙塔涅（Montagne）的盗贼头目。传单作者写道："有些尚未搞清的窃案据认为是他干的。……蒙塔涅被人们说成是一头野兽，一个阴险残忍的家伙，对他必须穷追不舍。奥弗涅（地区）某些性急的人也坚持这种看法。"（见 Juillard，24）

但是这类文献的影响，如同对这类文献的使用一样，都是模棱两可的。犯人发现，由于对他的罪行的广泛宣传，有时由于对他事后悔罪的认可，他变成一个英雄。在反对法律，反对富人、权势者、官吏、警察和巡逻队方面，在抗交捐税、反对收税人方面，他似乎是在从事着人们很容易认同的斗争。公布罪行的做法将日常生活中不引人注目的微小抗争变成了英雄史诗。如果犯人公开悔罪，承认指控和判决，要求上帝和世人原谅他的罪过，那么他就好像是经历了一种涤罪程序，以独特的方式，像圣徒一般死去。英勇不屈则是获得荣耀的另一种方式。如果他在酷刑之下毫不屈服，他就证明了自己具有任何权力都无法征服的力量："人们可能不会相信，在处决那天，我在当众认罪时镇定自若，当我最后躺在十字架上时我毫无惧色。"（1768 年 4 月 12 日在阿维农被处决的朗格拉德的申诉）传单、小册子、史书和冒险故事所描述的罪犯就是这种黑道英雄或认罪的罪犯、正义或不可征服力量的捍卫者，在把他们当作反例的警世道德说教的背后隐藏着关于冲突和斗争的完整记忆。一个罪犯死后能够成为一种圣人，他的事迹成为美谈，他的坟墓受到敬仰。（1740 年前后在布列塔尼被处决的坦圭〔Tanguy〕便是一例。诚然，在被判刑以前，他已在忏悔牧师的指示下开始长时间的忏悔。但是，这是民事司法与宗教忏悔之间的冲突吗？见 Corre，21。）罪犯几乎完全变成了正面英雄，对这些人来说，荣辱皆备于一身，不过是以一种相反的形象结合在一起。或许，我们在考察这种围绕着少数典型形象[5]繁衍出来的犯罪文献时，既不应把它们看成一种自发的"民心表达"，也不应把它们看成来自上面的宣传和教化计划。它们是对待刑罚实践的两种介入方式的汇合点，是围绕着犯罪、惩罚和关于犯罪的记忆的战场。这些报道之所以被允许刊印和流传，那是因为希望它们能具有一种思想控制的效果。这些历书、传单的印刷和散发原则上是受到严格控制的。但是，这些关于常人历史的真实故事之所以受到热烈欢迎，它们之所以成为下层阶级基本读物的一部分，那是因为民众在这些故事中不仅发现了往事，而且找到了先例。这种"好奇心"也是一种政治兴趣。因此，这些文本可以被当作双关话语来读解，不论是它们所叙述的事实，还是它们赋予这些事实的效果，或是它们赋予那些"杰出的"罪犯的荣耀，更无须说它们所使用的词句，都是如此。（人们应该研究诸如《关于吉莱里及其同伙的生平、大劫案和骗局及悲惨下场的历史》[6]这种记述中所使用的"不幸""可憎"之类的概念以及"著名的""令人痛心的"之类的形容词。）

或许，我们应该将这类文献与"断头台周围的骚动"加以比较。在后者中，宣判权力通过罪犯的受刑肉体与民众相冲突，民众不仅是处决的目击者、参与者，而且可能是间接的受害者。在一次不能充分体现力图仪式化的权力关系的仪式后，会出现一大批继续这种冲突的话语。罪犯死后的罪状公告既肯定了司法正义，也提高了罪犯的声誉。这就是为什么刑法制度的改革者们急切要求查禁警世宣传品的原因。[7]这也是为什么民众对那些在某种程度上成为关于非法活动的民间传说的东西兴趣盎然的原因。这也是为什么当民间非法活动的政治功能变化后，这些警世宣传品失去意义的原因。

当新的犯罪文学发展起来后，它们就消失了。在新的文学中犯罪受到赞美。犯罪文学的发展，是因为它们是一种艺术，因为它们完全是特殊性质的作品，因为它们揭露了强者和权势者的狰狞面目，因为邪恶也成为另一种特权方式。从冒险故事到德·昆西（de Ouincey）*，从《奥特兰托城堡》（*Castle of Otranto*）**到波德莱尔（Baudelaire），有一系列关于犯罪的艺术改写。这也是用受欢迎的形式来占有犯罪。表面上，这是对犯罪的美与崇高的发现。而实际上，这是在肯定，崇高者也有犯

---

* 德·昆西（1785～1859），英国散文作家和评论家，以《一个英国鸦片服用者的自白》闻名。
** 《奥特兰托城堡》是英国作家沃尔波尔（H. Walpole，1717～1797）所写的中世纪恐怖故事。

罪权利，犯罪甚至成为真正崇高者的独占特权。重大的谋杀不属于那些偷鸡摸狗之流。自加博里欧（Gaboriau）*以来，犯罪文学也追随着这第一次变化：这种文学所表现的罪犯狡诈、机警、诡计多端，因而不留痕迹，不引人怀疑；而凶手与侦探二者之间的纯粹斗智则构成冲突的基本形式。关于罪犯生活与罪行的记述、关于罪犯承认罪行及处决的酷刑的细致描述已经时过境迁，离我们太远了。我们的兴趣已经从展示事实和公开忏悔转移到逐步破案的过程，从处决转移到侦察，从体力较量转移到罪犯与侦察员之间的斗智。由于一种犯罪文学的诞生，不仅那种警世宣传品消失了，而且那种山林盗匪的光荣及其经受酷刑和处决的磨难而变成英雄的荣耀也随之消失了。此时，普通人已不可能成为复杂案情的主角。在这种新型的文学样式中，不再有民间英雄，也不再有盛大的处决场面。罪犯当然是邪恶之徒，但也是才智出众之人。虽然他受到惩罚，但他不必受苦。犯罪文学把以罪犯为中心的奇观转移到另一个社会阶级身上。与此同时，报纸承担起详细描述日常犯罪和惩罚的毫无光彩的细节的任务。分裂完成了，民众被剥夺了往昔因犯罪而产生的自豪，重大凶杀案变成了举止高雅者不动声色的游戏。

注　释

〔1〕在旧巴黎有两个沙特莱要塞：大沙特莱要塞和小沙特莱要塞。前一个位于塞纳

---

* 　加博里欧（1832/1833～1873），法国小说家，有"侦探小说之父"之称。

河右岸，是巴黎辖区的刑事司法机构所在地，于 1802 年拆毁。后一个位于塞纳河左岸的主宫医院（Hôtel-Dieu）附近，是一所监狱。

〔2〕供词作为司法证据是在 13 世纪或 14 世纪前后出现的。帕维亚的伯纳尔（Bernard of Pavia）没有提到它，但霍斯铁米（Hostiemis）提到了它。克拉特（Crater）的定义很有代表性："或依法定罪，或自动供认。"在中世纪的法律里，只有由成年人在对手面前做出的供认，才是有效的。见 Levy。

〔3〕《判决公报》（1837 年 7 月 6 日），根据格洛斯特一家报纸的消息，报道了一名刽子手的"凶残丑恶"行为。他把一名犯人吊起来后，"抓住尸体的胳膊，猛力地旋转和敲击，并问道：你现在真死了吗？然后转身面向人群，放声大笑，做怪样，说下流话"。

〔4〕Argenson，241；参见 Barbier，455。在这个事件中最初出现的一个情节很典型地表现了 18 世纪与刑事司法有关的民众骚动。警察局副局长贝里耶（Berryer）曾抓住了"不肯忏悔的浪荡儿童"。警卫同意"只要拿钱来"就可以把他们交还给家长。当时传言，这些儿童要被送给国王玩乐。群众发现了一个密探，"极其残酷"地杀死了他，"然后用一条绳子套着他的脖子，把他拖到贝里耶先生的门前"。这个密探原来是个小偷。他如果不答应做密探的话，他就与自己的同伙拉菲亚特一起被轮刑处死了。他所揭发的阴谋内情对于警察局十分有用。他在"新行当中极受器重"。我们在这里就有了一个可以反映出几种情况的例子：一次因一种较新的镇压手段触发的反抗运动，这种手段不是刑事司法，而是警察。一个在过失犯（delinquents）与警察之间进行技术性合作的事例，这种情况自 18 世纪起逐渐变成常态；一次民众自己对不公正地逃避了断头台的罪犯施以酷刑的暴动。

〔5〕曼德卢（Mandrou）认为有两大典型：卡尔杜什（Cartouche）和曼德兰（Mandrin）。此外还应再加上吉莱里（Guilleri）（见 Mandrou，112）。在英国，乔纳森·怀尔德（Jonathan Wild）、杰克·谢泼德（Jack Sheppard）与克劳德·杜瓦尔（Claude Duval）也在某种程度上扮演着类似的角色。

〔6〕这个标题不仅在《特洛伊丛书》中可以看到，而且在《诺曼底丛书》中也有。

〔7〕譬如可参见拉克雷泰尔的论述："为了满足对这种强烈刺激的需求，为了加深一个重要例子产生的印象，人们允许这些可怕的故事到处流传。民间诗人吟咏这些故事，使之传遍大地的每一角落。总有一天每个家庭都会在门前听到用唱歌讲述的自己的子女犯罪与被处决的故事。"（Lacretelle，106）

第二部分

惩　罚

第一章　普遍的惩罚

　　"刑罚应有章可循，依罪量刑，死刑只应用于杀人犯，违反人道的酷刑应予废除。"这是1789年掌玺大臣对关于酷刑和处决的请愿书中的普遍立场的概括（见Seligman以及Desjardin，13～20）。在18世纪后半期，对公开处决的抗议愈益增多。这种抗议出自哲学家和法律学家，律师和法官，立法议员以及民间请愿书。与此不同的惩罚形式是不可或缺的，但是君主与犯人之间的实力较量应该终止了，君主的报复与民众被遏止的愤怒通过受刑者与刽子手的中介而展开的短兵相接的战斗应该结束了。公开处决很快就变得令人无法容忍了。就权力方面而言，公开处决暴露了它的专横、暴虐、报复心以及"用惩罚取乐的残忍"（Petion de Villeneuve，641），因此它在颠覆权力。就受刑者方面而言，受刑者虽然已陷于绝望，但依然被指望能够赞美"显然已经抛弃他的苍天及其法官"（Boucher d'Argis，1781，125），因此，公开处决是十分可耻的。无论如何，因为它为国王暴力与民众暴力之间的较量提供了一个舞台，所以它是具有危险性的。君主权力在这种残暴竞赛中似乎没有看到一种挑战，这种挑战是它本身发出的，总有一天得由它自己来应付。它似乎已经习惯于"看着鲜血流淌"，而民众很快就会学会"血债只能用血来还"（Lachèze）。在这些成为许多相反力量的介入对象的仪式中，人们可以看到，武装的司法淫威与受威胁的民众的愤怒是相互交织的。约瑟夫·德·迈斯特（Joseph de Maistre）*认为这种联系包含着专制权力的基本机制之一：刽子手是君主与民众之间的齿轮，他所执行的死刑和在沼泽地修建圣彼得堡的农奴因瘟疫造成的死亡别无二致，这是一种普遍原则。死亡若出于专制君主的个人意志，就成为运用于一切人的法律，而每一个被消灭的肉体则成为国家的砖石。在此几乎谈不到有什么被害的无辜者。相反，18 世纪的改革者认为，在这种危险的仪式化的暴力中，双方都超出了正当行使权力的范围。在他们看来，暴政面对着叛乱，二者互为因果。这是一种双重的危险。因此，刑事司法不应该报复，而只应该给予惩罚。

　　排除酷刑的惩罚，这种要求最先被提出来，因为它是出自内心的或者说是出于义愤的呼喊。即使是在惩罚最卑劣的凶手时，他身上至少有一样东西应该受到尊重，亦即他的"人性"。在 19 世纪，这个在罪犯身上发现的"人"将成为刑法干预的目标、改造的对象以及一系列"犯罪科学"和奇特的"教养"实践的领域。但是，在启蒙时代，将人与野蛮的公开处决对立起来，并不是实证知识的主题，而是一种法律限制，是惩罚权力的合法性界限。这里所说的不是为了改造人而必须实现的目标，而是为了尊重人而应该不加触动的东西。"不要动

我。"（Noli me tangere.）*这标志着君主报复的终结。改革者所确立的、用以反对断头台的专制的"人"也变成了一种"人的尺度"（manmeasure），但不是衡量万物的，而是衡量权力的。**

由此便出现一个问题：这种人的尺度是如何用来反对传统的惩罚实践的呢？它是如何成为改革运动的重要道德证明呢？为什么人们会对酷刑怀有普遍的恐惧和强烈要求惩罚应该"人道"？换言之，在所有主张更仁慈的刑法制度的要求中，包含两个因素——"尺度"和"人道"，而这两个因素是如何结合在统一的战略中呢？这些因素十分必要但又十分不确定，既与以前一样搅动人心，又结合成同样暧昧的关系，因此，今天只要提出关于惩罚体制的问题，人们就会发现这两个因素。看来，18 世纪的人揭示了这种体制的危机，为了解决这个危机，提出了一个基本法则，即惩罚必须以"人道"作为"尺度"，但没有对这一原则规定明确的含义。这一法则被认为是不可超越的。因此，我们必须描述这种扑朔迷离的"仁慈"的起源和早期状况。

人们对"伟大的改革者"怀有敬意。他们是贝卡里亚（Beccaria）、塞尔万（Servan）***、迪帕蒂（Dupaty）、拉克雷泰尔（Lacretelle）****、杜波尔（Duport）*****、帕斯托雷（Pastoret）******、塔

---

* 　基督复活时说的话，见《约翰福音》。
** 　此处涉及希腊哲人普罗塔哥拉斯的名言："人是万物的尺度。"
*** 　塞尔万，法国大革命时期国民公会议员，曾任吉伦特派内阁国防大臣。
**** 　拉克雷泰尔（1766～1855），法国历史学家和新闻记者，曾任皇家书报检查官。
***** 　杜波尔（1759～1798），原巴黎高等法院法官，后为法国大革命初期君主立宪派领袖。
****** 帕斯托雷，法国大革命时期活动家，曾当选为五百人院议员。

尔热（Target）*、贝加斯（Bergasse）、"陈情书"的作者以及制宪议会。他们将这种仁慈强加给法律机构，强加给18世纪末依然振振有词地反对这种仁慈的"古典"理论家（参见穆雅尔·德·沃格朗〔Muyart de Vouglans〕反对贝卡里亚的论点〔Muyart，1766〕）。

但是，我们应该将这一改革置于历史学家最近通过研究司法档案所发现的那种历史过程中：18世纪刑罚的放宽过程。更准确地说，这是一种双重运动。在这一时期，犯罪的暴烈程度似乎减弱了，惩罚也相应地不那么激烈，但这是以更多的干预为代价的。人们注意到，实际上，从17世纪末，凶杀案以及一般的人身侵犯大幅度减少；对财产的侵犯似乎超过了暴力犯罪；偷窃和诈骗似乎超过了凶杀和斗殴；最贫困阶级的广泛而频繁的偶尔过失被有限但"熟练"的犯罪所取代；17世纪的罪犯是"饱经苦难的人，因饥寒交迫而容易冲动的季节性罪犯"，18世纪的罪犯则是处于社会边缘的"诡计多端"的罪犯（Chaunu，1962，236及1966，107～108）。最后一点是，犯罪的内部组织发生了变化。大型犯罪集团（小股的武装劫匪、袭击税务人员的走私集团、呼啸于乡间的遣散士兵或逃兵集团）趋向于解体。由于受到更有效的追捕，为了不被人发现，他们被迫以更小的团体为单位，往往不超过五六个人，进行更鬼鬼祟祟的活动，更少地使用武力，尽量不冒流血的风险："由于大的匪帮受到强力的摧毁或由于组织分裂，……这就给个人或很少超过四人的抢劫和偷盗小集团侵犯财产的犯罪活动留下了自由天地。"（Le Roy-Ladurie）犯罪的普遍潮流

---

* 塔尔热，法国大革命初期制宪议会议员。

从攻击人身转移到在某种程度上直接攫取财物，从"群众性犯罪"转向"边际犯罪"（marginal criminality），犯罪在某种程度上成为专业人员的禁地。看起来，似乎有一种逐渐下降的趋势——"人际关系的紧张状态在减弱，……对暴力冲动的控制在加强"，[1]而且似乎非法活动本身就放松了对人身的占有，转向其他目标。早在惩罚变得不那么严峻以前，犯罪就变得没有那么暴烈了。但是，这种变化不可能独立于若干基本的历史进程。正如肖努（P. Chaunu）指出的，第一种进程是经济压力的变化，生活水准的普遍提升，人口的膨胀，财富和私有财产的增加以及"随之而来的对安全的需求"（Chaunu，1971，56）。其次，通观 18 世纪，人们会看到法律在某种程度上变得更严峻了。在英国，19 世纪初的 223 种死罪中，有 156 种是在前一百年内增添的（Buxton, XXXIX）。在法国，自 17 世纪起，关于流浪罪的立法修订在某些方面变得更严峻了、执法更严密了，对以往许多从宽处理的小过失都严加追究。"在 18 世纪，法律对于偷窃变得更加冷峻、沉重和严酷，因为偷窃发生得愈益频繁，所以此时的法律以资产阶级的阶级司法面孔来对待偷窃。"[2]在法国，尤其在巴黎，遏止有组织的公开犯罪的治安机关迅速发展，从而使犯罪转向更分散的形式。除了这些防范措施外，还应提到的是，当时人们普遍相信犯罪有一种持续不变的危险的增长趋势。今天的历史学家认为大型犯罪集团在减少，而当时的勒特罗涅（Le Trosne）则认为他们在法国乡村活动猖獗，就如一群群蝗虫："这些饕餮的害虫每天在糟蹋农夫用以维生的粮食。他们是散布在大地表面的地地道道的敌军，他们就像是在一个占领国里那样胡作非为，名义上要求施舍，实际上强行摊派。"他们使贫苦农民承担比捐税更重的负担，富裕农民则要付出自己三分之一的收入（Le Trosne，1764，4）。多数观察家认为，犯罪在增长。这些观察家中当然有些人主张采取更严厉的措施，有些人则认为，在使用暴力方面受到较多限制的法律将会更加有效，更不必担心造成的后果（见 Dupaty，247）。观察家中还有高等法院的法官，他们抱怨身陷纷至沓来的审判之中："民众的苦难和道德的败坏使犯罪数量和罪犯数量都增加了。"（1768 年 8 月 2 日，图尔涅尔〔Tournelle〕法庭一名法官致国王的信，转引自 Farge，66）总之，法院的实际活动显示，犯罪在增长。"在旧制度＊的最后几年已经能够预感到革命和帝国时代的来临了。在1782—1789 年的审判中，人们会感受到愈益紧张的气氛。在审判中，对待穷人更加严厉，有一种无视证据的默契，相互的不信任、仇恨和恐惧都在增加。"（Chaunu，1966，108）

　　实际上，从流血的犯罪转向诈骗犯罪，是完整复杂的机制的一部分，这个机制包括生产的发展，财富的增加，财产关系在司法和道德方面获得越来越高的评价，更严格的监视手段，居民的划分愈益精细，寻找和获得信息的技术愈益有效。因此，非法活动中的变化是与惩罚活动的扩展和改进相互关联的。

　　那么，这是不是一种普遍的态度变化，亦即"属于精神和潜意识领域的变化"呢？（这是莫让桑〔Mogensen〕的说法。）也许是。但更肯定地和更直接地说，这是竭力调整塑造每个人的日常生活的权力机制的努力，是那种监督人们的日常行为、身份、活动以及表面上无足轻重的姿态的机制的调整与改进，

＊　旧制度是特指法国大革命前封建制度的专有术语。

是应付居民的各种复杂实体和力量的另一种策略。毫无疑问，这种新出现的东西与其说是对犯人的人性的尊重——甚至在处决不那么重要的罪犯时依然经常使用酷刑，不如说是追求更精细的司法、对社会实体做出更周密的刑法测定的趋势。经过一个周期性过程，通向暴力犯罪的起点提高了，对经济犯罪的不宽容增强了，各种控制变得更加彻底了，刑法干预不仅变得更超前了，而且更繁复了。

如果将这个过程与改革者的批判话语相比较，就会看到一种明显的、具有重大意义的一致性。在他们提出新的刑罚原则之前，他们所抨击的是传统司法中惩罚的过分性质。但是在他们看来，这种过分与其说是惩罚权力的滥用造成的，不如说是与某种无规则状态联系在一起。1790 年 3 月 24 日，杜雷（Thouret）在制宪议会挑起了一场关于重新组织司法权力的辩论。在他看来，这种权力在法国"变质"的途径有三种。一、化公为私：法官职位被出售；这些职位成为世袭的；它们具有了商业价值，因此司法就变得很麻烦了。二、根据法律主持正义和做出判决的权力，与创造法律本身的权力混淆。最后，由于存在着一系列特权，使法律的实施不能一以贯之：有些法庭、程序、诉讼当事人甚至违法行为，都有"特权"，不受习惯法的制约（《议会档案》XII，334）。这只是对过去至少延续了五十年以上的法律制度的许多批评中的一例，而所有的批评都指责在这种变质中贯穿着一种司法不统一的原则。刑事司法是最参差不一的，原因在于，负责刑事司法的法庭五花八门，而它们从来没有形成一个统一而连贯的金字塔结构（见 Linguet 或 Boucher d'Argis，1789）。除了教会司法权外，我们应该注意多种法律制度之间的不一致、重叠与冲突：贵族的法律制度在审判轻罪时依然发挥重要作用；国王的法律制度本身就很复杂而且不协调（国王的法庭经常与司法执行官的法庭尤其是与初等法院发生冲突。初等法院是作为前两者的一个中间机构新近建立的）；有些法律制度无论在法律上还是在实际上是由行政当局（如总督）或治安当局（如宪兵司令或治安长官）管理的；此外，国王或他的代表有权在正规程序之外做出关于拘留或驱逐的决定。由于这些机构太多，彼此相互抵消，不能笼罩住整个社会实体。它们的相互重叠反而使刑事司法有无数的漏洞可钻。造成这种不完善状态的原因有，风俗习惯和司法程序的差异（尽管 1670 年颁布过统一的法令），职责之间的冲突，每个机构都捍卫各自的政治或经济利益，以及王权的干预（通过赦免来阻止或减轻判决，将案件移交枢密院或者对司法长官、对比较严厉的正常司法活动施加直接压力）。

　　改革者们的批评与其说是针对当权者的缺点或残忍，不如说是针对一种糟糕的权力体制。下层司法机构的权力太大，再加上被定罪的人贫困无知，这些机构可以无视上诉程序，在没有足够监督的情况下武断地进行判决。检察机构的权力太大，几乎拥有无限制的调查手段，而被告实际上赤手空拳地对付它——这使得法官有时过于严厉，而有时矫枉过正，变得过于仁慈。法官手中的权力太大，他们会自鸣得意地将不足为凭的证据当作"合法"的证据，而且在刑罚的选择上他们有过多的自由。"君主的司法官员"的权力太大，这既表现在他们与被告的关系上，也表现在与其他法官的关系上。最后，国王的权力太大，他能够中止法庭的司法活动，改变它们的判决，撤销地方法官的职务，放逐他们，用遵照君主意志行事的法官取代他们。司法的瘫痪状态与其说是司法被削弱的结果，不如说是由于权力分布杂乱无章，权力集中于若干点上，造成了冲突和断裂。

这种权力功能失调与中央的权力过大有关。后者可称之为君主的"超级权力"（superpower）。这种超级权力将惩罚权视为君主的个人权力。这种理论上的同一使国王成为"正义之源"，但是其实际后果甚至表现为反抗他和限制他的专制统治。由于国王为了筹集资金而将出售"属于"他的司法职位的权利据为己有，他就与占有那些职位的司法官员发生冲突，后者不仅是难以驾驭的，而且是无知、自私且不可靠的。由于他不断地设置新的职位，这就使争权夺利的冲突大大增加。由于他对他的"官员"太直接地发号施令，授予他们几乎是独断专行的权力，这就使司法官员内部的冲突愈益激化。由于他使法律与宪兵司令或治安长官的大量即决裁判或行政措施发生冲突，他就打乱了正常的司法，使后者有时宽松而不一贯，有时又十分草率而严厉。[3]

人们所批判的不是或不仅是司法特权、司法的专横、年深日久的傲慢及其不受控制的权利，而是或更主要的是，司法集软弱和暴虐于一身，既耀武扬威又漏洞百出。批判的矛头尤其指向这种混合体的本原，即君主的"超级权力"。改革运动的真正目标，即使是在最一般的表述中，与其说是确立一种以更公正的原则为基础的新惩罚权利，不如说是建立一种新的惩罚权力"结构"，使权力分布得更加合理，既不过分集中于若干有特权的点上，又不要过分地分散成相互对立的机构。权力应该分布在能够在任何地方运作的性质相同的电路中，以连贯的方式，直至作用于社会体的最小粒子。[4]刑法的改革应该被读解为一种重新安排惩罚权力的策略，其原则是使之产生更稳定、更有效、更持久、更具体的效果。总之，改革是为了既增加效应又减少经济代价（通过使之脱离财产制度、买卖制度以及在获取官职和做出判决方面的腐败体制）和政治代价（通过使之脱离君主的专横权力）。新的刑法理论实际上是与一种关于惩罚权力的新的"政治经济学"相呼应的。这就是为什么"改革"的根源并不是单一的原因。改革并不源于那些将自己视为专制之敌和人类之友的开明人士或哲学家，更不源于那些反对鼓动改革的法院人士的社会集团。更准确地说，并不仅仅源于他们。在这个重新分配惩罚权力及其效果的全面规划中，聚集着各种不同的利益。改革不是在法律机制外面酝酿的，也不是反对该机制的一切代表。它的准备工作大部分是在该机制内由许多司法官员完成的，他们之间既有共同目标，又有权力角逐。诚然，改革者并不是司法官员中的多数，但是，正是一批法律界人士勾画了改革的基本原则：审判权力不应受君权直接活动的影响，不应具有任何立法权利，应该超脱于财产关系，只具有审判功能，但应能充分行使本身的权力。总之，审判权不应再取决于具有数不胜数的，相互脱节、有时相互矛盾的特权的君权，而应取决于具有连续效果的公共权力。这一总原则规定了一种贯穿下列各种人的多种多样的战争的策略：像伏尔泰（Voltaire）那样的哲学家，像布里索（Brissot）*或马拉（Marat）**那样的报人，还有利益各不相同的司法官员，如奥尔良初级法院的法官勒特罗涅（Le Trosne），高等法院总检察官拉克雷泰尔，与高等法院一起反对莫普（Maupeou）***改革的塔尔热，

---

    * 布里索（1754～1793），法国革命期间吉伦特派领袖。

  ** 马拉（1743～1793），法国革命期间激进报人。

*** 莫普（1714～1792），法国大法官。

此外还有支持王权反对高等法院人士的莫罗（J. N. Moreau），虽身为司法官员却与同行发生冲突的塞尔万和迪帕蒂。

通观 18 世纪，无论在司法机构内外，无论在日常的刑罚实践中，还是在对现行制度的批判中，我们都会发现有一种关于惩罚权力运作的新策略。就其严格意义而言，无论是法学理论中提出的"改革"，还是各种方案中规划的"改革"，都是这种策略在政治上或在哲学上的体现，其首要目标是：使对非法活动的惩罚和镇压变成一种有规则的功能，与社会同步发展；不是要惩罚得更少些，而是要惩罚得更有效些；或许应减轻惩罚的严酷性，但目的在于使惩罚更具有普遍性和必要性；使惩罚权力更深地嵌入社会本身。

因此，使改革得以问世的事态不是一种新的情感状态，而是另一种对待非法活动的政策。

粗略地讲，人们可以说，在旧制度下，各个社会阶层都有各自被容忍的非法活动的余地：有法不依，有令不从，这乃是当时社会的政治和经济运作的一个条件。这个特征或许不是旧制度特有的。但是，在旧制度下，非法活动根深蒂固，成为各个社会阶层生活中不可或缺的部分，因此在某种意义上，它就具有了自己的系统性和结构。有时，它采取完全合法的形式，如某些个人或集团享有的特权，这就使它不再成为一种非法活动，而是成为一种正式的豁免权。有时，它采取群众性的普遍的有令不从的形式，即在几十年间甚至几百年间，法令一再颁布，但从未得到贯彻。有时，它涉及已经逐渐失效，但突然开始生效的法律；有时则表现为当局的默认、疏忽或实际上根本无法执法和拘捕犯法者。在原则上，居民中最受鄙视的阶层没有任何特权，但是他们在强加给他们的法律和习俗的边缘处，获得一块宽容的空间。这是他们用暴力或通过顽强的坚持而获得的。这个空间是他们必要的生存条件，因此他们常常准备为保卫它而奋起斗争。每隔一段时间就会出现各种压缩这个空间的尝试，或者重申旧的法律，或者改善拘捕方法。这种努力引起民众的不安，这正如削减某些特权会引起贵族、僧侣和资产阶级的不安一样。

各个社会阶层都有自己独特的必要的非法活动，而围绕这种必要的非法活动产生了一系列矛盾。下层社会的这种活动被视为犯罪。在司法上甚至在道德上，很难将非法活动和犯罪这二者区分开。从偷税漏税到非法风俗，走私、抢劫、武装反抗政府税收官吏，再到反对政府军队，直至叛乱，这里有一种连续性，很难区分其中的界限。流浪生活（按照法令应受到严厉惩罚，但实际上从未做到）常常伴有偷窃、抢劫乃至凶杀。对于无职业者、因非正常原因离开雇主的工人、逃离主人的佣人、受虐待的学徒、逃兵以及所有逃避兵役或劳役的人来说，这种流浪生活使他们如鱼得水。这样，犯罪活动就融入了范围更广的、社会下层赖以为生的非法活动。反之，这种非法活动成为造成犯罪增加的一个永恒因素。由此就产生了民众的二重态度。一方面，罪犯，尤其是走私犯或逃避领主苛捐杂税的农民，获得人们自发的同情，他的暴力行为被视为直接继承了原有的斗争传统。另一方面，当一个人在民众所认可的某种非法活动中犯下伤害民众的罪行时，如一个乞丐进行抢劫和凶杀，他很容易引起特殊的义愤，因为他的行为改变了方向，危及了作为民众生存条件之一的，本来就不受保护的非法活动。因此，围绕着犯罪形成一个褒贬交织的气氛。民众有时提供有效的帮助，有时则心怀恐惧，这两种态度只是咫尺之隔，但是人们却从中可以感觉到是否有犯罪发生。民众的非法活动包含着一系列犯罪因素。这些因素既是非法活动的极端形式，又是对非法活动的内在威胁。

这种底层的非法活动与其他社会等级的非法活动既没有完全融为一体，也不是处于深刻的对立状态。一般说来，在各个集团所特有的非法活动之间维持着各种关系，不仅包括敌对、竞争和利益冲突，而且包括互助和共谋。对于农民拒不交纳国家或教会的某些捐税，地主未必不赞同。手工业者不遵守制造业行规，往往得到新兴企业主的鼓励。走私得到广泛的支持；据说曼德兰（Mandrin）*受到全体居民的欢迎，在各城堡受到款待并受到高等法院人士的保护，这个故事就证明了这点。在17 世纪，甚至可以在重大的起义中看到差异极大的社会阶层为抗税而结成的联盟。总之，非法活动的相互影响是社会的政治和经济生活的组成部分。或者，更准确地说，有一些变化（如，柯尔伯〔Colbert〕**的法规逐渐失效，国内的税卡形同虚设，行会制度的崩溃）发生在因民众的非法活动而日益变大的缺口。资产阶级需要这些变化，经济的增长在某种程度上也应归因于这些变化，于是，人们从容忍而转为鼓励。

在 18 世纪后半期，这一过程有逆转之势。首先，由于财富的增加和人口突然膨胀，民众非法活动的主要目标不是趋向于争取权利，而是攫取财物，偷窃大有取代走私和武装抗税之势。而且，在这方面，农民、小农场主和手工业者往往是主要

---

* 曼德兰（1724～1755），法国著名强盗。
** 柯尔伯（1619～1683），法国路易十四时期的财政大臣。

的受害者。勒特罗涅在描述农民深受流浪乞丐勒索之苦时，认为其灾难比封建压迫有过之而无不及：窃贼如成群的害虫袭击农民，吞噬谷物，挖空粮仓（Le Trosne，1764，4）。这种说法无疑是言过其实。但是，可以说，在 18 世纪，民众的非法活动逐渐出现危机。无论大革命初（围绕抗拒领主权）的运动，还是稍后的各种运动（反对财产权的斗争、政治和宗教抗议及抗拒征兵的斗争汇合在一起），已不再是旧式的、受欢迎的非法活动的重新组合。其次，虽然资产阶级中的大部分人在不会惹太多麻烦的情况下承认非法的权利，但是当涉及他们的财产权时，他们很难再支持非法活动。在这方面，最典型的情况是 18 世纪末，尤其是大革命以后农民的轻微犯罪问题（Berce，161）。向集约农业的转变导致了对公有土地使用权，对各种原来受到容忍的习惯和被人们认可的轻微违法活动越来越严厉的限制。此外，由于地产部分地转移到资产阶级手中，而且摆脱了封建重压，因此地产也成为绝对的私有财产：农民以前获得的或保存下来的"权利"（废除古老的义务、肯定非正规的习俗，如自由放牧权、拾柴权等）原来是受到"容忍的"，现在则受到新主人的否定，被完全视为盗窃（由此在人民中产生的连锁反应是非法的或者说是犯罪的活动遽增，如侵入领地、偷窃或偷杀牲畜、纵火、人身袭击、凶杀）（见 Festy 和 Agulhon）。非法行使权利往往意味着受到最大剥夺者的生存问题。由于新的财产状况的出现，非法行使权利变成了非法占有财产。因此非法行使权利必须受到惩罚。

当这种非法行为在土地所有权的范围内受到资产阶级的厌恶时，在商业和工业所有权的范围内也成为不可容忍的了。港口的发展，大货栈的出现，大工厂的形成（企业主拥有大量的原料、工具和产品，很难加以监督）也必然导致对非法活动进行严厉的镇压。由于财富以前所未有的规模投入商品和机器，这就要求全面地并凭借暴力来杜绝非法活动。在经济发展迅猛的地方，这种现象表现得十分明显。考尔克洪（Colquhoun）试图用数字来证明遏止日益增多的非法活动的迫切性：根据企业主和保险公司的估计，从美洲进口和储存于泰晤士河沿岸货栈的商品被盗价值上升到每年平均25万英镑；总的来看，仅在伦敦港每年被盗商品大约值50万英镑（这还不包括在港口外的仓库货栈）；此外，伦敦商业区每年被盗物品价值为70万英镑。考尔克洪说，在这种持续的偷窃中，有三个现象值得注意。第一，职员、监工、工头和工人共同参与，而且常常是积极地参与。"只要有一大群工人聚集在一个地方，其中必有一批坏家伙。"第二，存在着一个完整的非法交易组织，这种非法交易从工厂或码头开始，到收货人再到小贩。收货人中既有专营某种商品的批发大户，也有杂货收购商。在后者的货架上"乱七八糟地陈列着废铁、烂布和旧衣，但在商店背后则藏着贵重军械，铜栓铜钉，铸铁和贵金属，来自西印度群岛的货物，家具以及各种从工人手中收购的物品"。那些小商贩再把赃物运销到乡村（Colquhoun，1797；在第7、8、9章中，他细致地描述了这个过程）。第三，造假活动（在英国似乎有四五十家伪币制造厂常年运转）。但是，促使这种活动（包括劫掠和竞争）规模越来越大的，是一系列的宽容态度。有些活动几乎成为既有的权利（如，在轮船周围收购废铁或绳索，转卖白糖仓底），还有一些活动则在道德上获得认可。小偷们认为自己的行为是一种走私活动，"他们不认为这是犯罪"。

因此，控制这些非法活动，针对它们制定新的法律，看来是必要的。对这些犯罪行为应该予以明确的界定和切实的惩罚；过去对这些越轨行为忽宽忽严，法度不一，现在则需要确定其中何者为不可宽贷之罪行，对犯罪者应予以拘捕和惩罚。由于出现了新的资本积累方式，新的生产关系和新的合法财产状况，所有非法行使权利的民间活动，不论是静悄悄地受到容忍的日常活动，还是暴力活动，都被强行归结为对财产的非法占有。在一个实行司法—政治压迫的社会转变为一个剥夺劳动手段和产品的社会的过程中，盗窃往往成为在法律上首先需要弥补的重大漏洞。换言之，非法活动结构也随着资本主义社会的发展而被改造。财产的非法占有与权利的非法行使相互分离。这种区分体现了一种阶级对立，因为一方面下层阶级最能接受的是对财产的非法占有——所有权的剧烈转移，而另一方面资产阶级则要为自己保留权利的非法行使，亦即规避自己的规章和法律，巧妙地利用法律空隙使自己获得巨大的经济活动地盘——那些空隙可以在文字上看出来，在实际中因受到宽容而敞开。这种对非法活动的重大的重新分配甚至还体现在司法机构的分工上。对非法占有财产——盗窃，由普通法庭审理，给予常规的惩罚。对非法行使权利——欺诈、偷税、不正当的商业活动，由专门法律机构来调解，归结为罚款。资产阶级为自己保留了非法行使权利的领域而大受其益。在这种分裂形成同时，产生了对非法占有财产进行不断打击的需求。越来越有必要摆脱旧的惩罚权力机制了，因为它是基于多重混杂而又不完整的机构，权力的分散和集中状况只是导致实际上的迟钝无力，惩罚在表面上气势汹汹，执行起来却困难重重。越来越有必要确定一种惩罚战略及其方法，用一种有连续性和持久性的机制取代临时应付和毫无节制的机制。总之，刑法改革产生于反对君主的至上权力的斗争与反对司空见惯的非法活动的地下权力（infrapower）的斗争的汇合处。如果说刑法改革不仅是纯粹偶然遭遇的暂时结果，那么这是因为在至上权力和地下权力之间，有一个完整的关系网络正在形成。由于君主主权制度在君主身上增加了额外的重负——一种显赫的、无限制的、个人的、无规则的和没有连续性的权力，这使得臣民可以自由地进行一种经常性的非法活动。这种非法活动就像是这种权力的对应伴生物。人们在抨击君主的各种特权时，也就是在抨击这类非法活动。这两个目标是紧密相连的。改革者们则根据具体环境或出于策略上的考虑而有所侧重。勒特罗涅就是一个例子。这位重农主义者是奥尔良低级法院的法官。1764 年，他发表了一篇关于流浪问题的备忘录，认为流浪者是滋生盗贼和杀人犯的温床，那些人"生活在社会之中但不是社会成员"，他们在进行着"一场反对一切公民的战争"，他们在我们中间"以某些人所设想的公民社会建立之前曾存在的那种状态"生活。他主张对他们施用最严厉的刑罚（譬如，他表示对下列情况感到惊讶：人们竟然对他们比对走私者更宽容）。他希望加强治安，希望保安骑兵队在身受其害的居民的帮助下追捕他们。他主张，这些有害无益的人应"被国家占有，他们应像奴隶从属于主人一样从属于国家"。如果必要的话，人们应该在林地组织集体围捕，把他们赶出来，凡抓到一名流浪汉的人都应获得报酬："杀死一只狼就能得到 10 英镑的奖赏。而流浪汉无疑更有害于社会。"（Le Trosne，1764，8，50，54，61～62）1777 年，勒特罗涅在《关于刑事司法的意见》(*Vues sur la justice criminelle*) 中，主张减少君主的特权，被告在被证明有罪之前应视为无罪，法官应该是他们（指君主和被告——译者）与社会之间的仲裁者，法律应该是"固定不变的，十分精确的"，使臣民知道"他们面对的是什么"，使司法长官仅仅成为"法律的喉舌"（Le Trosne，1777，31，37，103～106）。与许多同时代人一样，在勒特罗涅看来，限定惩罚权力的斗争是和对民间非法活动进行更严格和更经常的控制的必要性直接相关的。因此我们便可以理解为什么对公开处决的批评在刑法改革中具有十分重要的意义。原因就在于，正是在这种形式中，君主的无限权力与民众一直活跃的非法活动以最鲜明的方式汇聚在一起。判决中的人道性是一种惩罚制度的准则，这种制度应该确定君主和民众二者的界限。在判决时应该受到尊重的"人"是这种双重界定的司法和道德形式。

尽管改革作为一种刑法理论和一种惩罚权力的战略，确实是在两个目标的汇聚点发生的，但是它之所以能够长期维持下去，是由于改革的重点放在后者。这样做是因为在大革命时期，拿破仑帝国时期以及整个 19 世纪，对民间非法活动进行压制成为一项基本任务，改革也因此而得以从设计阶段进入形成制度和一系列惯例的阶段。这就是说，虽然新的刑事立法在表面上减轻了刑罚，使法律条文变得更明晰，明显地减少了专横现象，并且获得了关于惩罚权力的更普遍共识（对该权力的行使却缺少更实际的划分），但是，这种立法得以维持，实际上是由于非法活动的传统结构发生了剧变，需要无情地使用暴力来维持它们的新调整。任何一种刑法制度都应被看作是一种有区别地管理非法活动的机制，而不是旨在彻底消灭非法活动的机制。

对象变了，范围也变了。需要确定新的策略以对付变得更微妙而且在社会中散布得更广泛的目标。寻找新的方法使惩罚更适应对象和更有效果。制定新的原则以使惩罚技术更规范，更精巧，更具有普遍性。统一惩罚手段的使用。通过提高惩罚的效率和扩充其网络来减少其经济和政治代价。总之，需要建构关于惩罚权力的新结构和新技术。这些无疑是18世纪刑法改革最基本的"存在理由"。

在原理的层次上，这种新战略很容易陷入一般的契约论。按照这种理论的假设，公民在一劳永逸地接受社会的各种法律时也接受了可能用于惩罚他的那种法律。这样，罪犯显得是一种司法上的矛盾存在物。他破坏了契约，因此他是整个社会的敌人，但是他也参与施加于他的惩罚。任何一种犯罪都侵犯了整个社会，而整个社会，包括罪犯，都出现在任何一种惩罚中。因此，刑事惩罚是一种普遍化的功能，它随着社会共同体的功能及其各因素的功能一起扩展。这样就造成了关于惩罚的程度、惩罚权力的合理使用的问题。

在实际上，犯罪使个人处于整个社会对立面。为了惩罚他，社会有权作为一个整体来反对他。这是一种不平等的斗争，因为一切力量、一切权力和一切权利都属于一方。之所以如此，是因为这里涉及保护每个人的问题。之所以建立这种可怕的惩罚权利，是因为犯罪者成为公敌。他比敌人还恶劣，因为他在内部打击社会。他的行为不亚于一个叛徒，一个"怪物"。社会怎么能不拥有控制他的绝对权利呢？社会怎么会不主张消灭他呢？但是，虽然惩罚原则应该是在大家的赞同下写进契约的，可是在逻辑上并不是每个公民都必然赞同对他们之中侵犯他们整体的人使用极端的刑罚。"任何一个为非作歹的人，既然是在侵犯社会权利，于是便由于他的罪行而成为国家的叛逆。他破坏了国家的法律，所以就不再是国家的成员，他甚至是在向国家挑战。这时，保全国家就和保全他自身不能相容，二者之中有一个必须毁灭。在对罪犯处以死刑时，我们杀死的与其说是公民，不如说是敌人。"[5] 惩罚权已经从君主的报复转为保卫社会了。但是，它此时是与那些十分强大的因素重新结合，因此它变得更可怕。作恶者不再受到那种淫威的威胁，但是他面对的是似乎毫无界限的刑罚。这是向一种可怕的"至上权力"回归。这就导致了为惩罚权力确立一个适度原则的必要性。

"历史上自诩贤明之士的怪物发明和冷酷地使用了那么多可怕且无用的酷刑。有谁在读到这种历史时能够不毛骨悚然呢？"（Beccaria，87）"法律要我去接受对犯罪的最大惩罚，我怀着因此而产生的满腔愤慨去接受它。但是，实际上呢？他们却走得更远。……上帝啊，你让我们从内心厌恶给我们自己和给我们的人类同胞制造痛苦，你创造的人是那么软弱和那么敏感，那些发明了如此野蛮、如此高超的酷刑的人是和我们一样的人吗？"（Lacretelle，129）惩罚的适度原则首先是作为一种心灵话语表达出来的，即使是在涉及惩罚社会共同体的敌人时也是如此。或者更准确地说，它就像是从肉体内迸发出来的呼喊，是看到或想到极其残忍的景象而产生的反感。刑罚应该是"人道的"这一原则，是由改革者以第一人称的形式提出的。这样，说话者的情感似乎正在直接地表达出来，哲学家或理论家的肉体似乎呈现在刽子手和受刑者之间，用以证实他自己的法则并最终将其强加给整个惩罚结构。这种个人抒情风格不是表明一种软弱无力吗，即无力为一种刑罚算术找到一个理性基础？在将罪犯驱逐出社会的契约原则与令人"恶心"的怪物形象之间，人们在哪里可划出一条界线呢？这种界限如果不是在显露出的人性中，即不是在严峻的法律中或残忍的罪犯身上，那就只能是在制定法律和不会犯罪的有理性的人的情感中。

但是，这种对"情感"的诉诸并不完全是显示理论上的困境。实际上，这里包含着一种计算原则。肉体、想象、痛苦、应受尊重的心灵，实际上不是应受惩罚的罪犯的，而是那些加入契约的，有权对罪犯行使集体权力的人的。那种痛苦（因不能减少惩罚而产生的痛苦）是具有铁石心肠的法官和观众所体会到的，这种情感可能带有因司空见惯而诱发的穷凶极恶或是相反的没有什么道理可言的怜悯和宽容："为那些在可怕的处决中受到某种酷刑的温柔敏感的灵魂向上帝祈祷吧。"（Lacretelle，131）需要加以调节和计算的，是惩罚对施加惩罚者及其声称有权行使的权力的反馈效果。

在此，这种原则的基础是，人们绝不应对一个罪犯，哪怕他是一个叛逆或怪物，使用"非人道"的惩罚。如果说法律现在必须用一种"人道的"方式来对待一个"非自然"的人（旧的司法以非人道的方式来对待"非法"的人），那么这不是由于考虑到罪犯身上隐藏着某种人性，而是因为必须调控权力的效果。这种"经济"理性必定要计算刑罚和规定适当的方法。"人道"是给予这种经济学及其锱铢计算的一个体面的名称。"把惩罚减到最低限度，这是人道的命令，也是策略的考虑。"[6]

那么，为了理解这种惩罚的技术—政治学，让我们举出最极端的情况，即所谓"最极端的罪行"。这是指最重大的、破坏所有最受尊重的法律的罪行。这种罪行以极其隐秘的方式产生于极其特殊的环境，几乎肆无忌惮，而且还到了几乎不可想象的地步，因此它绝对是独一无二的，是最极端的。任何人都不能仿效它、以它为榜样，甚至不会想到会有这种罪行。它注定要销声匿迹。这种关于"最极端罪行"的寓言[7]对于新的刑罚来说就是那种相对于旧刑罚的原罪，是体现惩罚的理由的纯粹形式。

这种罪行是否应该受到惩罚？根据何种方式计算给予惩罚？对它的惩罚在惩罚经济学中有什么价值？这种惩罚只有在能够修复"社会受到的伤害"时才是有价值的（Pastoret，Ⅱ，21）。如果我们抛开严格意义上的物质损失——这种物质损失甚至在凶杀案这种无法弥补的情况下对于整个社会也是无足轻重的，那么犯罪对社会共同体的伤害便是它造成了社会共同体的混乱。它造成了丑闻，提供了榜样，如果不受到惩罚就会使人们重犯，并可能扩散开。惩罚若是有效的，就必须以罪行的后果为其对象，即针对由犯罪所引起的一系列混乱："刑罚与犯罪性质的对应程度是由破坏契约对社会秩序所造成的影响决定的。"（Filangieri，214）但是犯罪的影响不一定与其恐怖程度成正比。一种使人感到恐怖的罪行所造成的恶果常常比一种被大家所容忍并准备仿效的违法行为还少。重大犯罪是罕见的，而危险在于日常的违法活动可能会成倍增加。因此，人们不应寻求犯罪与惩罚之间的定性关系或恐怖之间的等式："一个坏蛋在受刑时的嚎叫能够从不可倒转的过去中收回他所做过的事情吗？"（Beccaria，87）人们不应从罪行的角度，而应从防止其重演的角度，来计算一种刑罚。人们需要考虑的不是过去的罪行，而是未来的混乱。人们所要达到的效果应该是使作恶者不可能再有重犯自己罪行的愿望，而且也不再有仿效者。[8]因此，惩罚应该是一种制造效果的艺术。人们不应用大量的刑罚来对付大量的犯罪，而应该按照犯罪的效果和刑罚的效果来使这两个系列相互对应。没有任何后继者的犯罪是无须惩罚的。同样，根据这个寓言的另一种说法，一个濒临瓦解和灭亡的社会有权设立绞刑架。这临终的罪行必然是不会受到惩罚的。

这是一种陈旧的观点。惩罚的惩戒功能在18世纪改革前早已存在。惩罚是为了未来，惩罚至少有一种防止犯罪的功能，这些说法在多少世纪里一直是对惩罚权力的一种流行的辩护。但是区别在于，过去人们指望着惩罚及其展示（再加上由此产生的无节制）产生预防的效果，而现在预防则大有成为惩罚经济学的原则及惩罚的恰当比例的尺度之势。在进行惩罚时应该使其正好足以防止罪行重演。因此，惩戒的机制发生了变化。在使用公开酷刑和处决的刑罚中，惩戒是对犯罪的回答。它通过一种二位一体的现象，既展示了罪行，同时又展示了制服罪行的君主权力。在依自身的效果量刑的刑罚中，惩戒必须归因于犯罪，但却是用最谨慎的方式和最大的节制方式来表示权力的干预。理想的结果应该是能够防止这二者中的任何一者的再出现。惩戒不再是一种展示的仪式，而是一种表示障碍的符号。这种惩罚符号的技术倾向于颠覆整个现世性的刑事活动领域。改革者认为，他们通过这种惩罚符号的技术而赋予惩罚权力一种经济而有效的手段，这种手段可以适用于整个社会，能够把一切行为编成符码，从而控制整个弥散的非法活动领域。人们试图用以装备惩罚权力的符号技术有下列五六个主要原则。

1. 最少原则。犯罪是为了获取某些好处。如果犯罪的观念与弊大于利的观念联系在一起，人就不会想犯罪了。"对于旨在产生预期效果的惩罚来说，它能造成的伤害只要超过了罪犯从犯罪中获得的好处，就可以了。"（Beccaria，89）刑罚与罪行大体相当的观念是人们能够而且应该接受的。但是，那种传统的方式是不能再延续了。按照传统方式，公开处决必须与罪行一样强烈，而且还要附带地表现出君主进行正当报复的"过剩权力"。而新的方式是一种利害层次的近似相等：使避免刑罚的愿望稍强于冒险犯罪的愿望。

2. 充分想象原则。如果说犯罪的动机是为了从中获取好处，那么刑罚的有效性就在于它会造成损害。这就意味着，处于刑罚核心的"痛苦"不是痛苦的实际感觉，而是痛苦、不愉快、不便利的观念，即"痛苦"观念的痛苦。惩罚应该利用的不是肉体，而是表象（representation）。更准确地说，如果它利用肉体的话，那么肉体主要是某种表象的对象而不是痛苦的对象。痛苦的记忆应该能够防止罪行重演，正如肉体惩罚的公开展示尽管可能是十分做作的，但却能防止犯罪的蔓延。但是，痛苦本身不再是惩罚技术的工具。因此，除非在需要造成某种有效的表象的情况下，人们应尽可能地避免大张旗鼓地展示断头台。在此，作为惩罚对象的肉体被省略了，但作为公开展示因素的肉体并不必然被省略。公开处决是这种理论所容许的极限，它不过是一种情绪表达方式。否定公开处决则提供了一种理性表达的可能性：应该尽量扩展惩罚的表象，而不是体罚的现实。

3. 侧面效果原则。刑罚应该对没有犯罪的人造成最强烈的效果。简而言之，如果人们能断定罪犯不会重犯罪行，那么只要使其他人确信罪犯已受到惩罚就行了。这就产生了一种偏离中心的强化效果方式，从而也导致了一种矛盾，即在量刑时最不重要的因素反而是罪犯（除非他可能重新犯罪）。贝卡里亚描述了他所建议的取代死刑判决的那种惩罚——终身苦役——的矛盾。这不是比死刑更残酷的肉体惩罚吗？他回答说，不，因为对于犯人来说，在他的余生，苦役的痛苦被分成了许多份。这是一种爱利亚学派*式的刑罚，即无限可分的惩罚，这不如死刑那么严峻，但与公开处决仅一步之隔。另一方面，对看到这些苦役犯或想象他们的情况的人来说，他们身受的痛苦都被浓缩为一个观念。苦役的所有时刻都化为一个比死刑观念更可怕的表象。这是很经济的理想惩罚。对于受惩罚的人（服苦役就不可能再犯罪），这是最小的惩罚，而对于想象这种惩罚的人，这是最大的惩罚。"在依罪量刑时，人们应该在各种刑罚中选择那种既能给民众的思想造成最持久的印象，又是对罪犯的肉体最不残酷的手段。"（Beccaria，87）

4. 绝对确定原则。应该使关于一种犯罪及其可能获得的好处的观念都与关于一种特定的惩罚及其明确的伤害后果的观念联系在一起。二者的联系应该被视为必要的和牢不可破的。这种普遍的确定因素应该能够使惩罚制度行之有效。它需要有一些确定的手段。规定罪行和刑罚的法律应该是绝对明确的，"从而使每个社会成员都能区分犯罪行为和正直行为"（Brissot，24）。这些法律应该公之于众，使每个人都能了解它们。（社会）需要的不是口头传说和习俗，而是能够成为"社会契约的稳定碑文"的成文法，能使所有人接触到的铅印文本："只有刊印出来才能使公众全体而不是少数人成为神圣法典的看护者。"（Beccaria，26）君主应该放弃他的赦免权，这样，惩罚观念的威力才不会被对君主干预的指望所削弱："如

---

* 爱利亚学派，古希腊哲学派别之一。该学派的重要人物芝诺认为，一个事物可无限分割。

果我们允许人们看到，犯罪会受到宽恕，而且不一定受到惩罚，那么我们就培养了他们那种指望不受惩罚的侥幸心理。……法律应该是无情的，执法者应该是刚正不阿的。"[9]最重要的是，应使任何罪行都无法逃脱那些负有主持正义的职责的人的目光。没有什么比那种指望网开一面的侥幸心理更能削弱法律机制。如果刑罚受到某种使之失效的因素的影响，那么怎么可能在公众脑海中建立起犯罪与刑罚的紧密联系呢？当刑罚因不确定而不那么可怕时，不就有必要使人们更畏惧它的威力吗？这不是要模仿旧的制度，不是说"愈严厉，人们就会愈警觉"。[10]由此产生了一种观念，即司法机构应增添一个与之合作的监视机构，这样就能防止犯罪和更容易拘捕到犯罪者。公安和司法应该是同一程序的两个互补行动，公安保障"社会对每个人的行动"，司法保障"个人反对社会的权利"（Duport，《议会档案》，XXI，45）。这样，任何犯罪都将暴露在光天化日之下并受到十分确定的惩罚。但是，还应做到的是，法律程序不应秘密进行，被告被定罪或宣告无罪的理由应公之于众，应使任何人都能认识到判刑的理由："法官应高声说出他的意见，他应在判决时宣读给被告定罪的法律条文，……被神秘地隐藏在档案室里的程序应该向一切关心犯人命运的公民开放。"（Mably，348）

5. 共同真理原则。在这条似乎平凡的原则背后隐含着一个重大变化。旧的司法证据制度，酷刑的使用、逼供、用以复制犯罪真相的公开处决、肉体和公开展示等，长期以来使刑罚实践脱离了一般的证明方式。因为半证据就能产生半真理和半罪犯，逼供出来的证词被认为更加真实，法律上的推定就含有某种程度的惩罚。这种证明方式与一般证明方式的差异，在惩罚权力为了自己的方便而需要造成铁证如山的气氛时，反而会造成冤案。如果实际的惩罚并不完全根据犯罪事实而定，那么怎么可能牢牢地在人们的脑海中建立起犯罪观念与惩罚观念的联系呢？用充分的证据并依照普遍适用的方式来确定罪行，便成为最重要的任务。在确定罪行时必须遵照适用于一切真理的普遍标准。在推理和提供证据方面，司法审判应该与一般判断是同一性质的。因此就需要抛弃"司法证据"，抛弃酷刑，确立完整的真理论证，消除嫌疑与惩罚之间的逐级对等关系。与数学真理一样，犯罪事实只有得到完全证明才能被人接受。因此，在罪行未被最终证明之前，被告应视为无罪。在进行证明时，法官不应使用宗教仪式的方式，而应使用通用的方法，运用一切人包括哲学家和科学家皆有的理性："在理论上，我将司法官看作是准备发现一项有趣真理的哲学家。……他的睿智使他能够把握住一切情况和一切关系，能够恰如其分地进行归纳和分辨，从而做出明智的判断。"（Seigneux de Correvon，49）这种运用常人理性的调查应该抛开旧的宗教审判模式，而采用更精妙的经验研究的模式（由科学和常识检验过的模式）。法官应该像一个"行驶在暗礁区的舵手"："什么样的证据或线索可以被认为是充足的，对此不仅我而且任何人都不敢笼统地做出断言。因为情况是千变万化的，而证据和线索应该从这些情况中得出，所以最明确的线索和证据必然是因时而异的。"（Risi，53）因此，刑罚实践应该遵循共同的真理标准，或者说应遵循一种复杂的准则，在这种准则中，科学证明的多种因素，明确的感觉和常识被集中起来，形成法官的"根深蒂固的信念"。虽然刑事司法应该维护确保其公平的形式，但是它现在可以向真理的全部方式开放，只要这些真理是明显的、言之成理的和众所公认的。法律仪式本身不再产生被分割的真理。

它被重新置于以共通的证据为依据的领域。由于科学话语的繁衍，形成了一种刑事司法迄今无法控制的复杂而无限的关系。掌握了司法不再等于掌握了司法的真理。

6. 详尽规定原则。对于旨在涵盖整个必须杜绝的非法活动领域的刑法符号学来说，所有的犯罪都必须明确界定，必须毫无遗漏地分门别类。因此，必须有一部法典，而且该法典必须十分精确地界定各种罪行。法律不应用沉默来培养免罪的希望。必须有一部详尽明确地规定罪行和刑罚的法典。（关于这个问题，参见 Linguet，8，以及其他人的著作）但是，这种使各种可能发生的罪行与惩罚的效果—符号完全吻合的迫切需要使人们走得更远。同一种惩罚的观念对不同的人并不会产生同样的效果。如富人既不怕罚款也不怕出丑。犯罪造成的危害及其惩戒意义因犯罪者的地位而异。贵族的犯罪比平民的同一种犯罪对社会危害更大（Lacretelle，144）。而且，因为惩罚应发挥防止再犯的作用，所以惩罚时必须考虑罪犯本人的情况，推测其邪恶的程度，其意图的本质："在两个犯同样盗窃罪的人中，一贫如洗者的罪过不是比脑满肠肥者要轻得多吗？在两个做伪证的人中，自幼就被灌输荣誉感的人的罪行不是比被社会遗弃和从未受过教育的人要严重得多吗？"（Marat，34）我们看到，在要求对犯罪和惩罚做对应分类的同时，也出现了要求根据每个罪犯的特殊情况做出不同判决的呼声。这种个案化要求在整个现代刑法史上始终是一个强大的压力。其根源恰恰在于，从法律理论的角度和日常工作的要求看，它无疑是与法典化原则水火不容的，但是从惩罚权力经济学的观点看，从某种技术的观点看（即人们希望能在整个社会中运用标准化的惩罚符号，既不过分又无漏洞，既不使权力成为无效的"权宜之计"又不怯于使用权力，为此而使用的技术），很显然，犯罪—惩罚制度的法典化和罪犯—惩罚的调节是相辅相成、并行不悖的。个案化看上去是精确编纂的法典的最终目标。

但是这种个案化就其性质而言与在旧的司法中可以发现的惩罚调节是迥然不同的。旧制度在这一点上沿袭了基督教的赦罪方式，使用两种调节惩罚的变量，一种是"环境"因素，一种是"意图"因素。这些因素被用来给行为本身定性。刑罚调节属于广义的"决疑法"*（关于决疑法的非个案化性质，见Cariou）。但是，在此时开始出现的是一种依据被告本人的性情、生活方式、精神状态、历史、"素质"，而不是依据他的意图，而进行调节。人们可以感觉到（虽然情况还不明朗），在刑罚实践中，心理学知识将要取代司法的决疑法。当然，在18世纪末，这种趋势才初露端倪。人们在该时期的科学模式中寻找这种法典与个案化的联系。自然界的历史无疑提供了最充分的图示：按不间断等级排列的物种分类。人们试图建立一种犯罪与惩罚的林奈（Linnaeus）**式分类，目的在于将每一种罪行和每一个应受惩罚的人都纳入一部通用法典的条款中，从而避免任何专制行为。"应该用一张表格列出在各个国家中所能看到的所有犯罪种类。应该根据所列出的罪行加以分类。在我看来，这种分类的最佳原则是根据犯罪对象区分罪行。分类时应使各类之间界限分明，按照各种罪行的相互关系，将每一种罪行置于极其严格的等级中。最后，这张表应该与另一张刑罚分类表严格地对应。"（Lacretelle，351～352）在理论上，或者

---

* 决疑法，用宗教伦理原则来判断是非。

** 林奈（1707～1778），瑞典博物学家。他的动植物分类法影响甚大。

更确切地说，在想象中，惩罚与犯罪的平行分类应该能够解决问题。但是，人们如何将固定的法律用于特殊的个人身上呢？

同一时期，与这种思辨模式大相径庭的是，人们也在用一种十分简陋的方法来制定各种人类学的个案化方式。我们首先来看看重复犯罪的观念。这种观念在旧的刑法中并不陌生。[11]但是，它正在变成对被告本人的一种描述并能够改变已宣布的判决。根据1791年的立法，几乎在所有的案件中，累犯都要受到加倍的刑罚。根据共和五年花月法律，在累犯身上必须烙上字母R。1810年的刑法规定对他们要么判处规定中的最重刑罚，要么判决高一级的刑罚。此时，对于重复犯罪，人们的目标不是法律规定的某种行为的责任者，而是犯罪者主体，是显示其怙恶不悛本性的某种意向。渐渐地，不是罪行，而是犯罪倾向成为刑法干预的对象，初犯与累犯之间的区分也变得愈益重要了。基于这种区分，再加上若干补充，在同一时期还形成了"冲动犯罪"观念，即一种在特殊条件下非故意的、非预谋的犯罪，虽然不同于可以被开脱的疯癫犯罪，但也不能被视为一般犯罪。早在1791年，勒·佩尔蒂埃（Le Peletier）就指出，他提交给制宪议会的刑罚等级详细分类方案可以阻止"冷酷无情的预谋作恶者"犯罪，后者会因想到这些刑罚而克制自己，但是，该方案无力阻止因"毫不考虑后果的感情冲动"所造成的犯罪。不过，这是无关紧要的，因为这种犯罪表明犯罪者"没有邪恶之心"。[12]

我们可以发现，在这种刑罚人道化的背后，所隐含的是所有那些认可，或更准确地说是要求"仁慈"的原则，是一种精心计算的惩罚权力经济学。但是这些原则也引起了权力作用点的变化：不再是通过公开处决中制造过度痛苦和公开羞辱的仪式游戏运用于肉体，而是运用于精神，更确切地说，运用于在一切人脑海中谨慎地但也是必然地和明显地传播着的表象和符号的游戏。正如马布利所说的，不再运用于肉体，而是运用于灵魂。而且，我们完全明白，他的术语——权力技术的相关物——指的是什么。旧的惩罚"解剖学"被抛弃了。但是，我们真的进入了非肉体惩罚的时代吗？

我们可以把根除非法活动的政治设计作为一个起点。这种设计归纳了一般的惩罚职能，划定惩罚权力的界限，以便控制这种权力。从这个起点出现了两条使犯罪和罪犯对象化的路线。一方面，罪犯被视为公敌，镇压罪犯符合全体的利益，因为他脱离了契约，剥夺了自己的公民资格，显露出似乎是自身的某些野蛮的自然本性。他看上去是个恶棍、怪物、疯子，也可能像个病人。很快，他又被视为"不正常"的人。事实上，总有一天他将属于科学活动的对象，受到相关的"治疗"。另一方面，度量惩罚权力的效果，这一从内部产生的需求，规定了对一切现实的或潜在的罪犯进行干预的策略：设置防范领域，权衡利弊，传播表象和符号，规定判断和证据的领域，根据极其精细的变量调整刑罚。所有这些也导致一种罪犯和罪行的对象化。在这两种情况中，我们都可以看到，支撑着惩罚活动的权力关系开始增加了一种对应的客体关系（object relation），在后者中犯罪成为依据一般规范确立的事实，罪犯则是依据特殊标准才能辨认的个人。我们还可以看到，这种客体关系并不是从外部附加给惩罚实践的，不是情感的极限对公开处决的残暴所施加的禁锢，也不是对"受惩罚的人究竟是什么"所做的理性的或"科学"的质疑。这种对象化过程起源于有关权力及其使用安排的策略本身。

然而，在刑法改革设想中出现的这两种对象化进程，不论在时间上还是在效果方面都迥然有异。被置于法律之外的作为自然人的罪犯还仅仅是一种潜在因素，一种正在消逝的痕迹，其中包含着各种政治批判的观念和各种想象的形象。人们还需要等待很长的时间才会看到"犯罪人"（homo criminalis）成为知识领域中的一个明确对象。反之，另一种对象化进程则具有更快、更明确的效果，因为它与惩罚权力的重组——如制定法典、确定违法行为、确定刑罚尺度、制定程序规则、确定司法官的职能——有着更直接的联系。而且还因为它使用了观念学派已经建构的话语。这种话语实际上借助关于利益、表象和符号的理论，借助该理论所重构的序列和发生过程，为统治权力的行使提供了一种通用的处方：权力以符号学为工具，把"精神"（头脑）当作可供铭写的物体表面；通过控制思想来征服肉体；把表象分析确定为肉体政治学的一个原则，这种政治学比酷刑和处决的仪式解剖学要有效得多。观念学派的思想不仅仅是关于个人与社会的理论，而且形成了一种关于精密、有效和经济的权力的技术学，与那种君主权力的奢侈使用形成对照。让我们再次听听塞尔万所表达的思想：犯罪观念和惩罚观念必须建立起牢固的联系，"前后相继，紧密相连。……当你在你的公民头脑中建立起这种观念锁链时，你就能够自豪地指导他们，成为他们的主人。愚蠢的暴君用铁链束缚他的奴隶，而真正的政治家则用奴隶自己的思想锁链更有力地约束他们。正是在这种稳健的理智基点上，他紧紧地把握着锁链的终端。这种联系是更牢固的，因为我们不知道它是用什么做成的，而且我们相信它是我们自愿的结果。绝望和时间能够销蚀钢铁的镣铐，但却无力破坏思想的习惯性结合，而只能使之变得更紧密。最坚固的帝国的不可动摇的基础就建立在大脑的软纤维组织上"（Servan，35）。

这种惩罚的符号—技术，这种"观念的权力"至少将会部分地被搁置，被一种新的政治解剖学所取代，肉体将再次以新的形式成为主要角色。而且，这种新的政治解剖学将会允许在18世纪崭露头角的两种背道而驰的对象化路线并行不悖地存在：它将"从另一角度"，即用自然本性来反对自然本性的角度，排斥罪犯；它将力求用一种精心计算的惩罚经济学来控制犯罪。对新的惩罚艺术扫视一眼，便可以洞察到惩罚的符号—技术如何被一种新的肉体政治学所取代。

注　释

〔1〕Mogensen，326. Mogensen 论证，在奥热（Auge），大革命前夕的暴力犯罪数目是路易十四末期的四分之一。一般说来，由彼埃尔·肖努（Pierre Chaunu）主持的关于诺曼底地区犯罪研究表明，在暴力犯罪减少的同时，欺诈犯罪有同样幅度的增长。参见《诺曼底年鉴》（*Annales de Normandie*）1962、1966 和 1967年所发表的 B. Boutelet, J. C. Gégot 和 V. Boucheron 的文章。关于巴黎的情况，参见 Petrovitch。英国似乎也有同样的现象，见 Hibbert，72 和 Tobias，37ff。

〔2〕Le Roy-Ladurie，1973. 另参见 Farge，他肯定了这种趋势：在 1750 到 1755年有百分之五因偷窃食物而判刑的人被送上苦役船，而在 1775 到 1790 年就有百分之十五的这种人被送上苦役船："随着时间的推移，法庭变得愈益严厉。……（因为）一个希望秩序与尊重财产的社会所需要的价值观受到了威胁。"（Farge，130 ～ 142）

〔3〕关于对"过分的权力"及其在司法机构中不合理分布的批评，见 Dupaty，1788，以及 Lacretelle 与 Target。

〔4〕见 N. Bergasse 关于司法权力的论述："如果（司法权力）已经被剥夺了一切反对国家政治制度的活动，而且对于聚集起来组建与维持该制度的意志毫无影响，那么，为了保护每一个人和各项权利，它应该有一种能任意支配的力量，这种力量在捍卫与支持该制度时威力无比，但只要有人改变它的目的，试图用它来进行压迫，它就应变成零。"（Bergasse，11 ～ 12）

〔5〕卢梭，28。应该指出，在制宪议会上某些主张实行一种极其严格的刑罚制度的代表曾援引卢梭的这些看法。而且，有意思的是，《社会契约论》的原则可以用于支持古老的罪行与惩罚的残暴相当关系。穆冉引用了《社会契约论》的上述引文，指出："为了保护公民，就需要以人道的名义，根据罪行的残暴程度而不是根据罪行造成的损失来确定刑罚。"（Mougins，637）

〔6〕杜波尔，《社会档案》，Ⅹ，744。人们还可以引证 18 世纪末各学术团体所提出的不同的征文竞赛题目："这种调查与刑罚的温和性怎么能与干脆又具有儆戒作用的惩罚协调起来，使公民社会获得自由与人道的最大保障？"（伯尔尼经济学会，1777 年）马拉在《刑法草案》中做出回答。"在法国，什么样的手段既能减轻刑法的严酷性又不损害公共安全？"（马恩河畔沙隆科学院，1780 年；获胜者是布里索与贝尔纳迪〔Bernardi〕）"极其严峻的法律有助于降低一个腐败民族的犯罪数量与猖獗程度吗？"（马赛科学院，1786 年；获胜者是艾玛尔〔Eymar〕）

〔7〕G．Target《关于刑法草案的意见》，载 Locré，7 ～ 8。在康德那里可以看到一种相反的表述形式。

〔8〕"社会并不认为它施加惩罚是野蛮地以制造痛苦为乐。社会认为，惩罚是必要的预防措施，旨在防止类似的犯罪，保护社会，使之免受凶杀与种种邪恶的威胁。"（Barnave，9）

〔9〕Beccaria，26. 布里索也指出："如果赦免是公正的，那么法律就是不合理的。如果法律是好的，那么赦免就完全是违法的罪行。"（Brissot，200）

〔10〕Mably，327. 瓦泰勒（Vattel，1714 ～ 1767，瑞士法学家。——译者注）也指出："能够使每个人都恪守本分的，不是刑罚的残暴性，而是执行刑罚的准确性。"（Mably，163）

〔11〕与 Carnot、Helie 或 Chauveau 所说的相反，旧制度一些法律明确规定了对累犯的惩罚。1549 年的法令宣布，重复犯罪的作恶者是"明显有害于国家的可恶的败类"。亵渎神明、盗窃、流浪等累犯罪行将绳之以特定刑罚。

〔12〕Le Peletier，321 ～ 322. 翌年，贝拉尔（Bellart）进行了对一件"感情冲动犯罪"的第一次辩护。这就是格拉（Gras）案件。见《现代律师年鉴》，1823 年，Ⅲ，34。

第二章　惩罚的温和方式

　　根据上文，惩罚艺术必须建立在一种表象技术学上。这项工作只有在成为某种自然机制的一部分时才能成功。"有一秘密的力量就像物体引力作用一样永远驱使我们追求我们的幸福。这种推动力仅受制于法律所设置的障碍。人类全部纷繁迷乱的行动都是这种内在倾向的后果。"寻求对一种罪行的适当惩罚，也就是寻求一种伤害，这种伤害的观念应能永远剥夺犯罪观念的吸引力。这是一种操纵相互冲突的能量的艺术，一种用联想把意象联系起来的艺术，是锻造经久不变的稳定联系的艺术。这就需要确立对立价值的表象，确立对立力量之间的数量差异，确立一套能够使这些力量的运动服从权力关系的障碍—符号体系。"让酷刑和处决的观念永远存在于意志薄弱者的心中，制约着驱使其犯罪的情感。"（Beccaria，119）这些障碍—符号应该组成新的刑罚武库，正如旧的公开处决是围绕着一种报复标志系统而组织的。但是，它们要想正常运作的话，就必须遵守几项条件。

　　1. 它们应该尽可能地不带有任意性。诚然，社会是根据自身的利益确定何为犯罪，因此，犯罪不是自然的产物。但是，如果要使一个企图犯罪的人马上想到惩罚，那么就必须在这二者之间建立一种尽可能直接的联系，相似、类比和相近的联系。"刑罚应该尽可能地与犯罪性质一致，这样，对惩罚的恐惧就会使人的思想脱离有利可图的犯罪诱惑。"（Beccaria，119）最理想的惩罚应该是直截了当地针对所惩罚的罪行。这样，对于期待它的人来说，它将绝对无误的是它所惩罚的罪行的符号。而对于试图犯罪的人来说，犯罪念头将足以唤起惩罚的符号。这有利于实现这种联系的稳定，有利于计算犯罪与惩罚之间的比值和从数量上读解利弊。还有一个好处是，由于惩罚在形式上是一种自然而然的后果，就不会显得像是某种人世权力的武断后果："根据惩罚排定违法行为，是使惩罚与犯罪相称的最佳手段。如果说这是正义的胜利，那么这也是自由的胜利，因为刑罚不再出自立法者的意志，而是出自事物的本性。人们再也不会看到人残害人了。"（Marat，33）在相似的惩罚中，实施惩罚的权力隐蔽起来了。

改革者设计了一套刑罚，其规定都是理所当然的，并且体现了犯罪的内容。例如，韦梅伊（Vermeil）的方案规定，滥用公共自由的人应被剥夺其个人自由；滥用法律和职务特权的人应被剥夺公民权；做投机生意和放高利贷者应被罚款；盗窃的赃物应予以没收；慕虚荣而犯罪者应受到羞辱；凶杀者应处死刑；纵火者应处火刑。对于投毒者，"刑吏应给他看一个酒杯，然后将杯中之物洒在他脸上。这样他就会因为看到自己犯罪的形象而感到自己罪行的恐怖。然后，他应被投入一个开水锅"（Vermeil，68～145；另参见 Dufriche de Valazé，349）。这纯粹是白日梦吗？或许如此。但是，1791 年勒·佩尔蒂埃在提出新的刑法法案时，明确阐述了关于建立一种象征联系的原则，"在违法行为和惩罚之间需要建立严格的关系"；凡在犯罪时使用暴力者应受到肉体痛苦；懒惰者应判处苦役；行为卑鄙者应当众羞辱（Le Peletier，321～322）。

在这些相似的刑罚中尽管有令人联想到"旧制度"酷刑的残忍因素，但起作用的毕竟是一种完全不同的机制。在一场实力的较量中不再用恐怖来反对恐怖；这种机制不再是对称的报复，而是符号对其所指的东西的直接指涉了。在惩罚戏剧中需要建立的是一种能够被感官直接领悟的、可以作为一种简单计算的基础的关系，即一种合理的惩罚美学。"不仅在美术中人们应该忠实于自然；而且政治制度，至少是那些显示智慧和持久性的政治制度，也应该建立在自然的基础上。"（Beccaria，114）惩罚应该继犯罪而来；法律应该显得是一种事物的必然性，权力在运作时应该隐藏在自然的温和力量背后。

2．这种符号系统应该干预暴力机制，减少人们使犯罪变得诱人的欲望，增强人们使刑罚变得可怕的兴趣，使人们欲望和兴趣的强弱状况发生逆转，使关于刑罚及其伤害的表象变得比关于犯罪及其兴趣的表象更活跃。因此，这里有一整套关于利益及其变化、人们考虑利益的方式、这种表象的活跃程度的机制。"立法者应该是一个技术高超的建筑师，应该知道如何调动有助于加强建筑物的各种力量，如何减弱各种可能毁坏它的力量。"（Beccaria，135）

实现这一目标可以有若干方式。"直捣罪恶之源。"（Mably，246）消除维系这种犯罪观念的主要原因。弱化导致犯罪的利益和兴趣。在流浪罪背后潜藏着的是懒惰，因此必须对懒惰开战。"把乞丐关进监狱这种藏污纳垢之地，是不可能有什么成效的"；应该强制他们工作。"惩罚他们的最佳方式是使用他们。"（Brissot，258）恶劣的情欲只能用良好的习惯来克服，一种力量只能用另一种力量来对抗，但后一种力量必须是情感的力量，而不能是暴力。"难道我们不应依据这一原则来制定各种刑罚吗？这一原则极其简单、恰当，并早已为人熟知，即选择最能抑制导致犯罪的情欲的刑罚。"（Lacretelle，361）

让驱使罪犯去犯罪的力量去反对自身。使兴趣发生分裂，利用兴趣来把刑罚变成可怕的东西。让惩罚刺激起的兴趣大于犯罪的诱惑。如果傲慢导致犯罪，那就让傲慢受到挫伤，让惩罚把傲慢变得令人厌恶。羞辱性惩罚是有效的，因为它针对的是导致犯罪的虚荣心。狂信者既以自己的观点又以自己为这些观点所承受的苦难而自豪。因此，我们应该用那种顽固的傲慢来反对它所维系的狂热："用奚落和羞辱来贬低它。如果在大庭广众前羞辱狂信者的虚荣心，那么可以指望这种惩罚产生良好的效果。"反之，给他们制造肉体痛苦，则是完全无效的（Beccaria，113）。

重新激起被犯罪削弱的有益而高尚的兴趣。当罪犯盗窃、诽谤、诱拐或杀人时，他已丧失了对财产以及对荣誉、自由和生命的尊重情感。因此，必须重新培养他的这些情感。人们在教育他时必须从他个人的利益入手，向他证明，他所丧失的是任意支配自己的财富、荣誉、时间和人身的自由，这样他才会尊重其他人（Pastoret，Ⅰ，49）。构成了稳定而易懂的符号的刑罚还应该改写利益经济学和情欲动力学。

3．因此，人们应该使用一种时间调节方法。刑罚能够改变、修正和确立符号，设置障碍。如果它只能是永恒不变的，那么它有什么用处呢？一种无休止的刑罚会变得自我矛盾：

如果刑罚对犯人加以各种约束，而犯人虽已改过自新但不能从这些约束中获得任何好处，那么，这些约束就几乎无异于酷刑，改造犯人的努力也就成为社会的极大麻烦和无谓负担。如果犯人是怙恶不悛、死不改悔者，那么我们就应坚决消灭之。但是，对于其他犯人，惩罚唯有在达到限度时才会有效。这种分析被制宪议会*接受了，1791年的法典规定，死刑适用于卖国贼和杀人犯，其他各种刑罚必须有期限（最高期限是20年）。

但是，最重要的是，这种时间角色应该纳入刑罚经济学。公开处决因本身的激烈性质往往有如下后果：罪行愈严重，惩罚愈短暂。时间因素当然也介入了旧的刑罚体系：按日计算的带枷示众柱刑，按年计算的流放，按死亡小时计算的轮刑。但这是一种折磨的时间，而不是协力改造的时间。现在，时间因素应该有助于惩罚行动本身："一种使人类免于酷刑的恐怖但却持续地令人痛苦的剥夺，在罪犯身上产生的效果要比转瞬而逝的痛苦大得多，……它能不断地使看到它的民众记起复仇的法律，使所有的人对有教益的恐怖时刻历历在目。"[1]时间乃是惩罚的操作者。

但是，当情欲开始弃恶从善时，人们就不应该以同一方式或同样持久地约束脆弱的情欲机制。惩罚应随着自己产生的效果而逐步减轻。惩罚应该由法律明确地固定下来，因为它是为所有的人制定的，是不分轩轾的，但是它的内部机制应该是灵活的。勒·佩尔蒂埃在一份递交给制宪议会的法案中设计了一种刑罚递减制度：被判处最重刑罚的犯人仅仅在监禁的最初阶

---

* 制宪议会，法国1789—1791年的议会。

段关在"黑牢"（戴着手铐脚镣，单独关在黑暗的囚室，每天只得到面包和水）；开始，他每星期应该做两天工，以后加到三天。当他服完三分之二的刑期时，他可以转入"管制"阶段（囚室有光亮，腰部戴镣，每天单独干五小时活，但有两天是与其他囚犯一起干活。劳动有报酬，可用于改善生活）。最后，在刑期快满时，他可以转入正常的监狱生活："他可以每天在共同的工作中见到其他囚犯。如果他愿意的话，他可以单独干活。他将用劳动所得来支付膳食。"（Le Peletier，329～330）

4. 对于犯人来说，刑罚是一种关于符号、利益和时间的机制。但是，犯人仅仅是惩罚的目标之一。因为惩罚首先是针对其他人的，针对潜在的罪犯。因此，这些逐步铭刻在犯人观念中的障碍—符号应该尽快和更广泛地传播。它们应该被所有的人接受；它们应该形成每个人与其他人之间的话语，让所有的人用这种话语来彼此制止犯罪，让这种真币在民众头脑中取代犯罪的虚假利润。

为此目的，应该让每一个人都认识到，惩罚不仅是理所当然的，而且是符合他自己的利益的；应该让每一个人都在惩罚中看到对自己的好处。不应该再有大张旗鼓但毫无效用的刑罚，也不应再有秘密的刑罚。惩罚应该被视为罪犯对每一个同胞的报偿，因为犯罪伤害了他们大家。刑罚经常公之于众，"能够带来一般和特殊活动的公共功利"（Dufriche de Valazé，346）。这种观念的宗旨是使囚犯成为某种可租用的财产：为大家服务的奴隶。社会为什么要消灭可以占用的生命和肉体呢？让他"以苦役的形式为国家服务"，不是更好吗？"这种苦役应根据他的犯罪性质而有所延长。"法国有许多无法通行从而阻碍商业活动的道路。盗贼也妨碍商品的自由流通。可以把抓获的盗贼用于修整道路。"把这种人置于众目睽睽之下，剥夺其自由，强迫他用自己的余生来弥补他给社会造成的损失，其儆戒作用"远比死刑更明显（Boucher d'Argis，1781，139）。

在旧体制下，犯人的肉体变成国王的财产，君主在上面留下自己的印记和自己权力的效果。现在，他将是社会的财产，集体占用的有益对象。这就是为什么改革者几乎总是主张将公益劳动作为最佳刑罚之一。在这一点上，他们得到陈情书*的支持："让那些不够判死刑的犯人为国家做公益劳动，其时间长短依罪行而定。"[2]公益劳动包含着两个含义，一个是指惩罚犯人的集体利益，一个是指惩罚的可见性和可证实性。因此，犯人是双重的付出，一方面是通过他所提供的劳动，另一方面是用他所产生的符号。在社会的核心部位，在公共广场和大路上，犯人是利益和意指作用的汇聚点。人们所看到的是，他在为每一个人服务；但是，与此同时，他使得犯罪—惩罚符号偷偷溜进一切人的头脑。后一方面是次要的、纯道德的功利，但也是更现实的功利。

5. 于是便产生了一套颇有讲究的宣传经济学。在肉体酷刑中，儆戒作用的基础是恐怖：有形的恐惧，集体恐慌，令观众刻骨铭心的形象，如犯人脸上或胳膊上的烙印。现在，儆戒作用的基础是教训、话语、可理解的符号、公共道德的表象。维系惩罚仪式的不再是君主权威的可怕复辟，而是符码的活化，是集体对犯罪观念与惩罚观念之间联系的支持。在刑罚中，人们不是看到君主的存在，而是辨认出法律本身。法律将特定的罪行与特定的惩罚联系起来。只要犯罪发生，惩罚就

---

* 陈情书系指 1789 年法国革命前夕各地各阶层向国王和三级会议呈交的陈情书。

随之而来，体现法律的话语，展示既与观念相连，又与现实相连的符码。这种本文（text）中的直接联系，在行动中也应该是直接的。"请想一想关于某些恐怖行动的消息开始在城市传播的情况。居民们如同遭到雷击一般，所有的人都惶恐不安且义愤填膺。……这正是惩罚犯罪的最佳时机：不要让罪恶溜掉，赶快证实它、审判它。赶快搭起行刑台，立起行刑柱，把罪犯拖到公共广场，大张旗鼓地召集民众。你会听到他们把你的判决当作和平与自由的宣告而热烈欢呼。你会看到他们争睹这些恐怖的行刑场面，如同参加庆祝法律的盛会。"（Servan，35～36）公开惩罚是直接重新灌输符码的仪式。

法律被重新塑造：它承担起自己对付违法犯罪行为的责任。另一方面，罪犯则脱离社会，遗弃社会，但不是在"旧制度"的那些意义暧昧的节日中——民众不论站在犯罪一边还是站在处决一边，都必然要参加这些节日——而是在哀悼仪式中。社会重新发现了自己的法律，但失去了违反法律的公民。公开惩罚应该显示这双重的隐忧：一方面，某个公民可能会无视法律，另一方面，人们可能被迫使自己与某个公民分手。"把行刑台与最令人感伤的仪式联系起来。让这可怕的一日成为全民的哀悼日。让这普遍的哀伤到处化为醒目的文字。……让佩戴黑纱的司法官向人民宣布罪行以及合法报复的无奈。让这种悲剧的各种场面耸动人们的听闻，惊扰人们温柔纯朴的感情。"（Dufau，688）

这种哀悼的意义应该对每一个人都是明白无误的。其仪式的每个因素都应能揭示和重申罪行，使人想起法律，显示惩罚的必要性，证明惩罚的适度性。应该散发和张贴告示、标语和象征物，让每一个人都能了解其意义。关于惩罚的宣传不应具有肉体恐怖效果，而应是打开了一本供人阅读的书籍。勒·佩尔蒂埃建议，让民众每月参观一次犯人，"在悲惨的囚室里，他们将看到门楣上的醒目文字，即犯人的姓名、罪名和刑罚"（Le Peletier，329～330）。几年后，贝克松（Bexon）*根据简单的军事化的帝国仪式，设想了一整套刑罚标志："押送死刑犯赴刑场的囚车，将裹上或涂上黑红二色；如果他是卖国贼，他将穿着前胸后背都写着'叛逆'字样的红袍；如果他是弑父或弑君者，他的头部将被黑纱罩住，他的衬衫上绣着他行凶用的匕首或其他凶器；如果他是投毒者，他的红色衬衫上则绣着毒蛇和其他有毒动物。"（Bexon，24～25；该设想是呈递给巴伐利亚国王的。）

这种形象易懂的教训，这种仪式化的符码灌输，应该尽可能地经常重复。惩罚应该成为一个学校而不是一个节日，成为一本永远打开的书而不是一种仪式。时间的持续能使惩罚对犯人生效，也对观众有教益。后者应该能够随时查阅这本关于犯罪与惩罚的永久性词典。秘密的惩罚是事倍功半的惩罚。应该让儿童参观执行刑罚的场所。他们在那里会学到公民学。成年人应定期重温法律。让我们把惩罚场所设想为星期日供家庭游览的"法律公园"。"我认为，如果不时地向民众的头脑灌输关于维护社会秩序、关于惩罚的效用的话语，无论成人还是儿童都会走向矿山和工厂，并默默思索那些犯人的可怕命运。这种朝圣会比土耳其人到麦加朝圣更有裨益。"（Brissot）勒·佩尔蒂埃也认为，这种惩罚的能见性是新刑法的基本原则之一："在某些特殊时刻，民众的出现往往会使犯人感到羞愧，因犯

---

*　贝克松（1748～1784），法国博物学家。

罪而处于悲惨境地的犯人的存在会给予民众的心灵以有益的教训。"（Le Peletier，322）早在罪犯被视为科学研究的对象之前，他就被视为一种用于教育的资料。过去，人们对犯人做慈善性探视，分担他们的痛苦（这种做法是在 17 世纪兴起的，或者说是重新兴起），而现在，人们则主张让孩子们去了解法律制裁犯罪的益处——这是秩序展览馆中的生动课程。

6. 这将有助于在社会中扭转关于犯罪的传统话语。怎样才能消除罪犯享有的那种令人担忧的荣耀？这是 18 世纪法律制定者们亟待解决的一件大事。怎样才能抑制历书、传单和民间故事对重大罪犯的冒险活动的颂扬？如果重新灌输惩罚符码的工作做好了，如果哀悼仪式搞得恰如其分，那么犯罪就只会显得是一种不幸，罪犯也只会显得是一个应该放在社会生活中重新教育的敌人。能够取代那些把罪犯颂扬为英雄的赞美歌的，只有障碍—符号。这种符号通过利害权衡而产生对惩罚的恐惧，从而遏止犯罪欲望。这种符号将在人们的话语中流传。这种正面机制将充分地在日常语言中运作，而日常语言则不断地用新的理由来加强它。话语将变成法律——普遍重新灌输符码的经常性原则——的载体。民间诗人最终会与那些自称"永恒理性的传教士"联合起来，变成卫道士。"由于头脑中填满了这些恐怖形象和健康观念，每一个公民都会把它们传播给全家人。子女们围在他身旁，出神地听他有声有色地讲述这些故事，他们的年轻头脑将不可磨灭地接受犯罪与惩罚的观念，尊重法律和热爱祖国，尊敬和信赖行政长官的观念。乡野鄙夫也会目睹这些榜样，在茅舍之间加以传播，追求高尚美德的趣味将在这些粗俗的心灵中扎根。那些歹徒会因看到公众其乐融融而灰心丧气，害怕四周都投来敌视的目光，从而放弃即刻便能

招来杀身之祸的图谋。"（Servan，37）

因此，人们应该设想一个惩罚之城。十字路口、公园、正在修缮的道路或桥梁两侧，将会有数以百计的小型惩罚剧场。每一种罪行都有针锋相对的法律，每一个罪犯都会受到应有的惩罚。这种惩罚将是公之于众的，具有解释、自我证明和昭示罪行的作用。告示、有标记的各种颜色的帽子、标语、象征物、文字读物等，不断地重复着有关的符码。背景、立体性、视觉效果、逼真图像有时放大了这种场面，使之比真实情况显得更可怕，但也更清晰。从观众的位置看，可能会认为那里有某些残忍的事情，而实际上却没有。但是，关键问题在于，根据一种严格的经济学，不论惩罚是真的还是想象中的那般严酷，它们都应给人们一个教训，任何一个惩罚都应是一则寓言。此外，在与高尚的楷模直接相对的另一端，人们应每时每刻都能见到邪恶者不幸的活生生场面。看到这些道德"表象"后，小学生会向老师靠拢，成年人会学会如何教育自己的后代。那种盛大的公开处决的恐怖仪式逐渐地让位给这种严肃的戏剧——后果的场景丰富多彩，更具有说服力。而且，公众的记忆将会以传闻的形式复制法律的严峻话语。但是，在这些众多的场面和记叙之上，或许有必要放置针对最恐怖的罪行的惩罚的重要符号，作为刑法大厦的拱顶石。韦梅伊就曾设想了一种高于所有的日常惩罚活动的绝对惩罚场景：这是人们唯一不得不追求无限的惩罚的场合。在新的刑法体系中，这种惩罚相当于旧体系中杀父者所受的惩罚。犯下这种罪行的人，应该被剜掉眼睛，关在一个铁笼中，悬挂在公共广场的高处。他的衣服应被剥光。应该用铁圈套住他的腰，把他锁在铁笼的栏栅上。临死前，只喂给他面包和水。"这样，他将饱受严酷的气候之苦，有时他被冰雪蒙面，有时他被烈日烤灼。正是从这种与其说是延长了生之痛苦不如说是延长了死之痛苦的、威力不息的酷刑中，人们将真正认识到，这种恶棍应该饱受自然之苦，他应被判定再也不能仰望他所亵渎的苍天，再也不能生活在他所玷污的大地。"（Vermeil，148～149）这个铁蜘蛛高悬在惩罚之城上空；根据新刑法而受到这折磨的罪犯是弑父者。

　　在此有一整套形象化的惩罚。马布利说："应该避免使用同样的惩罚。"统一的刑罚，即仅仅根据罪行的严重程度加以调节的观念，被抛弃了。更准确地说，在这些具体的、可见的和"触目惊心的"刑罚方案中，从来没有把监禁作为一般的惩罚形式提出来过。人们想到了监禁，但仅仅把它视为刑罚中的一种。它是对某些罪行——如侵犯了个人自由（如劫持）或滥用自由（如骚乱、暴力行为）——所专设的惩罚。它也被视为执行某些惩罚（如强制劳动）的条件。但是，它并没有以它的时间性作为唯一的调整原则来涵盖整个刑罚领域。相反地，关于刑事监禁的观念受到了许多改革者的公开批判。因为它不能与罪行的特点相对应。因为它不能对公众产生效果。因为它对于社会不但无益，甚至有害：它的开销太大，它使犯人无所事事，它使犯人恶习增多（见《议会档案》，XXVI，712）。因为对这种刑罚的执行很难监督，有可能使囚犯受到看守的任意摆布。因为剥夺一个人的自由和对他进行监视，是一种专制活动。"你们是在要求让你们中间有怪物存在；而如果这些面目可憎的人存在的话，那么立法者们可能必然会把他们当作凶手看待。"（Mably，338）把监禁作为一种万能的刑罚，是与刑罚—效果、刑罚—表象、刑罚一般功能、刑罚—符号与话语这一整套技术格格不入的。监狱是隐匿晦暗的、充满暴力的可疑之地。"这是一个晦暗之处。在这里，公民的眼睛无法清点受刑者，因此，作为儆戒的数字也就无处寻觅。……相反，如果能够既不增加罪行的种类而又增加惩罚的儆戒作用，那么就能最终使惩罚变得不那么必要了。实际上，监狱的晦暗性变成了公民挑衅的一个对象。他们很容易猜想，在那里有各种不公正的事情发生。……一个为公众的利益而制定的法律，非但没有引起人们的感激之情，反而继续激起人们的不满，那就肯定有问题。"（Dufriche de Valazé，344～345）

监禁应该像今天这样涵盖介于死刑和轻微处罚之间的整个惩罚领域，这种观念是当时的改革者还不能很快认识到的。

问题是，在很短的时间里，拘留就成为基本的惩罚形式。在1810年的刑法中，它以各种形式占据了介于死刑和罚款之间的几乎整个惩罚领域。"新法律所接受的刑法体系是什么呢？是表现为各种形式的监禁。确实如此，可以将刑事法典中所保存的四种主要刑罚做个比较。强制劳动是一种监禁。苦役船是一种露天监狱。对轻罪的拘留、软禁、监禁在某种意义上只是同一种惩罚的不同名称。"（Remusat，185）而且，拿破仑帝国立即决定，将法律所规定的这种监禁，按照一种完整的、刑法的、行政的和地域的等级付诸实施。最低级别是监禁于市镇治安所，任何一个治安官均可决定；在县一级，则设拘留所；在省一级，设教养所；在全国，设若干关押长期囚犯或被判一年以上监禁的轻罪犯的中央监狱；在几个港口，设苦役船。一个宏大的监狱体系设计出来了，它的各种级别将严格地与中央集权的行政管理的各种级别相吻合。断头台（在那里，受刑的罪犯的肉体听凭通过仪式表现出来的君主的力量摆布），惩罚剧场（在那里，惩罚的表象能长久地对社会产生作用），被一种庞大的、封闭的、复杂的等级结构所取代，而这种结构则被整合进国家机器之中。一种全然不同的实体，一种全然不同的权力物理学，一种全然不同的干预人体的方式出现了。在复辟时期和七月王朝时期*，除了个别例外的时刻，法国的监狱里总是关押着 4 万到 4.3 万名囚徒（大约平均 600 名居民中就有 1 名囚犯）。这种高墙不再是保护性的围墙，不再是象征着权力和财富的高墙，而是被仔细地打上封印记号的、无懈可击、无缝可钻的高墙，是由当时相当神秘的惩罚工程所封闭起来的。它将变成处于 19 世纪城市边缘甚至中心的、惩罚权力的单一形象。这种形象既是物质的又是象征性的。早在执政府时期**，内政部长就曾授命调查研究已经发挥作用并能用于不同市镇的各种"安全场所"。几年后，为了修建这些维护新的社会秩序的新城堡，使之符合它们所体现和维护的权力，拨出和分配了大笔钱财。而拿破仑帝国实际上把它们用于另一种战争（见 Decazes）。在整个 19 世纪，一直在修建它们，其方式不那么招摇，但却更坚定持久。

总之，在二十年间，制宪议会明确阐述的原则——即刑罚应是特定的、适当和有效的，应在每一次实施后都对一切人有所教益——转变成除必须以死刑制裁的罪行外应用于一切违法行为的拘留的准则。18 世纪所梦寐以求的、能够对公众的心灵产生重大影响的惩罚剧场，被这种庞大统一的监狱机器所取代。

---

* 复辟时期指 1815—1830 年法国波旁王朝复辟时期。七月王朝系 1830—1848 年法国奥尔良王朝。
** 执政府，1799—1804 年的法国政府。

由巨大的监狱建筑所组成的网络很快就遍布法国和欧洲。但是，对于这种魔术来说，二十年的时间或许太长了。可能会有人说，这几乎是在一瞬间发生的。对此，人们只需看一看勒·佩尔蒂埃提交给制宪议会的刑法草案。该法案一开始就阐述了其原则，即需要建立"犯罪性质与惩罚性质之间的严格联系"：使用暴力的罪犯应受皮肉之苦，游惰者应服苦役，灵魂堕落者应受到羞辱。然而，法案所提出的严厉刑罚实际上是三种拘留形式：首先是"黑牢"（cachot），在这种形式中，监禁的刑罚是通过各种措施来加重的（单独监禁、剥夺光明、限制食物）；其次是"管制"，在这种形式中上述辅助措施逐渐减轻；最后是单纯的监禁。人们原来郑重其事地指望着的多样性刑罚，最后被化简为这种单调的统一的刑罚。实际上，由于没有建立犯罪与惩罚之间的自然联系，而是采纳了另一个全然不同的方案，当时就有一些代表表示惊讶："这样，如果我背叛了祖国，我将被送进监狱，如果我杀死了我的父亲，我将被送进监狱。也就是说，对于任何可以想象得到的罪行都用同一种方法来惩罚。人们会看到一个医生用同样的方法来医治所有的疾病。"（Chabroud，618）

这种急遽的变化并不仅限于法国。在其他国家也能在不同程度上发现这种情况。在贝卡里亚的《论犯罪与惩罚》的论著发表后不久，叶卡捷琳娜二世（Catherine Ⅱ）*就对授权草拟"新法典"的委员会做了指示。当时，贝卡里亚关于刑罚应具有特定性和多样性的教导尚未被遗忘。叶卡捷琳娜二世的指示几乎逐字逐句地重复这一教导："当刑法根据每一种罪行的特殊性质规定不同的刑罚时，公民自由便取得了胜利。在这种

---

* 叶卡捷琳娜二世（1729～1796），俄国女皇。

情况下，一切专横都销声匿迹了。刑罚不会受制于立法者心血来潮的想法，而是取决于事物的性质。侵犯人的不再是人，而是人自己的行为。"（第 67 条）几年后，贝卡里亚的一般原则又被当作托斯坎尼法典和约瑟夫二世（Joseph Ⅱ）为奥地利颁布的法典的基础。但是，这两部法典都使监禁——根据时间长短来调节，并在某些情况下用打烙印或火烙来加重惩罚——几乎成为统一的刑罚：对图谋弑君罪、伪造钱币罪和抢劫杀人罪至少处以 30 年监禁，对故意杀人罪和武装抢劫罪处以 15 年监禁，对于单纯盗窃罪处以一个月至五年监禁，等等。[3]

　　然而，如果说刑罚被监禁所垄断令人感到惊讶，那是因为监禁并不是如人们所想象的已经在刑罚体系中被确定为仅次于死刑的惩罚，也不是自然而然地占据了因公开酷刑的消失而留下的空白。实际上，许多国家与法国的状况一样，监禁在刑罚体系中仅仅占据着有限的、边缘的位置。这可以从各种文献中得到证明。1670 年法令并没有把监禁纳入"身受刑"或重大刑罚中。无疑，在某些地方习俗中包括终身或暂时监禁（见 Coquille）。但是，同时代的记述者都认为，它已经同其他酷刑一起正被废弃不用："在法国，有些旧日的刑罚已不再使用，如将对犯人的处罚写在脸上或额头上以及终身监禁等。这种情况正如人们已不再把罪犯交给野兽或送入矿井。"（Rousseaud de la Combe，3）实际上，可以断定，监禁作为对某些不太严重的犯罪的惩罚，在地方习俗中一直顽强地存在着。在这个意义上，苏拉日谈到 1670 年法令没有提到的"轻微刑罚"："谴责、训诫、驱逐，向受害者赔偿，短期监禁。在某些地区，特别是那些保留地方司法特点最多的地区，监禁依然很普遍。但是在不久前被兼并的鲁西永省，监禁就难以实行。"

尽管有这些差异，法学家仍坚决主张，"监禁不应作为一种刑罚而列入我们的民法"（Serpillon，1095；然而，人们发现在塞尔皮雍〔Serpillon〕的著作中有这样一种观念：严格的监禁是一种刑罚的起点）。相反，监禁的作用在于把人当作抵押品来扣留，正如那句谚语所说的："是为了扣留，而不是为了惩罚。"在这个意义上，对嫌疑犯的监禁类似于对负债人的监禁。通过监禁，人们就有了某个人的抵押，而不是对他进行惩罚。〔4〕这是当时的普遍原则。虽然有时甚至在重要案件中，监禁被当作一种刑罚来使用，但它实质上是一种替代方式，替代妇女、儿童和残疾人所无法服刑的划船苦役："有期或终身监禁的判决等同于发配到苦役船上。"〔5〕在这种等同中，人们能够相当清晰地看到一种联系的可能性出现了。但是，由于这种替代，监禁必然改变了自己的法律地位。

　　当时还需要克服另外一个障碍——至少在法国是一个相当大的障碍。监禁之所以不能胜任那种重大角色，是由于监禁在实践中是直接与专横的君主意志和无节制的君主权力联系在一起的。"监禁所"、总医院、"敕令"或治安长官的命令，显贵人士或家族获得的盖有国王印章的密札，构成了一整套与"正常司法"相平行的，往往与之冲突的镇压实践。这种超司法的监禁逐渐受到古典法学家和改革者的批判和否定。监狱是君主制造出来的，一位类似塞尔皮雍的传统主义者借法官布伊耶的名义如是说："虽然君主为了国家利益，有时倾向于使用这种刑罚，但是普通司法从不做出这种判决。"（Serpillon，1095）改革者们在连篇累牍的论述中把监禁描述为专制主义的一个形象和一种特权手段："这些秘密监狱是君主制度的固有精神所召唤出来的，主要是为哲学家和那些高傲不驯的灵魂准备的。大自然把自己的火炬交给了前者，他们敢于照亮自己的时代。后者对于自己祖国的遍体疮痍敢于正视和直言，而非噤若寒蝉。这些监狱意味着什么呢？这些监狱的大门是用密札打开的。它们总在吞噬着不幸的受难者。关于这些密札，这些暴政的精巧杰作又能说什么呢？它们废除了每一个公民都应享有的当面听到判决的权利，它们对人类的危害超过法拉里斯的发明一千倍……"（Brissot，173）[6]

毫无疑问，这些出自不同人的抗议并不是针对作为合法刑罚的监禁，而是针对"非法"地滥用不明确的拘禁。然而，一般来说，监禁被视为带有滥用权力的印记。因此，许多陈情书都反对它，认为它与健全的司法是水火不容的。有些陈情书是以古典司法原则的名义："在法律上，监禁不是用于惩罚，而是用于扣押罪犯的人身作为担保……"（Desjardin，477）有些陈情书是根据监禁的效果，认为监禁惩罚了那些尚未定罪的人，监禁使它应该防范的邪恶得以交流和传播，监禁惩罚了整个家庭从而与刑罚个案化原则冲突。有人说"监禁不是一种刑罚。根据人道原则应该反对这种可怕的思想，即认为剥夺一个公民最宝贵的东西，使他屈辱地陷入罪恶渊薮，抢走他所珍视的一切，使他几乎陷于灭顶之灾，不仅剥夺他的而且剥夺他的不幸家庭的全部生存手段，这还不算是一种惩罚"（Desjardin，483）。有些陈情书要求废除这些"拘留所"："我们认为，应该把监禁所夷为平地。……"[7] 1790年3月13日法令要求释放"根据国王密札或行政机构的命令而关押在城堡、修道院、监禁所、治安所以及其他任何监狱的一切人"。

既然拘留明显地属于甚至在君主权力范围内也受到谴责的非法活动，那么它怎么会在如此短暂的时间里变成了一种最一般的合法惩罚形式呢？

最常见的解释是，在古典时代已形成了一些惩罚性监禁的重要范例。它们的声誉主要来自英国，尤其是美国最新的范例。这种声誉似乎使之有可能克服由陈旧的法律准则和专制的监禁功能所构成的双重障碍。看上去，这些障碍很快就被改革者发明的惩戒奇迹所荡涤，拘留随即变成了一个重大现实。诚然，对于这些范例的重要性是无可置疑的。但是，这些范例在提供一种解决办法之前本身就提出了问题——有关它们的存在和扩散的问题。它们如何能够成为现实存在，尤其是，它们如何能够被普遍接受？因为我们很容易证明，尽管它们在许多方面符合刑法改革的一般原则，但是它们在更多的方面不符合这些原则，甚至在某些方面是格格不入的。

在这些范例中，最古老的，也是被人们视为在某种程度上促成了其他范例的，是1596年设立的阿姆斯特丹劳动教养院，[8]它最初是为乞丐或少年犯设立的。它的运作遵循着三个主要原则：首先，刑罚的期限至少在某种范围内能够由教养所根据犯人的表现来决定（当然，这种权限可以在判决中加以规定，如，1597年，1名犯人被判处12年监禁，如果他的表现令人满意，可减到8年）。其次，劳动是强制性的，并作为一种普遍的手段（单人囚室仅仅作为一种补充的惩罚手段；一般的囚室关押4～12人，每张床睡2～3人）；犯人完成工作可得到工资。第三，用严格的作息时间表，严密的禁律和义务规定，不断的监督、训诫、宗教读物以及一整套"劝善""改恶"的方法，日复一日地控制着犯人。我们可以把阿姆斯特丹劳动教养院当作一个原型。从历史上看，它是16世纪典型的关于通过不断的活动对人进行教育和思想改造的理论与18世纪后半期的教养方法的连接环节。而且，它提供的三种制度，后来都与基本原则一起得到确认，而每一种制度都沿着各自的方向发展。

　　根特*的监禁所主要出于经济原因安排了劳役。当时提出的理由是，游惰是大多数犯罪的基本原因。1749年，有人对阿洛斯特法院判决的人做了一项调查。这无疑是最早的调查之一。该调查显示，这些不良分子不是"工匠和工人"（工人只想着通过工作养家糊口），而是"只想乞讨度日的二流子"。[9]这样就产生了一种想法，即建立一种场所，使之在某种意义上能够对那些证明是好逸恶劳的人进行一种普遍的劳动教养。这将有四个好处：减少公诉，从而减轻国家负担（据估计在佛兰德就将节省十万镑以上的开销）；不必再从税款中支付赔款给被流浪汉所毁坏的林木的主人；将能造就一大批新工人，从而有助于"通过竞争降低劳动成本"；将使真正的穷人能够从必要的慈善事业中充分受益（Vilan, 68）。这种实用教育将能重新唤起游惰者对工作的兴趣，使他重新进入一种勤劳胜于游惰的利益系统，在他周围形成一个微观的、简单化的强制性社会。这个小环境明确地展示着"不劳动者不得食"的箴言。工作应该是强制性的，但也是有报酬的。这样就能使犯人在拘留期间和获释后改善自己的生活。"应该使那种衣食无着的人产生依靠工作使自己获得温饱的愿望。通过监督和规训给他提供衣食。在某种意义上，他是被强制的，然后，他被利益所诱惑。他的道德受到矫正，他开始习惯于工作，他因积蓄了一点钱而渴望获释"，

----

* 根特，比利时东佛兰德省省会。

而且他还学会了一门手艺，"这将保证他不再冒任何风险而获得温饱"（Vilan，107）。这种重建"经济人"的工作排除了期限太短或太长的刑罚，因为如果时间太短，就不能获得劳动习惯和技能，如果时间太长，就会使学艺变得无意义。"六个月的期限对于改造罪犯和培养他们的劳动精神是太短了。"相反，"无期徒刑使他们陷于绝望；他们会对道德改造和劳动精神不以为然；他们反而会对逃跑和暴动的计划感兴趣；既然对他们的判决并没有剥夺他们的生命，那么为什么人们力求使他们感到生活是难以忍受的呢？"（Vilan，102～103）刑罚的期限只有在能够改造犯人并能在经济上利用被改造的犯人的情况下才有意义。

除了劳动原则外，英国的范例还增添了隔离原则。这是对教养原则的一个重大补充。这方面的基本思想是由汉韦（Hanway）在1775年提出的。他首先用消极的理由加以论证。他认为，监狱中犯人的混杂从近期看提供了逃跑的坏榜样和可能性，从长期看提供了恃强凌弱和串通合谋的坏榜样和可能性。如果让犯人在一起劳动，监狱就会像一座工厂。积极的理由是：隔离是一种"可怕的休克"，它既能使犯人免受坏影响，又能使之反省自己，在自己内心深处重新发现良心的呼唤；单独劳动将不仅是一种学艺，而且也是一种思想改造的活动；它不仅重建了"经济人"特有的利益情结，而且也整顿了道德主体的责任。单人囚室这种基督教君主政治的手段原来只残存于天主教国家，现在在这种新教社会中变成了同时重建"经济人"和宗教良心的工具。在犯罪和弃恶从善之间，监狱将把"两个世界之间的空间"建成一个使人恢复已丧失的主体地位的个人改造场所。汉韦把这个校正个人的机构称作"教养所"（见 Hanway）。霍华德 *和布莱克斯通于 1779 年将这些一般原则付诸实践。当时正值美国的独立使英国的流放政策偃旗息鼓，一项修改刑罚体系的法案正在草拟之中。监禁及改造人的心灵和行为的目标便进入了民法体系。由布莱克斯通和霍华德起草的法案在前言中陈述了单独监禁的三重功能：令人畏惧的儆戒，改造思想的手段，学艺的条件。由于"被隔离监禁，从事有规律的劳动和受到宗教训导"，这些罪犯不仅会使那些想仿效他们的人产生恐惧，"而且会改过自新和获得劳动习惯"（1779 年法案前言）。由此产生了建立两个教养所的决定。一个收容男犯，另一个收容女犯。在教养所中，被隔离的犯人将被安排从事"最适宜愚昧、懒怠、恶习难改的犯人的奴隶劳动"：推转机器轮盘，固定操作绞车，抛光大理石，捶打梳理大麻纤维，把洋苏木（一种染料原料）锉成碎末，剪旧布，搓绳子，缝口袋。实际上，只在格洛斯特建立了一个教养所。而这个教养所也只是部分地符合最初的设想：对最危险的犯人实行彻底的隔离禁闭，而其他犯人白天在一起劳动，夜晚被隔离。

接着又出现了费城范例。这个范例无疑是当时最著名的。原因在于，在人们的头脑中把它与美国政治制度的各种革新联系在一起，而且它不像其他范例那样旋即便陷于失败和被抛弃的厄运。直到 19 世纪 30 年代关于教养所的大辩论，它不断受到检查和改进。沃尔纳街监狱是于 1790 年开设的。它受到教友派教徒的直接影响，在许多方面仿效了根特和格洛斯特监狱。[10] 犯人在车间里从事强制劳动，整天不得闲暇。这种劳

---

* 霍华德（1726～1790），英国慈善家，监狱管理和公共卫生等领域的改革者。

动给监狱提供了财政来源，犯人也因人而异地得到报酬。这种报酬是使他们在道德上和在物质上重新进入严格的经济世界的手段。通过使犯人"不断地从事生产性劳动，他们就能弥补监狱的开销，他们不再游手好闲，并能为刑满后的生活积蓄一点钱"（La Rochefoucauld-Liancourt，9）。这样，犯人的生命就在不断的监视下被绝对严格的时间表分割了。每日的每一时刻都献给了一种特殊的活动，而且伴有特殊的义务和限制："所有的犯人在拂晓时起床，整理床铺、洗漱和做其他必要的事情。这样他们通常在日出时就开始劳动。从这时起，除车间和规定的劳动场所外，他们不得进入任何房间或场所。……黄昏时，敲钟宣布下班。……他们有半小时打开床铺的时间，此后便不得大声交谈，甚至不得有任何声响。"（Turnbull，15～16）同格洛斯特监狱一样，这里没有实行彻底的单独禁闭。单独禁闭用于两种人，一种是曾被判处死刑的人，另一种是监狱内受特殊惩罚的人，"在那里（指单人囚室），没有任何活动和消遣，只能无明确限期地等待放出来"，犯人度过"漫长的焦虑不安，无事可做，只能像所有的罪人那样进行反省"（Teeters，1935，49）。最后，同根特监狱一样，监禁的期限可以根据犯人的表现加以修改。在查阅了卷宗之后，监狱视察员可以要求当局对表现好的犯人给予宽赦。直到19世纪20年代，这是不难做到的。

此外，沃尔纳街监狱还有一些与众不同的特点，或者说，这些特点在其他范例中是潜在的，仅稍有表现。首先是对刑罚不予张扬的原则。虽然判决及其理由应该公之于众，但刑罚应秘密执行。不需要公众作为目击者和惩罚的保证人来干预刑罚。犯人在大墙里面服刑这一确凿的事实，足以成为儆戒。

1786 年法令的规定——让某些犯人在市镇和大路上从事公益劳动——所造成的街景不应再出现了。[11]惩罚与教养应该是在犯人和监督者之间展开的过程。这些过程应能对个人的全面改造发生效用，通过强制他从事日常劳动，改造他的身体和他的习惯，通过在精神上对他监督，改造他的精神和意志："提供给他们的读物是圣经及其他宗教书籍。从市镇和郊区找来不同教派的牧师每周进行一次礼拜仪式，其他的训导人员可以随时接触犯人。"（Teeters，1935，53 ～ 54）但是，这种改造完全由监狱当局负责。隔离和自我反省不足以完成这种改造，单纯的宗教规劝也是不够的。对犯人灵魂进行的工作必须尽可能地经常化。监狱虽然是一个行政管理机构，但同时也是一个改造思想的机器。犯人一踏入监狱大门，首先要听管理人员宣读狱规；"与此同时，视察员要竭力强化犯人心中尚存的道德义务感，指出他所犯的罪行及其对保护他的社会所造成的恶果，讲明用他的教训和悔过自新的表现做出补偿的必要性。然后，他们要使他承诺，愿意履行他的义务，规规矩矩地服刑。他们向他许诺或使他怀有希望，即在判决规定的刑期结束之前，如果他表现得好，就可能获释。……视察员有责任不时地与犯人逐个谈话，讲解他们作为人和社会成员的职责。"（Turnbull，27）

然而，最重要的是，这种行为控制和改造与对每个人的认识的发展密切相关，互为因果。每当有新犯人抵达时，沃尔纳街监狱当局都收到一份关于犯人罪行、犯罪环境的报告，一份关于对被告的各种检查的概述，以及对他在判决前后的表现的记录。如果人们想"决定采取何种措施来破除他的旧习"，这些材料都是必不可少的。[12]在整个监禁期间，他都会受到观察。他的表现将会逐日记录下来。视察员（1795年任命了12位当地名人担任此职）两人一组，每星期视察一次监狱，熟谙监狱中的情况，注意每一个犯人的表现，决定给哪一个犯人缩短刑期。由于对每一个人的认识不断发展，这就可以在监狱中不按照罪行而根据所表现出的禀性将犯人分门别类。监狱变成了一个持续观察所，能够分辨各种恶习或弱点。自1797年起，犯人被分成四类。第一类是那些明确判定应单独禁闭的人或在监狱中犯有严重罪行的人。第二类是那些"众所周知的老犯人，……他们的厚颜无耻、蠢蠢欲动的本性、紊乱失调的性情和行为"在监狱中已经暴露无遗。第三类是那些"就其禀性和环境而言，无论在定罪之前还是定罪之后，人们都不会认为他们是惯犯"的人。第四类是特殊的、被考察的犯人，对他们的禀性还不甚了解，有的虽然已被了解，但并不应归入第三类（Teeters，1935，59）。这样，就形成了一整套个性化的认识。这种认识不是（至少不是孤立地）把罪行，而是把每个人身上隐藏的、在被观察的日常行为中表现出来的潜在危险性，作为参照领域。在这种情况下，监狱是作为一种认识机构进行运作。

在佛兰德、英国和美国范例所倡导的这种惩罚机构，即这些"教养所"，与改革者们所设想的各种惩罚之间，我们可以确定一些共同点和不同点。

共同点：首先，在惩罚的时间方向上与过去有所不同。"教养所"是一种面向未来的机制。它们的宗旨不在于抹去一种罪行，而在于防止其重演。"至于人的惩罚的目的或终极理由，不是通过抵罪的方式来实现的，因为那应由上帝来做出公正的裁决……"（Blackstone, II）在宾夕法尼亚，巴克斯顿（Buxton）*宣布，孟德斯鸠和贝卡里亚的原则应具有"公理的效力"，"防止犯罪是惩罚的唯一目的"（Bradford，3）。因此，其次，人们实施惩罚，不是为了消除罪行，而是为了改造（实际的或潜在的）罪犯；惩罚应伴有某种教养措施。在这方面，拉什（Rush）**也与那些主张改革的法学家观点接近，尽管后者也许不赞成他所使用的比喻。他说，我们发明了有助于劳动的机器。我们更应该赞颂另一种发明者，因为他发明了"使人类中的邪恶部分恢复善良和幸福以及消除世界上的一部分弊病的最迅速、最有效的方法"。[13]最后，英国和美国的范例与立法者和理论家的方案一样，主张采用能够使刑罚因人而异的方法：无论在期限方面，还是在性质上，在强度上以及在实施的方法上，惩罚都应根据每个犯人的特点及其对其他人的危害性来加以调节。刑罚体系应包容关于个人的各种变量的考虑。就其一般原则而言，这些或多或少受到阿姆斯特丹教养院启示的范例，与改革者们的方案并不矛盾。从表面看，人们甚至会认为，它们完全是后者（一种草图）在具体制度层次上的展开。

然而，在确定这种因人而异的改造方法时，不同点就明显地表现出来。差异表现在了解人的途径、惩罚权力控制人的方法、实现改造的手段中。进一步说，差异存在于刑罚技术学中，而不在其理论原则中，存在于刑罚与肉体和灵魂的关系中，而不在它被纳入法律体系的方式中。

首先看改革者的方法。刑罚应在什么地方施加压力，获得

---

* 巴克斯顿（1786～1845），英国政治家。
** 拉什（1745～1813），英国医师、医学教育家、改革家。

对人的控制？在观念上——人的利益观念、有利和不利、快乐与忧愁的观念上。如果惩罚偶尔侵袭了肉体，把近乎酷刑的手段应用于肉体，那是因为对犯人和视察员来说，肉体是一个表象的对象。那么，人们用什么手段来对表象起作用呢？用其他的表象，或者更确切地说是用观念的联结（犯罪—惩罚，即在惩罚中感受到犯罪—不利这种想象优势）。这种成对的观念只能在宣传的因素中发挥作用。惩罚场面在公众心目中确立或加强了这种成对观念；一种话语使一套符号传播开，使之每时每刻都发生作用。罪犯在惩罚中的角色应该是，在罪行和刑法典面前重新引出所指物的实际存在，即按照法典的规定应准确无误地与罪行相联系的刑罚的实际存在。由于大量而明显地引出这种所指，并且因此激活法典的能指系统以及作为惩罚符号而运作的犯罪观念，犯人也就以此向社会偿还了自己的债务。因此，对人的改造应该确保通过加强符号系统及其所传播的表象将人重新确定为法律的权利主体的进程。

而教养机构则以全然不同的方式活动。刑罚的作用点不是表象，而是肉体、时间、日常行为态度。刑罚也施于灵魂，但仅仅是由于习惯寓于灵魂。作为行为的基础，肉体与灵魂构成了此时被建议实施惩罚干预的因素。这种惩罚干预不应基于一种表象艺术，而应基于一种有计划的对人的操纵："我不再怀疑任何犯罪都能通过道德和物质影响得到矫正……"；因此为了做出惩罚方式的决定，人们"需要掌握某些关于神经系统内的情感、交感的原理"（Rush，13）。至于所使用的手段，就不是被强化和被传播的表象体系了，而是被反复使用的强制方法，不是符号，而是活动：时间表、强制性运动、有规律的活动、隔离反省、集体劳动、保持沉默、专心致志、遵纪守法、良好的习惯。而且，归根结底，人们试图通过这种改造技术所恢复的，不是卷入社会契约的基本利益中的权利主体，而是恭顺的臣民。他应该听命于习惯、规定、命令和一直凌驾于头上的权威，让这些东西在他身上自动地起作用。这样，对于犯罪就有了两种显然不同的反应方式。根据某种一般的和具体的权力形式，人们可以恢复社会契约的权利主体，也可以塑造一种恭顺的臣民。

如果"强制性"刑罚没有造成某种关键性后果的话，那么上述这些几乎无异于一种思辨差异，因为在任何一种情况下都要塑造恭顺的个人。根据完备的时间表进行行为训练、培养习惯和对肉体加以限制，这些暗含着被惩罚者与惩罚者之间的一种特殊关系。这种关系不仅使公开展示变得毫无价值，而且干脆排斥公开展示。〔14〕惩罚执行者应该行使一种绝对的权力，任何第三者都不得干扰他。被改造者应该完全置于那种权力之下。至少从这种惩罚技术的角度看，隐蔽性和独立性都是绝对必要的。惩罚应该有自己的运作方式，自己的规则，自己的技术，自己的知识。它应该确定自己的规范，决定自己的效果。从与那种宣布罪行和规定惩罚的一般界限的合法权力的关系来看，这里有一种断裂，或者说有一种特殊性。这两个后果——行使惩罚权力的隐蔽性和独立性——对于持有下述两个宗旨的刑罚理论和政策来说是不可接受的：应使所有的公民都参与对社会公敌的惩罚，应使惩罚权力的行使完全符合明文规定的法律。如果实施法典上没有的惩罚或秘密惩罚，如果惩罚权力的行使不符合标准，带有晦暗性，所使用的手段逃避了控制，那么这就足以损害改革的总体战略方针。在判决之后，就会形成一种使人联想到旧制度中的那种权力的权力。实施惩罚的权力就可能变得如同曾经有权决定刑罚的权力那样专横。

总之，分歧在于，是建立一个惩罚之城还是建立一个强制制度？前者是遍布整个社会的刑罚权力的体现。它作为景观、符号和话语而无处不在。它像一本打开的书，随时可以阅读。它通过不断地对公民头脑反复灌输符码而运作。它通过在犯罪观念前设置障碍来消除犯罪。如塞尔万所说的，它对"大脑的软组织"无形地但徒劳地施加影响。这种贯通整个社会网络的惩罚权力将在每一点上起作用，但结果是，它不让人感觉是某些人对其他人的权力，而是所有的人对单个人的直接反应。后者是惩罚权力的浓缩体现：这里有一种深思熟虑的对犯人肉体和时间的责任观念，有一种借助权威和知识系统对犯人活动和行为的管理，有一种齐心协力逐个改造犯人的矫正学，有一种脱离社会共同体，也脱离严格意义上的司法权力的独立行使的刑罚权力。监狱的出现标志着惩罚权力的制度化。更准确地说，对于惩罚权力（在18世纪晚期具有战略目标的、力求减少民间非法活动的惩罚权力）来说，是隐藏在一种普遍的社会功能下面、隐藏在"惩罚之城"中更为有利，还是埋头于一种强制制度、即"教养所"的封闭空间中更为有利？

　　总之，可以说，在18世纪晚期，人们面对着三种组织惩罚权力的方式。第一种是依然发挥作用的，基于旧的君主制度的方式。另两种都基于一种认为惩罚权利应属于整个社会，应具有预防和改造功能的功利主义观念。但这二者在所设想的机制方面迥然不同。广义地看，人们可以说，在君主制度中，惩罚是君权的一种仪式。它使用报复的仪式标志，对犯人的肉体施加报复。它是君主及其权力的物质表现。它是不连贯、不规范的，总是凌驾于自身的法律之上，它在众目睽睽之下制造强烈的恐怖效果。而主张改革的法学家则把惩罚视为使人重新获得权利主体资格的程序。惩罚不应使用标志，而应使用符号，即一系列被编码的表象。这些表象应能得到迅速的传播，并能最普遍地被目睹了惩罚场面的公民所接受。但是，在当时提出的监狱制度设想中，惩罚被视为对人实行强制的技术。它通过在习惯、行为中留下的痕迹，施展训练肉体（不是符号）的方法。它以建立一种特殊的管理刑罚的权力为先决条件。这样，我们就看到了三个系列的因素：君主及其威力、社会共同体、管理机构；标志、符号、痕迹；仪式、表象、操作；被消灭的敌人、处于恢复资格过程中的权利主体、受到直接强制的个人；受折磨的肉体、具有被操纵的表象的灵魂、被训练的肉体。这三个系列的因素塑造了 18 世纪后半期鼎足而立的三种机制的形象。它们不能归结为不同的法律理论（尽管它们与这些理论重合），它们也不能等同于不同的机构或制度（尽管它们以后者为基础），它们也不能归因于不同的道德选择（尽管它们以道德为自身的理由）。它们是惩罚权力运作的三种方式，是三种权力技术学。

这样，就出现了下述问题：为什么第三种方式最终被采纳了？惩罚权力的强制的、肉体性的、隔离的、隐秘的模式，为什么会取代表象的、戏剧性的、能指的、公开的、集体的模式？为什么体罚（不是酷刑）以监狱为制度依托，取代了惩罚符号的社会游戏和冗长的传播符号的节日？

注　释

〔1〕见 Le Peletier de Saint-Fargeau。那些抛弃死刑的刑法草案制定者提出了几种刑

罚：Brissot，29～30。迪弗里什·德·瓦拉则提出：对判定"不可救药的坏蛋"处以终身监禁（Dufriche de Valazé，344）。

〔2〕Masson，139. 反对刑罚劳役的理由是，它暗含着使用暴力（Le Peletier）或它是对神圣的工作的亵渎（Duport）。Rabaud Saint-Etienne 用"强制劳动"一词来与"完全属于自由人的自由劳动"相对（《议会档案》，XXVI，自 710 页起）。

〔3〕该法典的一部分作为 Colquhoun 的法文译本的导言而译出。Colquhoun，1807，I，84.

〔4〕这就是为什么有许多监狱条例都涉及看守的勒索费用，监狱设施的安全及禁止犯人之间的交流。譬如，第戎（Dijon）法院 1706 年 9 月 21 日的裁决。另参见 Serpillon，601～647。

〔5〕1724 年 3 月 4 日关于盗窃累犯的声明和 1724 年 7 月 18 日关于流浪罪的声明都明确地重申了这一点。犯罪的少年因年龄太小，暂时留在监狱里，到一定年龄后再送到苦役船。有的少年在监狱里就服完刑期。见《旧制度时期法国的犯罪》自第 266 页起。

〔6〕法拉里斯，古希腊时期公元前 560 年左右统治西西里的阿格里真托城的僭主。据说，他把人放在铜牛里活活烧死。这里是用他泛指暴君。〔英译者注〕

〔7〕Briey："第三等级"，转引自 Desjardin，484。参见 Goubert 和 Denis，203。人们在陈情书中还会发现有人要求保留家庭可以使用的拘留所。

〔8〕参见 Thorsten Sellin :《罪犯教育学的开拓》，1944 年。该著作对阿姆斯特丹的劳动教养院进行了详尽的研究。我们可以把 18 世纪经常引用的另一个模式放在一边。这就是马比荣（Mabillon）在《关于宗教团体的监狱的省思》（*Réflexions sur Les prisons des ordres religieux*，1845 年再版）中提出的那种模式。该著作在 19 世纪被发掘出来。当时正值天主教会与新教徒争夺后者在慈善活动与某些行政机构中占据的位置。马比荣的著作似乎一直不太为人所知，也没有什么影响。它试图表明，"美国教养制度的最初设想完全是来自修道院与法国的思想，尽管有人会根据它的产生过程认为它起源于日内瓦或宾夕法尼亚"（L. Faucher）。

〔9〕Vilan XIV，64；这部回忆录与根特监狱的创办有密切关系，但直到 1841 年才公开发表。经常地使用驱逐作为刑罚，也进一步加强了犯罪与流浪之间的关系。1711 年，佛兰德联邦指出，"对乞丐使用驱逐作为刑罚是没有成效的，因为各邦把在各邦为害的臣民彼此转送，结果，被从一个地方赶到另一个地方的

乞丐，最终只能被处以绞刑。反之，如果他能养成工作习惯，他就不会踏上邪恶之途"（Stoobant, 228）。

〔10〕教友派肯定也知道阿姆斯特丹的劳动教养院（见 Sellin, 109～110）。总而言之，沃尔纳街监狱是 1767 年开设的救济院与教友派不顾英国行政当局阻挠而提出的刑事法规的延续。

〔11〕关于该法令所引起的混乱，见 Rush, 5～9 和 Vaux, 45。值得注意的是，谢热尔（J. L. Siegel）受阿姆斯特丹劳动教养院的启发而提交的报告指出，刑罚不应公开宣布，犯人应在夜间送进监狱，看守应宣誓不暴露身份，监狱禁止任何人参观（Sellin, 27～28）。

〔12〕视察员拉什（B. Rush）在一次巡视沃尔纳街监狱后做了如下笔记："道德管理：布道，阅读好书，保持衣服与房间清洁，洗澡；不许大声说话，少饮酒，尽可能少抽烟，尽可能少进行淫秽或亵渎的谈话。不停地工作：由于看守负责照管；太美妙了：1200 头卷心菜。"（转引自 Teeters, 1935, 50）

〔13〕Rush, 14. 这种关于改造人的机构的想法早在汉韦（Hanway）的"改造所"方案中已经存在了："医院与歹徒是两个不相容的观念。但是，让我们把这所监狱变成一所真正有效的改造所，而不使它成为与其他监狱一样的罪恶学校。"（Hanway, 52）

〔14〕参见拉什对惩罚展示，尤其是对迪弗里什（Dufriche de Valazé）所设想的惩罚展示方法的批评（Rush, 5～9）。

第三部分

规　训

第一章　驯顺的肉体

　　让我们想象一下 17 世纪初依然可见的那种理想的士兵形象。首先，这个士兵从远处就可以一眼辨认出来。他具有某些符号：他的体魄和胆量的自然符号，他威武的标志。他的肉体是他的力量和勇猛的纹章。尽管他必须一点一点地学习军人职业——通常是在实际战争中学习，但是昂首挺胸的姿态和列队行进式的步伐基本上属于高傲的人体语言。"辨认那些最适合这种职业的人的符号是，动作机敏灵巧，昂首挺胸、肩宽臂长、腹部紧缩、大腿粗、小腿细、双脚干瘦。因为这种人肯定既灵活又强壮。"当他成为长矛兵后，他"必须尽可能优雅而庄重地正步行进，因为长矛是一种光荣的武器，应该庄重而无畏地持握它"（Montgommery，6，7）。到 18 世纪后期，士兵变成了可以创造出来的事物。用一堆不成形的泥、一个不合格的人体，就可以造出这种所需要的机器。体态可以逐渐矫正。一种精心计算的强制力慢慢通过人体的各个部位，控制着人体，使之变得柔韧敏捷。这种强制不知不觉地变成习惯性动作。总之，人们"改造了农民"，使之具有"军人气派"（1764

年3月法令）。新兵逐渐习惯于"昂首挺胸，收腹垂臂，笔直地站立。为了养成习惯，他们要用这种姿势贴墙站立，脚跟、大腿、腰部和肩部都要触墙，手背也要触墙，当他们伸手时，手不能离开身体甩出来。……此外，他们还要学会绝不低眼看地，而要平视他们走路时遇到的人。……在没有听到号令以前，（他们）要保持不动，无论头部还是手、脚都不能动。……最后，还要学会绷紧膝盖，脚尖向前，列队行进"（1764年3月20日法令）。

古典时代的人发现人体是权力的对象和目标。我们不难发现当时对人体密切关注的迹象。这种人体是被操纵、被塑造、被规训的。它服从，配合，变得灵巧、强壮。"人是机器"这部大书是在两个领域同时撰写的。一个是解剖学—形而上学领域。笛卡尔（Descartes）*写了有关的最初篇章，医师和哲学家续写了以后的篇章。另一个是技术—政治领域。它是由一整套与军队、学校、医院相关的规定和控制或矫正人体运作的、经验的和计算的方法构成的。这两个领域迥然有异，因为这一方面涉及的是服从与使用的问题，另一方面涉及的是功能与解释的问题：一个是可利用的肉体，一个是可被理解的肉体。但是，这二者也有重合之处。拉美特利（La Mettrie）**的《人是机器》既是对灵魂的唯物主义还原，又是一般的训练理论。其中心观念是"驯顺性"。该书将可解剖的肉体与可操纵的肉体结合起来。肉体是驯顺的，可以被驾驭、使用、改造和改善。但是，这种著名的自动机器不仅仅是对一种有机体的比喻，他们也是政治玩偶，是权力所能摆布的微缩模

---

* 笛卡尔（1596～1650），法国数学家和哲学家。

** 拉美特利（1709～1751），法国医生和哲学家。

型。腓特烈二世（Frederik Ⅱ）*这位精明强悍的国王对他们极感兴趣，热衷于小机械、训练有素的军团和长期的操练。

那么，这些关于令18世纪的人感兴趣的驯顺性的设计有什么新颖之处呢？当然，人体成为如此专横干预的对象，并非史无前例。在任何一个社会里，人体都受到极其严厉的权力的控制。那些权力强加给它各种压力、限制或义务。但是，在这些技术中有若干新的因素。首先是控制的范围。它们不是把人体当作似乎不可分割的整体来对待，而是"零敲碎打"地分别处理，对它施加微妙的强制，从机制上——运动、姿势、态度、速度——来掌握它。这是一种支配活动人体的微分权力（infinite simal power）。其次是控制的对象。这种对象不是或不再是行为的能指因素或人体语言，而是机制、运动效能、运动的内在组织。被强制的不是符号，而是各种力量。唯一真正重要的仪式是操练。最后是控制的模式。这种模式意味着一种不间断的、持续的强制。它监督着活动过程而不是其结果，它是根据尽可能严密地划分时间、空间和活动的编码来进行的。这些方法使得人们有可能对人体的运作加以精心的控制，不断地征服人体的各种力量，并强加给这些力量以一种驯顺—功利关系。这些方法可以称作为"纪律"。许多规训方法早已存在于世，如在修道院、军队、工场等。但是，在17和18世纪，纪律变成了一般的支配方式。它们与奴隶制不同，因为它们不是基于对人身的占有关系上。纪律的高雅性在于，它无须这种昂贵而粗暴的关系就能获得同样大的实际效果。它们也不同

---

* 腓特烈二世（1712～1786），又称腓特烈大帝，普鲁士国王（1740～1786年在位）。

于"（家仆）奴役"。后者是以主人的个人意志"为所欲为"这种形式确立的，是一种全面持久、不可分解的、无限制的支配关系。它们也不同于附庸关系。后者是一种高度符号化的但又保持一定距离的依附关系，更多地涉及劳动产品和效忠仪式标志，而较少地涉及人体的运作。此外，它们也不同于禁欲主义以及修行式"戒律"。后者的目的在于弃绝功利，而不是增加功利。虽然后者也包括对他人的服从，但是其主要宗旨是增强每个人对自身肉体的控制。纪律的历史环境是，当时产生了一种支配人体的技术，其目标不是增加人体的技能，也不是强化对人体的征服，而是要建立一种关系，要通过这种机制本身来使人体在变得更有用时也变得更顺从，或者因更顺从而变得更有用。当时正在形成一种强制人体的政策，一种对人体的各种因素、姿势和行为的精心操纵。人体正在进入一种探究它、打碎它和重新编排它的权力机制。一种"政治解剖学"，也是一种"权力力学"正在诞生。它规定了人们如何控制其他人的肉体，通过所选择的技术，按照预定的速度和效果，使后者不仅在"做什么"方面，而且在"怎么做"方面都符合前者的愿望。这样，纪律就制造出驯服的、训练有素的肉体，"驯顺的"肉体。纪律既增强了人体的力量（从功利的经济角度看），又减弱了这些力量（从服从的政治角度看）。总之，它使体能脱离了肉体。一方面，它把体能变成了一种"才能""能力"，并竭力增强它。另一方面，它颠倒了体能的产生过程，把后者变成一种严格的征服关系。如果说经济剥削使劳动力与劳动产品分离，那么我们也可以说，规训强制在肉体中建立了能力增强与支配加剧之间的限定联系。

　　这种新的政治解剖学的"发明"不应被视为一种蓦然的发

现。相反，它是由许多往往不那么明显重要的进程汇合而成的。这些过程起源各异，领域分散，相互重叠、重复或模拟，相互支持。它们因各自的领域不同而相互区别。它们逐渐汇聚在一起并产生了一种一般方法的蓝图。最初，它们是在中等教育中起作用，后来又进入小学。它们逐步控制了医院领域。经过几十年的时间，它们改造了军队组织。它们从一个地方到另一个地方的传播有时很快（如在军队和技术学校或中学之间），有时则很慢、很谨慎（如大工厂的隐秘的军事化）。几乎在所有的情况下，人们采纳它们都是为了适应特殊的需要，如工业革新，某种传染病的再度流行，来复枪的发明或普鲁士的军事胜利。但这并不妨碍它们完全被铭刻在一般的和基本的社会转变中。现在我们就试着来描述这种铭刻方式。

在此，我不可能撰写具有各自特色的各种规训机构的历史。我只想基于一系列例证来勾画某些最易于传播的基本技术。这些技术都是很精细的，往往是些细枝末节，但是它们都很重要，因为它们规定了某种对人体进行具体的政治干预的模式，一种新的权力"微观物理学"。而且，因为自17世纪起它们就不断地向更广的领域扩展，似乎要涵盖整个社会。那些具有很大扩散力的狡猾伎俩，那些表面上光明正大而实际上居心叵测的微妙安排，那些羞于承认屈从于经济要求的机制或使用卑劣的强制方式的机制——正是它们在现代历史的开端造成了惩罚体系的替嬗。要想描述它们，就必须注意各种细节。我们不应该在各种形象后面寻找意义，而应该寻找告诫。我们应该不仅从某种功能的困境，而且从某种策略的连贯性来考虑它们。它们作为狡猾的伎俩，与其说是出于那种永远站得住脚的、使小事也具有意义的重大理由，不如说是出于对一切都加以注意的"险恶用心"。纪律是一种有关细节的政治解剖学。

　　我们有必要回忆一下德·萨克森元帅（Marshal de Saxe）*所说的话："虽然那些关注细节的人被视为凡夫俗子，但在我看来，这种成分是必不可少的，因为这是基础。不懂得它的原理，就不可能建起一座大厦或建立一种方法。仅仅喜爱建筑学是不够的。人们还应该懂得石工技术。"（Saxe, 5）关于这种"石工技术"，即对道德义务和政治控制方面细节的功利主义合理化，有一部值得一写的历史。它不是滥觞于古典时代。应该说，古典时代促进了它，改变了它的范围，给了它精确的手段，或许还在微分计算中或在对自然物的具体入微的特征的描述中找到了某些共鸣。总之，"细节"早就是神学和禁欲主义的一个范畴。任何细节都是重要的，因为在上帝眼中，再大的东西也大不过一个细节，再小的东西也要受到他的某种意愿的支配。在这种尊崇细节的重要传统中，基督教教育、学校教育和军事训练的一切细节，各种"训练"方式，都很容易各得其所。对于已被规训的人，正如对于真正的信徒，任何细节都不是无足轻重的，但是这与其说是由于它本身所隐含的意义，不如说是由于它提供了权力所要获取的支点。具有代表性的例子是，拉萨勒（Jean Baptiste de La Salle）**在《论教会学校教友的义务》中所吟唱的"小事"及其永恒价值的伟大赞美诗。在此，日常生活的神秘性与一丝不苟的纪律结合起来。"忽视小事是何等的危险！对于像我这样不会有惊人壮举的人来说，应该以这样的想法自慰：认真对待小事将能使我们不知不觉地提

---

*　德·萨克森元帅（1696～1750），法国将军和军事理论专家，受封为萨克森伯爵。
**　拉萨勒（1651～1719），法国慈善家、教育家。

高到最显赫的圣洁层次，因为小事能导致更大的……小事；将来就可以说：啊！我的上帝，我们这种软弱而短命的生物能为您的荣耀做什么呢？小事。如果大事出现的话，我们能做得来吗？我们能超出我们的能力去思考它们吗？事情虽小，但如果上帝承认它们，并愿意把它们当作大事呢？事情虽小，但人们是否感到它的小呢？人们不是根据经验来做出判断吗？事情虽小，但是如果人们这样看待它们，拒绝它们，难道不就肯定有罪了吗？事情虽小，但是正是小事最终造就了伟大的圣徒！的确，这些是小事。但是，有伟大的动机、伟大的情感、伟大的热忱，因此也有伟大的功绩、伟大的财富和伟大的酬报。"（La Salle，Traité……，238～239）在学校、兵营、医院和工厂的环境中，这种细致的规则、挑剔的检查、对生活和人身的吹毛求疵的监督，很快将会产生一种世俗化的内容，一种关于这种神秘的无穷小和无穷大计算的经济的或技术的合理性。18世纪关于细节的历史是由拉萨勒支配的，前后涉及莱布尼茨（Leibniz）*和布丰（Buffon）**，中间有腓特烈二世。它涵盖了教育、医学、军事策略和经济学。到该世纪末，这种历史产生了梦想成为另一个牛顿的人，但不是探究巨大的天体和星体的牛顿，而是关注"细小物体"、细小运动、细小作用的牛顿。这个人对蒙日（Monge）***的一句名言——"只有一个可供发现的世界"——做出的回答是："怎么这样讲呢？那么，细节的世界呢？人们从未想到过这另一个世界是什么样的吗？我几乎

---

    *   莱布尼茨（1646～1716），德国科学家、数学家和哲学家。

  ** 布丰（1707～1788），法国博物学家。

*** 蒙日（1746～1818），法国数学家。

从 15 岁起就相信有这另一个世界。以后我非常关注它。这种记忆刻在我的心中，从未淡忘。……我敢说，我所发现的这另一个世界是最重要的。当我想到这一点时，我的心都在发颤。"（在圣提莱尔〔Saint Hilaire〕的《自然哲学的综合观和历史观》的导言中这些话被说成是波拿巴 * 说的。）这个世界不是拿破仑发现的。但是，我们知道，他打算组织这个世界。他想在自己周围设置一个能够使他洞察国内一切细小事情的权力机制。他想借助于严格的纪律"完全掌握住这个庞大的机器，使任何细节都不能逃脱他的注意"（Treilhard，14）。

为了控制和使用人，经过古典时代，对细节的仔细观察和对小事的政治敏感同时出现了，与之伴随的是一整套技术，一整套方法、知识、描述、方案和数据。而且，毫无疑问，正是从这些细枝末节中产生了现代人道主义意义上的人。[1]

分配艺术

纪律首先要从对人的空间分配入手。为了实现这个目的，它使用了几种技术。

1. 纪律有时需要封闭的空间，规定出一个与众不同的、自我封闭的场所。这是贯彻纪律的保护区。在这方面有对流浪汉和穷人的大"禁闭"，也有其他更谨慎但也更隐蔽和有效的禁闭措施。在这方面还有大学、中学：它们逐渐采用了修道院的模式，寄宿制变成了即使不是最普遍的也是最完美的

---

* 波拿巴是拿破仑的姓氏。

教育制度。当耶稣会撤离后，路易大帝学校[*]成为模范学校，强制实行寄宿（见 Ariès，308～313 和 Snyders，35～41）。在这方面还有兵营：军队——这支流浪大军——必须束缚在固定的场所；必须严防他们的劫掠和暴力行为；必须使当地居民（他们并不担心路过当地的军队）不必担惊受怕；必须避免驻军与地方当局的冲突；必须防止开小差并控制驻军开支。1719 年法令要求以南方已有的兵营为模式建立数百个兵营，实行严格的禁闭措施："整个兵营应用 10 英尺高的围墙围住，围墙应从各个角度与兵营内房屋相距 30 英尺之远。"这种布局将能使驻军保持"秩序和纪律，使军官能够控制他们"（《1719 年 9 月 25 日军令》）。到 1745 年，大约有 320 个城镇设有兵营。据估计，1775 年兵营内的总人数约为 20 万人（Daisy，201～209；1775 年一个无名氏的回忆《兵营》，156；Navereau，132～135）。随着工厂的发展，也形成了大面积的单纯而明确的工业空间：首先是综合制造厂，到了 18 世纪后半期，形成严格意义上的大工厂（肖萨德铁厂几乎占据了涅夫勒河和卢瓦尔河之间的整个梅丹半岛；1777 年，为了建安德列工厂，威尔金森用堤坝在卢瓦尔河上建了一个小岛。杜法伊在夏波涅尔山谷经过改造建成勒克勒佐工厂，并在工厂内建立了工人宿舍）。这不仅是规模上的变化，而且是一种新的控制方式。工厂明显地类似于修道院、要塞和城堡。警卫人员"只在工人返回工厂时，在宣告工作重新开始的钟声响了以后才打开大门"。一刻钟之后，任何人不得进入。白天结束时，车间领班把钥匙交回给工厂的瑞士卫兵，后者才打开大

---

* 路易大帝学校，法国著名学府，设在巴黎，以国王路易十四的名字命名。

门（*Amboise*，《国家档案》，12，1301）。其目的在于，随着生产力的日益集中，用上述方式获取最大利益和消除各种不利因素（如偷盗、怠工、骚乱和"密谋"），保护生产资料和工具，驾驭劳动力："为了维持秩序和便于监督，所有的工人都必须集中在同一个地方。这样，受托管理工厂的合伙人就能防止和纠正工人中可能出现的弊病，将这些弊病消灭在萌芽状态中。"（Dauphin，199）

2. 但是，"封闭"原则在规训机制中既不是永恒的，也不是不可或缺的，而且不能满足需要。这种机制是以一种更灵活、更细致的方式来利用空间。它首先依据的是单元定位或分割原则。每一个人都有自己的位置，而每一个位置都有一个人。避免按组分配空间；打破集中布局；分解庞杂的、多变的因素。有多少需要分散的实体或因素，规训空间也往往被分成多少段。人们应该消除那些含糊不清的分配，不受控制的人员流失，人员的四处流动，无益而有害的人员扎堆。这是一种制止开小差、制止流浪、消除冗集的策略。其目的是确定在场者和缺席者，了解在何处和如何安置人员，建立有用的联系，打断其他的联系，以便每时每刻监督每个人的表现，给予评估和裁决，统计其性质和功过。因此，这是一种旨在了解、驾驭和使用的程序。纪律能够组织一个可解析的空间。

而且，在这方面，纪律也遇到了一种旧式的建筑上和宗教上的方法：修道院密室。即便说它所规定的密封空间纯粹是理想化的，这种规训空间却通常是分格单元式的。按照某种禁欲主义，孤独对于肉体和灵魂都是必要的。至少在某些时刻，肉体与灵魂应该独自面对诱惑以及严厉的上帝。"睡觉是死亡的影像，寝室是墓地的影像……尽管寝室是合用的，但是床的排列，幕布的遮挡，使得姑娘起床和就寝都不会被人看见。"
（Delamare，507）但是这依然是一种十分粗糙的方式。

3．在规训机构中，有关职能场所的规则将逐渐把建筑学通常认为可以有几种不同用途的空间加以分类。某些特殊空间被规定为不仅可以用于满足监督和割断有害联系的需要，而且也可用于创造一个有益的空间。这种变化过程在医院里，尤其在陆军和海军医院里表现得很明显。在法国，罗什福尔*似乎既是一个实验点，又是一个范例。这是一个港口，而且是一个军用港口。货物在这里集散，工人自愿或被迫地被雇用，水手来来往往，各种疾病交替流行。这是一个逃亡、走私和瘟疫的麇集之地，是各种危险因素的扩散地，是违禁活动的聚集地。因此，海军医院必须加以应付。但为了做到这一点，它必须是一个过滤器，一个具有抑制和分割功能的机制。它必须能够消除非法活动和罪恶，成为一个控制这些流动的乌合之物的据点。对疾病和瘟疫的医学监视与其他一系列控制是密不可分的，即对逃兵的军事控制，对商品的财物控制，对药物、药量、药品消耗、治疗方法、死亡、装病现象的行政控制。因此就需要严格地划分空间。罗什福尔海军医院所采取的最初步骤关注的是物而不是人，是贵重商品而不是病人。财务和经济监督的措施先于医疗观察措施：将药品锁起来，记录药品的使用；稍后，医院制定了一套制度来确定病人的实际人数，验明其身份和所属部队。然后，医院开始管理他们的进出情况；他们被强制待在病室中；每个床位都标明住院者的姓名；每个病人都被记录在册，医生巡视时必须参考记录。最后，医院开始对传染病人实行隔离和

---

* 罗什福尔，法国南部沙朗德滨海省城市和商业港口。

分床措施。渐渐地，一种行政和政治空间凭借着一个医疗空间而形成了。它倾向于区别对待各个肉体，各种疾病、症状，各种生与死。它构成了一个将各种单一物平行分列的真实表格。由于有了纪律，一种有益于医疗的空间诞生了。

　　在 18 世纪末出现的工厂里，个人化分割原则变得更加复杂。这涉及如何将人员分配在一个既能隔离又能组合的空间中，而且还涉及如何根据具有独特要求的生产机制进行这种分配。必须把人员的分配、生产机制的空间安排以及"岗位"分配中的各种活动结合在一起。茹伊*的奥伯凯姆普夫工厂就遵循着这一原则。它是由一系列专业车间组成的，每个房间只安排一类工人，如印花工、清理工、上色工、描图女工、雕刻工、染工。杜桑·巴雷（Toussaint Barre）于 1791 年建成的最大厂房有 110 米长，是一座三层楼。第一层主要用于刻版印刷。整个车间分两行排列着 132 个工作台，有 88 个窗户。每个工作台有一名印刷工和一名调制和涂抹颜料的助手。共有 264 个人。工作台的一端是一个架子，刚刚印好的布料搭在上面晾干（Saint-Maur）。在车间的中央通道巡视，既可以看到全局，又可以监督每一个人，可以看到工人的出勤和表现以及工作质量，可以对工人进行比较，根据其技能和速度加以分类，可以监督生产过程的各个阶段。这些系列化因素构成了一个固定的网格，从而消除了混乱[2]：也就是说，一方面根据生产的阶段或基本运作，另一方面根据各个进行生产的人员，将生产过程分割开，使劳动过程显示出来。劳动能力的各种变量——体力、敏捷性、熟练性、持久性——都能被观察到，从而受到评估、计算并且与每一个

---

*　茹伊，法国东北部的地名。

工人联系起来。这样，由于劳动能力以一种完全可见的方式分散在一系列个人身上，所以它可以被分解为独立单位。在大工业崭露头角之时，人们在生产过程的分割后面可以发现劳动力的个人片面化；规训空间的分配往往成为这二者的保障。

4. 在规训中，各种因素是可互换的，因为各个因素都是由它在一种系列中所占据的位置，由它与其他因素的间隔所规定的。因此构成一个单位的，既不是领土（统治单位），也不是地点（居住单位），而是等级，即人们在一种分类中的位置，线与行的交点，可以被连续通过的间隔中的一个间隔。纪律是一种等级排列艺术，一种改变安排的技术。它通过定位来区别对待各个肉体，但这种定位并不给它们一个固定的位置，而是使它们在一个关系网络中分布和流动。

让我们以"班级"为例。在耶稣会的大学里，人们还可以发现一种复式组织。每个班级有二三百名学生，十人一组。每个组及其"十人长"占用一个罗马式或迦太基式营房。在相对的营房中，有与之相对应的"十人团"。这是一种作战和竞争的基本形式。工作、学习和划分等级都是在这种竞赛中通过两军对垒而进行的。每个学生的贡献都与总的较量相关，对于全组的成败都有一定的作用。每个学生的位置都根据他作为"十人团"整体中的一名战士的作用和价值来安排（Rochemonteix，自第 51 页起）。还应该指出，这种罗马式喜剧使得这种对立竞争与一种具有军队精神的、具有等级和层层监督的空间安排联系在一起。我们不应忘记，一般来说，在启蒙时代，罗马模式具有两种作用：从它的共和国形象看，它是自由的体现；从它的军事形象看，它是理想的纪律模式。18世纪和大革命时期的古罗马形象是以元老院为特征的，但也是以罗马军团为特征的。它既是以讲坛为标志的，也是以军营为标志的。直到拿破仑帝国，古罗马的榜样同时含混地传递着公民权的法律理想和规训方法的技术。总之，耶稣会大学所利用的这种古代传统中的严格规训因素，逐渐支配了竞赛和模拟作战的因素。渐渐地，尤其是在1762年以后，教育空间拓展了，班级变得单纯了，不再由在教师的关注下并列的各个因素组成。在18世纪，开始用"等级"来规定人在教育制度中的地位分配形式：即学生在课堂、走廊、校园里的座次或位置；每个学生完成每项任务和考试后的名次；学生每周、每月、每年获得的名次；年龄组的序列；依据难度排成的科目序列。在这套强制性序列中，每个学生依照其年龄、成绩和表现有时处于某一等级，有时处于另一等级。他不断地在空间系列中移动。有些空间是表示知识或能力的等级的"理念"空间，有些是表示价值或成绩的物质的大学或教室空间。这是一种经常性变动。人们通过这种变动在由间隔序列划分的空间中替换着位置。

这种系列空间的组织，是基础教育的重要技术变动之一。它使得传统体制（每个学生受到几分钟教师的指导，而其他程度不一的学生无事可做、无人照顾）能够被取代。它通过逐个定位使得有可能实现对每个人的监督并能使全体人员同时工作。它组织了一种新的学徒时间体制。它使教育空间既像一个学习机器，又是一个监督、筛选和奖励机器。拉萨勒梦想过这样一种教室，其空间分配能同时显示一系列的特点，即学生的进步、长处、性格、表现、整洁及其家长的情况。譬如，教室应该构成一个大表格，有许多项目，一切置于教师的精细的"分类"目光之下："在每个教室里，座位是根据各门课的各种学生安排的。因此，凡是上同一门课的学生总是坐在同一个座位上。上最高课程的学生被安置在靠墙最近的凳子上。其他学生按照课程等级依次向教室中心排列。……每个学生都有为他指定的座位，除非得到命令或经学校督导员同意，任何学生不得离开或改变座位。"各种安排应该使"那些不修边幅的邋遢家长的孩子与那些精细整洁的家长的孩子分开；将任性轻浮的学生安置在两个品行端正的学生之间，使放荡的学生独处一隅，或夹在两个本分的学生之间"。[3]

在组织建立"单人密室""场所""座次"时，纪律创造了既是建筑学上的，又具有实用功能的等级空间体系。这种空间既提供了固定的位置，又允许循环流动。它们划分出各个部分，建立起运作联系。它们标示出场所（位置）和价值。它们既确保了每个人的顺从，又保证了一种时间和姿态的更佳使用。它们是现实和理念的混合空间。因为它们支配着建筑物、房屋、家具的配置，所以是现实的；因为它们突出地体现了这种关于特点、评价和等级的安排，所以是理念的。因此，纪律的第一个重大运作就是制定"活物表"（tableax vivants），把无益或有害的乌合之众变成有秩序的多元体。制定"表格"是18 世纪科学的、政治的和经济的技术所面临的重大问题之一：人们应如何安排植物园和动物园，与此同时对生物进行合理的分类？人们应该如何观察、监督和调节商品和货币的流通，从而制定一个能够充当财富增长原则的经济表？人们应该如何监督人、监视人的出勤、编制一个普遍适用的军队名册？人们应该如何安置病人、区分病人、划分医院空间，并对疾病进行系统的分类？这些都是相辅相成的运作，其中有两个因素——分配和解析、监督和理解——不可分割地联系在一起。在 18 世纪，表格既是一种权力技术，又是一种知识规则。它关系到如何组织复杂事物、获得一种涵盖和控制这种复杂事物的工具的问题，关系到如何给复杂事物一种"秩序"的问题。如吉伯特（Guibert）*所说的将军的情况一样，博物学家、医生和经济学家也"被事物的无限性和复杂性搞得眼花缭乱，……由于对象的繁多造成了数不胜数的组合，顾及如此之多的事物，使他力不从心。现代军事科学在自我完善和探讨真正的原理时会变得更简明易懂"；军队"有了能够适应各种变化的简明而通用的战术，……将更容易调动和指挥"（Guibert，XXXIV）。战术，就是人员的空间部署；分类，就是生物的秩序空间；经济表，就是财富的有规律运动。

但是，在这些不同的领域里，表格的功能不是同一的。在经济秩序中，它使数量测定和运动分析成为可能。在生物分类学中，它具有特征描述（从而减少例外）和类别归纳（从而减少数量）的功能。但是，在有纪律的分配形式中，表格具有处理分配复杂事物本身并从中得出尽可能多的结果的功能。如果说自然分类法是以特征和范畴的联系为基轴，那么规训策略则是以单数和复数的联系为基轴：它既允许对个别做特征描述，又允许对既定的复杂事物加以整理。它是控制和使用独特因素集合体的首要条件，是"单元"权力（cellular power）的微观物理学的基础。

对活动的控制

1. 时间表是一项古老的遗产 其严格的模式无疑是由修

---

*　吉伯特（1744～1790），法国元帅和军事理论家。

道会提供的。它很快就得到传播。它的三个主要方法——规定节奏、安排活动、调节重复周期——不久就出现在学校、工厂和医院中。新的纪律毫无困难地出现在这些旧形式中。学校和贫民院往往是附属于修道会的，因此沿用了修道会的生活和节奏。工业时期的严峻长期保持着一种宗教气氛。17世纪，大工厂的规章规定了工作日的活动："早晨进厂后，在工作之前，所有的人必须洗手，向上帝祷告，划十字。"（Saint-Maur，第1条）但是，甚至到了19世纪，当工业需要吸收农业人口时，他们有时被组成"教区"，以使他们习惯于工厂的工作。"工厂—修道院"的构架被强加在工人身上。在奥伦治亲王莫里斯（Maurice of Orange）* 和古斯塔夫二世（Gustavus Adolphus）** 的新教军队中，军事纪律是通过宗教活动的时间节奏而确立的。布萨涅尔（Boussanelle）后来描述道，军队生活应该具有某些"修道院的优点"（Boussanelle，2；关于瑞典军队纪律的宗教特点，见《瑞典人的纪律》，伦敦，1632）。在几个世纪的时间里，教会一直是纪律教师。他们是时间专家，是节奏和有规律活动的大师。但是，纪律改变了这些产生它们的时间管理方法。它们首先是使这些方法变得更精细。人们开始按四分之一小时、分、秒来计算时间。当然，这首先发生在军队里：吉伯特系统地应用了沃邦（Vauban）*** 早已提出的对射击的精密计时测定。在小学里，时间的划分越来越精细，各种活动必须令行禁止，雷厉风行："当时钟敲响一个小时的最后一下时，一

---

　*　莫里斯（1567～1625），尼德兰共和国的军队缔造者，三执政之一。
　**　古斯塔夫二世（1594～1632），瑞典国王。
***　沃邦（1633～1707），军事工程师，后升任法国元帅。

个学生就开始敲钟。当第一声钟声响起时，全体学生就跪下，双手合十，眼睛低垂。念完祷词后，教师将发出一个信号，让学生站起来，第二个信号是让他们赞美基督，第三个信号是让他们坐下。"（La Salle，《管理》，27～28）在19世纪初，有人建议"互教学校"（Ecoles mutuelles）使用下列时间表：8：45，班长进入；8：52，班长会；8：56，学生进入和祷告；9：00，学生就座；9：04，听写第一块石块；9：08，听写结束；9：12，听写第二块石块，等等（Tronchot，221）。工薪阶级的逐渐扩大伴随着对时间更细致的划分："钟声响后，若工人迟到超过一刻钟……"（Amboise，第2条），"上班时，若请假超过五分钟……"，"凡不准时工作者……"（Oppenheim，第7～8条）。与此同时，人们还设法确保时间使用的质量，如不断的监督，监工的鞭策，消除一切干扰。其目的在于造成一段充分利用的时间："在工作时间，不得用手势或其他任何方式引逗工友，不得玩耍，不得吃东西、睡觉，不得讲故事或笑话。"（Oppenheim，第16条）甚至在工间餐时，"不得讲故事或进行其他会使工人分心的谈话"；"任何工人不得以任何借口把酒带进工厂和在车间喝酒"（Amboise，第4条）。精打细算并支付费用的时间也必须是毫无瑕疵、毫无缺损的。这段时间应是高质量的，肉体应自始至终被投入其中。精确、专注以及有条不紊，是有纪律的时间的基本优点。但是这并不是新近才有的。相比之下，其他方法才是纪律所特有的。

2. 动作的时间性规定　举例来说，有两种控制队列行进的方法。17世纪初，我们看到："训练有素的士兵排成纵队或方队按照鼓点行进。要做到这一点，人们必须首先迈出右脚，这样，整个队伍才能步调一致。"（Montgommery，86）18世纪中期，有四种步伐："短步伐的长度是一英尺，一般步伐、加倍步伐和正步伐的长度是二英尺，其距离是从一个脚跟到另一个脚跟。就时间而言，小步和一般步伐用一秒钟，两个加倍步伐用一秒钟。正步步伐的时间比一秒钟稍长一点。转弯步伐用一秒钟，其长度从一个脚跟到另一个脚跟最多是18英寸。……一般步伐应用于向前走，应昂首挺胸，交替用一条腿保持平衡，向前迈另一条腿，大腿绷紧，脚尖稍稍向外和向下，由此可以轻轻掠过地面，而不敲击地面。"（"1766年1月1日关于整顿步兵操练的训令"）从前一个训令到后一个训令，增加了一系列新的约束因素，出现了另一种分解姿势和动作的精确程度，另一种使肉体适应时间要求的方式。

1766年法令所确定的并不是一个时间表，一般的活动框架，而是一种从外面施加的集体的和强制性的节奏。它是一种"程序"。它确保了对动作本身的精细规定。它从其内部控制着动作的发展和阶段。这样，我们就从一种衡量或强调某些姿势的命令要求，过渡到一种在接连不断的动作中约束姿势的网络。由此界定了一种有关行为的解剖—计时模式。动作被分解成各种因素。身体、四肢和关节的位置都被确定下来。每个动作都规定了方向、力度和时间。动作的连接也预先规定好了。时间渗透进肉体之中，各种精心的力量控制也随之渗透进去。

3. 随之而来的是肉体与姿势的关联 规训控制不仅仅在于教授或强加一系列的特殊姿势。它还造成了一种姿势与全身位置之间的最佳联系，而这正是效率和速度的条件。在正确地使用身体从而可能正确地使用时间时，身体的任何部位都不会闲置或无用：全身都应调动起来，支持所要求的动作。一个训练有素的身体是任何姿势甚至最细小动作的运作条件。譬如，书写漂亮是以一种体操、一种习惯为前提的。这种习惯的严格符码支配着从脚尖到食指的整个身体。学生应该总是"保持笔直的身体，稍稍向左自然地侧身前倾、肘部放在桌上，只要不遮住视线，可以用手支着下颌。在桌下，左腿应比右腿稍微靠前。在身体与桌子之间应有二指宽的距离。这不仅是为了书写更灵活，而且没有比养成腹部压着桌子的习惯更有害健康的了。左臂肘部以下应放在桌子上。右臂应与身体保持三指宽的距离，与桌子保持五指左右的距离，放在桌子上时动作要轻。教师应安排好学生写字时的姿势，使之保持不变，当学生改变姿势时应用信号或其他方法予以纠正"（La Salle，《管理》，63～64）。一个被规训的肉体是一种有效率的姿势的前提条件。

4. 肉体—对象联结　　纪律规定了肉体与其操纵的对象之间的每一种关系。它勾画了二者之间一种细致的啮合。"向前举枪有三个步骤。第一阶段，用右手举起枪，持枪时使枪贴近身体，与右膝保持垂直，使枪口与眼睛平行，用右手猛地抓住枪口，胳膊紧贴身体的腰部。第二阶段，用左手把枪举到你的前方，枪管位于两眼之间，竖直垂立，右手抓住枪托，胳膊伸开，食指放在扳机护圈上，右手放在枪柄槽沟处，拇指压在枪管的模线上。第三阶段用左手沿大腿放下枪，用右手握枪，枪机向外，与胸相对，右臂半屈，肘部贴身，拇指贴着枪机的第一个螺纹，食指托着击火铜帽，枪管垂直。"（"1766年1月1日训令"第XI章，第2条）这是一个可以称为对肉体进行工具符码化的例子。它把整个姿势分解成两个平行的系列：被使用的身体部位系列（右手、左手、手指、膝部、眼睛、肘部等等）和被操纵对象的各部位系列（枪管、柄槽、击火铜帽、螺纹等等）。然后，两个系列根据某一姿势（托、弯）而联系起来。最后，它规定了连续动作的规范，各组联系在其中占有特定的位置。这种强制性句法就是18世纪的军事理论家所说的"操练"（manoeuvre）。传统的方法让位给明确的和强制性的规定。在肉体与其对象之间的整个接触表面，权力被引进，使二者啮合得更紧。权力造就了一种肉体—武器、肉体—工具、肉体—机器复合。这是要求肉体仅仅提供符号或产品、表达形式或劳动成果的各种支配方式中走得最远的一种。权力所推行的规则同时也是制定运作结构的准则。因此，规训权力的功能看上去与其说是简化不如说是综合，与其说是剥削产品不如说是与生产机构建立一种强制联系。

5. 彻底的使用　　传统方式的时间表的基本原则实质上是消极的。它禁止游惰原则。时间是由上帝计算的，是由世人付出的，不得浪费。浪费时间既是一种道德犯罪又是一种经济欺诈。时间表就是用于消除这种危险的。而纪律则安排了一种积极的机制。它提出了在理论上时间可以不断强化使用的原则，更确切地说是榨取而不是使用。这是一个如何从时间中提取更可用的时段，从每个时段中获取更有用的力的问题。这意味着人们应该竭力强化对每一短暂时刻的使用，似乎每一片刻的时间都是用之不竭的，似乎通过一种更细致的内在安排，人们就能逼近一个使人保持最高速和最大效率的理想极限。普鲁士军队的著名条例所贯彻的正是这一点。在腓特烈二世军威大振之后，全欧洲都竞相效仿[4]：时间单位分得越细，人们就越容易通过监视和部署其内在因素来划分时间，越能加快一项运作，至少可以根据一种最佳速度来调节运作。由此产生了这种对每个行动的时间控制。这在军队中是十分重要的，在整个人类活动的技术中也是十分重要的。1743年的普鲁士军事条例规定，武器贴脚持立有六个步骤，握枪有四个步骤，举枪到肩部有十三个步骤等等。"互教学校"也被用其他方式组织成一台强化时间的使用的机器。其组织方式使教师的教学能够消除直线的连续性。它协调了不同的学生组在班长和助教的指导下的同时运作，使各个时段都填充着许多不同的但有秩序的活动。另一方面，由信号、口哨、命令所控制的节奏，给每个人规定了时间标准，这种标准既被用来促进学习过程，又被用来培养做事敏捷的习惯。[5]"这些要求的唯一目的是……使儿童习惯于又快又好地完成一项作业，通过讲求速度来尽可能地消除从一项作业转到另一项作业时造成的时间损失。"（Bernard）

通过这种支配技术，一种新的客体对象正在形成。它逐渐取代了机械物体——由固体组成的运动物体，后者的概念长期以来被那些追求完美秩序的人所迷恋。这种新的客体对象是自然的肉体，力的载体，时间的载体。这种肉体可以接纳特定的、具有特殊的秩序、步骤、内在条件和结构因素的操作。在成为新的权力机制的目标时，肉体也被呈献给新的知识形式。这是一种操练的肉体，而不是理论物理学的肉体，是一种被权威操纵的肉体，而不是洋溢着动物精神的肉体，是一种受到有益训练的肉体，而不是理性机器的肉体。正因为如此，在这种肉体中，一系列自然要求和功能限制开始显现出来。吉伯特在批评过于人工化的动作时所发现的，正是这种肉体。在它被强加的和它所抗拒的操练中，肉体显示了自身的基本相关性，本能地排斥不相容因素："在进入大多数训练学校后，人们会看到各种姿态拘谨的可怜士兵，人们会看到他们肌肉僵硬、血液循环不畅。……如果我们研究了大自然的意图和人体的构造，我们就会发现大自然所明确规定的士兵姿势。头部应该昂起，高过双肩且垂直于双肩。它既不应向左歪也不应向右歪，因为从颈椎骨与肩胛骨的联系看，任何部位的旋转都会带动同一侧的胳膊，还因为身体若不端正，士兵就不能向正直方向走，不能形成队形。……髋骨是训令中所规定的枪托所顶靠的部位。因为每个人的髋骨的部位不一样，所以持枪时有些人应该偏左一点，另一些人应偏右一点。由于人体结构不一这同一个原因，扳机护圈贴近身体的程度依胳膊肌肉凸凹情况而定。"（Guibert，21～22）

我们已经看到，规训分配的程序是如何在当时分类和制表的技术中找到自己的位置的，而且是如何把关于个人和群体的专门问题引入这些技术中的。同样，对活动的规训控制属于一系列从理论上和实践上对肉体的自然机制的研究。但是，这种控制开始在肉体中发现了特殊的进程。行为及其被系统化的要求逐渐取代了简单的运动物理学。肉体被要求能够驯顺地适应最细微的运作，这就既违反也显示了一个有机体所特有的运作条件。规训权力具有一种与之相应的个体存在，后者不仅具有可分解的"单元性"，而且也具有自然的"有机性"。

创生的筹划

1667 年关于创立戈布兰（Gobelins）*工厂的法令也设想了创办一所学校。按照设想，由皇家物业总管挑选 60 名获奖学金的孩子，先委托一名师傅"培养和教育"他们一段时间，然

---

* 戈布兰家族是法国染织世家，所织挂毯闻名于世。

后分别让他们跟随工厂里的各个织毯大师学徒（师傅得到从奖学金中扣除的报酬）。经过六年学徒，四年服务和一次资格考试后，学生将有权在王国内的任何城镇"开办一个工场"。我们在这里发现了行会学徒的特征；对师傅的依附关系既是个人性的又是绝对的；法定的训练期限，结束于一次资格考试，完全按照严格的计划而不可更改；在师傅与学徒之间有一种全面的交换，师傅应该传授知识，学徒应该提供服务，做辅助工作，往往还要支付一些费用。这种私人服务形式是与知识的转让混合在一起的。[6] 1737 年的一项法令规定创办一所教授戈布兰工厂学徒画图的学校。其目的不是取代师傅对学徒的培训，而是补充完善这种培训。该校包括一项迥然不同的时间安排。除了星期天和宗教节日外，学生每天到校学习两个小时。根据墙上贴的名单进行点名。缺席者被记录在案。学校分成三个年级。一年级收对画图一窍不通的学生。根据学生的能力，让他们分别临摹难易不等的范图。二年级的学生是"已经懂得某些原理的"或上完一年级的学生。他们在复制图样时只能"看一眼，不能摹写"，想象着画图。三年级的学生学习上色和粉画，接触染色理论和实践。学生在每段时间里完成一项任务，写上名字和完成时间，交给教师，优秀作品受到奖励。年终将作品汇集起来加以比较，从而确定每个学生的进步、水平和名次。依此决定谁能升入下一年级。教师及其助手有一个总的记事本，逐日记录每个学生的表现和学校中发生的每一件事。这个记事本定期向一位视察员呈阅（Gerspach，1892）。

戈布兰学校仅仅是下述重要现象的一个例子，即古典时期形成了一种新技术。这种新技术用于控制每个人的时间，调节时间、肉体和精力的关系，保证时段的积累，致力于利润的持续增长或最大限度地使用稍纵即逝的时间。我们怎样才能充分利用每个人的时间，通过每一个人，通过他们的肉体，通过他们的精力或能力，通过便于使用和控制的方式来积聚时间？我们怎样才能把有用的时间组织起来？纪律能够分解空间，打破和重新安排各种活动。它也应被理解为积累和使用时间的机制。这是通过四个方面来实现的，在军事组织中表现得最明显。

1. 把时间分解成连续的或平行的片断，每个片断应该在规定的时间结束。譬如，把训练阶段和实践阶段分开；把新兵训练和老兵操练分开；开办现役军人的各种军事学校（1764年，在巴黎创建军事学院，1776年在各省创建12个军事学校）；招募尽可能年轻的职业士兵。从孩童时代"由国家抚养他们，在特种学校中培养他们"（Servan，J.，456）；循序教练一般姿势、列队行进、持枪动作和射击，前一个动作完全掌握后再进行下一个动作："人们常犯的一个基本错误是，一下子向士兵展示所有的操练"（《1743年普鲁士步兵条例》）；总之，把时间分成各自独立的、准确的细微过程。

2. 根据一个分解计划——各种简单因素的序列——来组织这些细微过程，由简到繁地把它们组合起来。这就要求，训练必须抛弃模仿重复原则。在16世纪，军事操练主要是模仿整个或部分动作，一般地提高士兵的技能和力量；[7]到了18世纪，对"体力"的训练遵循着"要素"原则，而非"示范"原则：简单的姿势——手指的位置、腿的弯度、手臂的动作——是有用动作的基本因素，也是对力量、技能和灵活性的一般训练。

3. 确定这些时间片断，决定每一片断的持续时间，用考核作为结束。考核具有三种功能。它将表明受训者是否已达到规定水准，保证每个人经历同样的训练，区分每个人的能力。当"受命训练士兵的"中士、下士等"认为某个士兵已做好晋升一等兵的准备时，他们应首先把他引见给连队长官。连队长官应仔细地对他进行考核。如果他们认为他练习得不够，则不允许他通过。如果连队长官认为被引见者已做好准备，就可建议他见团长。团长可择机见他，并让高级军官对他进行考核。任何微小的失误都足以使他遭到否决。凡未通过首次考核者不得从二等兵升为一等兵"（《1754 年 5 月 14 日步兵操练条例》）。

4．制定更细致的系列：根据每一个人的水平、资历、级别，为他规定适合于他的操练。普遍的操练具有一种区分功能，而每一种差别都涉及特殊的操练。在每个系列结束时，新的系列就开始了。新系列也同样因人而异，区分细密。因此，每个人都受控于一种确定其水准或等级的时间性系列。这是一种规训操练的复调音乐："二等兵应在每天早晨由中士、下士、一等兵进行训练。……一等兵应在每个星期日由班长进行训练。各连队及中士应在每月的二日、十二日、二十二日由高级军官进行训练。"（同前）

这种规训时期是逐渐地引入教育活动的：训练时期被划分出来，使之有别于成人时期和独立从业时期；设置不同的阶段，用等级考核来区分这些阶段；制定各个阶段的由简到难的教学大纲；根据每个人在这些系列中的进度评定他们。规训时期用复杂而循序渐进的系列取代了传统训练的入门时期（后者是一个完整的时期，完全受到师傅的控制，仅由一次考核加以认可）。一种完整的分解教育逐渐形成了。它是细致入微的（它把教学进程分解成最简单的元素，把每个发展阶段分解成小的步骤），它又是早熟的（它远远早于观念学派所做的起源分析，而它在表面上是后者的一种技术性模式）。在18世纪初，德米亚（Demia）就建议把识字学习过程分成七个阶段。第一个阶段是学习字母，第二个阶段是学习拼音，第三个阶段是学习把音节组成词，第四个阶段是逐句地按照标点读拉丁文，第五个阶段是开始读法文，第六个阶段是流利地阅读，第七个阶段是读认手稿。但是，当学生很多时，就需要进一步地细分他们的水平，一年级应该包括四种人：第一种人正在学"简单字母"，第二种人正在学"复杂字母"，第三种人正在学缩写字母（â，ê……），第四种人正在学双写字母（ff，ss，tt，st）。二年级应该包括三种人：第一种人"在拼读音节时要先逐个认字母，如 D、O、DO"；第二种人"能够拼读最难的音节，如 bant，brand，spinx"等（Demia，19～20）。把基本元素组合起来的各个阶段都应纳入一个大的时间性系列。这个系列既是精神智力的一种自然进程，又是教育程序的一个规则。

连续活动的"序列化"，使得权力有可能控制时间，有可能在每一时刻进行具体的控制和有规律地干预（区分、矫正、惩罚、消除），有可能根据每个人在系列中达到的水准区分并进而使用每个人，有可能积累时间和活动，有可能重新发现在最终结果中被整合与被证明有用的时间与活动，从而表明一个人的最终能力。分散的时间被聚积起来，从而能够产生一种收益，并使可能溜走的时间得到控制。权力被明确地直接用于时间。权力保证了对时间的控制和使用。

这些规训方法揭示了一种被连续整合的线性时间。后者趋向于一个稳定的终点。简言之，这是一种"进化的"时间。但是，应该指出，与此同时，行政的和经济的控制技术揭示了一种系列的、定向的、累积的社会时间，发现了一种"进步"意义上的进化。规训技术揭示了个人系列，发现了一种"创生"意义上的进化。18世纪的两大发现——社会的进步和个人的创生——或许是与新的权力技术相关联的，更具体地说是与一种通过分割、序列化、综合和整合而管理和有效地使用时间的新方式相关联的。一种宏观权力学和一种微观权力学所造成的不是对历史的干预（历史很长时间已不需要这种干预），而是对控制活动和支配实践中的一种时间性的、单一性的、连续性和累积性的向度的整合。历史的"进化"性质是在那个时候形成的，而在今天已深入人心，对于许多人来说已不言而喻。但是，它是与一种权力作用模式联系在一起的。毫无疑问，对编年史、系谱、功名成就、王朝统治和业绩的"历史—记忆"似乎长期以来就是与一种权力运行方式联系在一起的。由于有了新的征服技术，持续进化的"运动"趋向于取代重大事件的"宗谱"。

总之，个体—创生的小型时间连续统一体似乎像是个体—细胞或个体—有机体一样，是规训的后果和对象。而且，在这种时间系列化的中心，人们可以发现一种程序。这种程序对于这种系列化的意义，正如画制"图表"对于人员分配和单元分离的意义，或者正如"战术"对于活动经济学和有组织的控制的意义。这种程序就是"操练"。操练是人们把任务强加给肉体的技术。这些任务既是重复性的又是有差异的，但总是被分成等级的。通过使人的行为趋向某种极限，操练就可能导致不断对个人做出评价——或者从他与这种极限的关系，或者从他与其他人的关系，或者从他与某种行动计划的关系做出评价。

这样，它就以连续性和强制性的形式确保了某种发展，某种观察或某种资格的实现。在采取这种严格的规训形式以前，操练已经有很长的历史：它在军事的、宗教的和大学的实践中表现为加入仪式、预备仪式、演练或考核。它的线性的循序渐进的结构、它的最终形成发展至少在军队和学校里出现得稍晚，但它们无疑起源于宗教。无论怎么说，制定一个教育"大纲"的观念——这种大纲应伴随着儿童直至完成学校教育，应该包括逐年逐月增加难度的练习——似乎首先出现在一个宗教团体中，即"共同生活兄弟会"*（见 Meir，自第 160 页起）。他们深受鲁伊斯布鲁克（Ruysbrock）**和莱茵神秘主义的影响，把某些宗教技术移用到教育上，不仅用于对牧师的教育，而且用于对行政官员和商人的教育。以身作则的导师指导学生追求尽善尽美的原则变成了教师要求学生尽善尽美的权威主义原则。禁欲生活所要求的愈益严格的宗教功课变成了由简到繁的、标志着学业和品行进度的任务。整个社群追求拯救的努力变成了被排列名次的个人之间的集体的、持久的竞争。或许，社群生活和灵魂拯救的这些程序正是旨在产生既个人化又对集体有用的能力的方法的最初要素。[8] 在神秘主义的或禁欲主义的形式中，操练是为了获得拯救而安排现世时间的一种方式。在西方历史上，它在保留自身的某些特点的情况下逐渐改变了方向。它被用来更经济地利用人生的时间，通过一种有用的形式来积累时间，并通过以这种方式安排的时间的中介行使统治的权力。操练变成了有关肉体和时间的政治技术中的一个因素。它

---

* 共同生活兄弟会，14 世纪末在尼德兰境内创立的宗教团体。
** 鲁伊斯布鲁克（1293 ～ 1381），佛兰德尔地区的神学家。

不是以某种超度为终点，而是追求永无止境的征服。

力量的编排

　　"我们应首先破除旧的偏见，即认为一支军队是靠增加其密集程度来增强其力量的。当人们想把物理学的运动定律应用于战术上时，所有的定律都变成了奇谈怪论。"[9]自17世纪末起，陆军的技术问题就脱离了物理学的质量模式。由于长矛和滑膛枪使用起来又慢又不准确，实际上不能有效地打击目标，因此用这些武器装备的军队本身被当作进攻炮弹和防御壁垒，如"西班牙军队中的威武陆军"。这种密集士兵的配置主要是根据他们的资历和勇敢程度。在方阵中间，用以增加厚度和密度的，是那些经验不足的士兵。在前排、四角和两侧的，是那些最勇敢的或被认为最老练的士兵。在古典时期，形成了一套新的细密的组合方式。各种单位——团、营、连以及后来的"师"[10]——成为一种包括许多部分的机制。它们变动彼此之间的位置以形成某种布局和达到某种特殊的结果。这种变化的理由是什么呢？这里有经济方面的理由，即充分利用每一个人，使部队的训练、给养和装备工作行之有效；使每个士兵成为一个精干的单位，发挥最大的效能。但是，只有出现了某种技术变革，这些经济理由才能成为决定因素。这种技术变革就是来复枪的发明。[11]与滑膛枪相比，来复枪更准确、更快捷，从而更能体现士兵的技能。它能更准确地击中特定目标，因此能够在个人层面充分利用火力。反之，它把每个士兵都变成了可能的靶子，因此要求士兵有更大的灵活性和流动性。这就导致了密集技术让位给一种新技术，即沿着比较灵活的散兵线部署队伍和人员。这样也就需要寻求一整套精心计算的运作方式，包括个人和集体的部署，团队或小分队的运动、位置的变换，从一种部署到另一种部署的变换。总之，需要发明一种不是以活动或静止的密集队形为基础的，而是以具有可分片断的几何学为原则的机制。其基本单位是手持来复枪的机动士兵。[12] 无疑，在士兵之下的层次是细微的姿势，基本的动作要领，动作的空间位置。

当涉及建构一种其成效必须高于其基本构成力量的总和的生产力时，就出现了同样的问题："与同样数量的单干的个人工作日的总和比较起来，结合工作日可以生产更多的使用价值，因而可以减少生产一定效用所必要的劳动时间。不论在一定的情况下结合工作日是怎样获得这种提高的生产力，是由于提高了劳动的机械力，还是由于扩大了这种力量在空间上的作用范围，还是由于与生产规模相比相对缩小了生产场地，还是由于在紧要时刻动用了大量的劳动，……不论在哪种情况下，结合工作日的特殊生产力都是劳动的社会生产力或社会劳动的生产力。这种生产力应归因于协作本身。"（Marx,《资本论》Vol.1，311～312）马克思在几个地方强调了劳动分工问题与军事战术问题的相似性。如"正如一个骑兵连的进攻力量或一个步兵团的防御力量，与单个骑兵分散展开的进攻力量或单个步兵分散展开的防御力量的总和，有本质的差别，同样单个劳动者发挥的机械力量的总和，与许多人手同时共同完成同一不可分割的操作所发挥的社会力量，有本质的差别"（Marx,《资本论》，Vol.1，308）。

这样就出现了一种必须用纪律来满足的新需求：建造一种

机制，应能通过其各基本构成因素的协调组合而达到最大效果。纪律不再仅仅是一种分配众多身体，从身体中榨取时间和积累时间的艺术，而是把单个力量组织起来，以期获得一种高效率的机制。这种需求是从以下几个方面表现出来的。

1．单个肉体变成了一种可以被安置、移动及与其他肉体结合的因素。它的勇气和力气不再是它的主要变量。它所占据的位置，所涵盖的间隔，它的规律性以及良好秩序成为它据以运作的主要变量。士兵首先是流动空间的一个片断，然后才是勇气或荣誉的体现。吉伯特这样描述士兵："当他身着戎装时，他的身宽最多有二英尺，此外，从他的胸部到肩部最多大约有一英尺，他与邻近者间隔有一英尺。这就使每个士兵在各个方面占据两英尺，这也表明，一支正在作战的步兵部队，无论其前排还是中排，有多少行就占据多少步幅的空间。"（Guibert，27）这是肉体的一种功能性还原。但这也是将这种肉体—片断嵌入使它得以表现的一个集合中。士兵的肉体已经被训练得能够使各个部位连贯地活动，以完成特殊的操作。接着，士兵应该成为另一个层面上的一种机制的一个因素了。士兵将首先"一个接一个地，然后两个一组地，再以更多的人数（受训）。……关于武器操作应该明确的是，当士兵完成单兵训练后，应该两个一组地持枪训练，然后相互调换位置，这样在左边的人就能学习如何配合右边的人"（"1766 年 1 月 1 日关于整顿步兵操练的训令"）。肉体构成了多环节机制的一个部件。

2．各种年龄系列（纪律必须与之结合才能形成一种复合时间）也是机制的部件。每一年龄系列的时间必须与其他年龄系列的时间相适应，应能从每一时序中获取最大数量的力量，应能获得最佳结果。因此，塞尔万希望有一种覆盖整个国家疆域的军事机器，每一个人都卷入其中，其方式因每个人所处的进化片断、发生系列不同而各异。军事生活应从童年开始。儿童应在"军事采邑"中学习军事专业。军事生活应结束于这些采邑，老兵应将最后的岁月用于教育儿童，操练新兵，指挥士兵操练，在士兵执行公务、整顿国内秩序和在边境上作战时，监督他们。只要懂得如何分析每一时刻并将它与其他时刻结合起来，从人生的每一时刻都能榨取出力量。同样，人们可以在大工厂里使用儿童和老人劳动。这是因为他们有某些基本能力可使用，而不必去使用具有许多其他能力的工人。而且，他们是廉价劳动力。再者，他们若能劳动，就不再成为其他人的负担。昂热[*]一家企业的税收人说："从十岁到老年的男性劳动者会在这家工厂中找到抵御游惰及随之而来的贫困的手段。"（Marchegay，360）但是，将各种年龄系列最巧妙细致地搭配起来，可能是在初等教育中实现的。从 17 世纪到 19 世纪初采纳兰开斯特（Lancaster）[**]方法为止，一种如同时钟机构的互教学校体制逐步严密地形成了。开始，老学生仅仅负责监督，进而检查功课，进而教新学生。最后，所有学生的全部时间不是用于教，就是用于学。学校变成了一个学习机器，不同水准的学生的所有时间都被恰当地结合起来，在整个教学过程中不断地得到利用。互教学校的一个重要鼓吹者对这种教学过程做了一个说明："在一所容纳 360 名儿童的学校里，如果教师愿意在三个小时中逐个教育每个学生，那么他给每个学生的时间不

到半分钟。如果采用新方法，每个学生都能读、写或计算长达两个半小时。"（见 Bernard）

3. 这种力量的精细结合需要有一个精确的命令系统。被规训人员的全部活动都应该用简明的命令来表示和维系。命令是无须解释的。令行禁止，雷厉风行，无须废话。规训教师与受训者之间是一种传递信号的关系。这里不存在理解命令的问题，所需要的仅仅是根据某种人为的、预先编排的符码，接收信号和立即做出反应。肉体被置于一个小小的信号世界，每一个信号都联系着一个必须做出的反应。这是一种训练技巧，它"从一切事物中专横地排除任何观念、任何低语"；训练有素的士兵"开始服从任何命令；他的服从是迅速而盲目的。任何不顺从和拖延都是犯罪"（Boussanelle，2）。小学生的训练也应采取同样的方法：简洁的口令，不加解释，只能被信号——钟声打破的绝对寂静，击掌为令，教师的示意姿势、眼色，以及公教学校兄弟会*使用的小木器。后者很典型地被称作"信号器"。在这个小机械中既包含着命令的技巧也包含着服从的准则。"信号器的首要和主要用途是，一下子把所有学生的注意力吸引到老师身上，使他们专注于他想告诉他们的事情上。因此，只要他想吸引孩子们的注意力或者结束一次练习，他就敲一下信号器。一个好学生听到信号器的响声，就会以为自己听到老师的声音，更确切地说是听到招呼他的名字的声音。他就会有童年撒母耳的感觉，像后者那样发自内心地说：'主啊，我在这里。'"**"祈祷之后，教师敲一下信号器，然后转向一名

---

*　公教学校兄弟会，天主教青少年教育工作者组织，1684 年成立于法国。
**　童年撒母耳的典故出自《旧约·撒母耳记上》第三章。

学生，示意他开始朗读。当他想让朗读者停止时，就敲一下信号器。……如果学生读得很糟或念错了一个字母、音节或单词，他就连续敲两下信号器，示意学生重读。如果在这种信号发出两三次后，正在朗读的学生没有发现和重读念错的单词——因为在发出信号前他已经读过了几个词，教师就敲三下信号器，示意他从更前面的地方重新开始读。他将不断地发出信号，直至学生找到念错的词。"（La Salle，《管理》，137～138，另参见 Demia，21）互教学校还利用要求人们立即做出反应的信号系统来加强这种行为控制。甚至口头命令也成为传递信号的因素，"进入你的座位。听到'进入'这个词，孩子们就把右手砰的一声放在桌子上，同时把一条腿伸进座位。听到'你的座位'这几个词，他们就把另一条腿伸进座位，面对自己的小石板坐下。……拿起你的石板。听到'拿起'这个词，孩子们就用右手抓住面前把石板挂在钉子上的细绳，用左手抓住石板的中部。听到'石板'这个词，他们就取下石板，把它放在桌子上"。[13]

　　总之，可以说，规训从它所控制的肉体中创造出四种特性，更确切地说是一种具有四个特点的个性：单元性（由空间分配方法所造成），有机性（通过对活动的编码），创生性（通过时间的积累），组合性（通过力量的组合）。而且，它还使用四种技术：制定图表；规定活动；实施操练；为了达到力量的组合而安排"战术"。战术是一种建构艺术。它借助被定位的肉体，被编码的活动和训练有素的能力，建构各种机制。在这些机制中，各种力量因精心组合而产生更大的效果。战术，无疑是规训实践的最高形式。在这种认识中，18 世纪的理论家发现了一切军事活动——从对每个肉体的控制和操练到运用最复杂的综合体特有的各种力量——的一般基础，被规训肉体的建筑学、解剖学、力学和经济学："在大多数士兵眼中，战术仅仅是宏大的战争科学的一个分支。而在我看来，战术是这门科学的基础。它们就是这门科学本身，因为它们教人们如何组建军队、命令军队、调动军队、指挥军队作战，因为它们可以弥补数量的不足，可以以寡敌众。战术还可以包容关于人员、武器、局势、各种条件的知识，因为正是这些汇聚起来的知识将决定那些行动。"（Guibert，4）还有人这样说："战术这个词……在某种程度上意味着某种部队的人员相对于其他部队人员的位置，他们的运动和活动，他们之间的关系。"（Joly de Maizeroy，2）

可以说，战争作为一种战略是政治的延续。但是，不应忘记，"政治"作为防止国内动乱的基本手段，即使不是被严格地视为战争的延续，也至少是被视为军事模式的延续。政治作为一种维持内部和平与秩序的技术，曾竭力在调动和操练方面运用理想的军队机制，即被规训的大众、既驯顺又得力的部队、在兵营驻扎和在野外作战的团队的机制。在 18 世纪的大国中，军队维护着国内和平。无疑这是由于它是一支现实的力量，是一把咄咄逼人的利剑，但这也是由于它是一种技术和一种知识载体，能够把它们的图式投射到社会共同体上。如果说在战略上有一种连贯的政治—战争系列，那么在战术上也有一种连贯的军队—政治系列。战略上，人们能够把战争视为国家之间政治交往的一种方式；战术上，人们也能够把军队视为维持市民社会无战争状态的要素。在古典时代，产生了各国彼此较量经济和人口实力的重大政治和军事战略，也产生了在各个国家内对肉体和个人力量进行控制的精细的军事和政治战术。在这个时期，"军事"——军事制度，军事科学，军人（与以前所说的"武士"不大相同）——是有特定意义的，是两种形势汇合的产物。一方面是战争和战场喧嚣，另一方面是保障安定的秩序和寂静。思想史的研究者往往认为18世纪的哲学家和法学家创造了一个完美社会的理想。但是，当时也有一个军事社会的理想。其基本所指不是自然状态，而是一部机器中精心附设的齿轮，不是原初的社会契约，而是不断的强制，不是基本的权利，而是不断改进的训练方式，不是普遍意志，而是自动的驯顺。

"纪律应该成为全国性的，"吉伯特说，"我所描述的国家应该有一个简单可靠、易于控制的政府。它应该类似于那些手段简单而效率极高的庞大机器。这个国家的力量应来自自身的力量，其繁荣来自自身的繁荣。能够摧毁一切的时间将增强其国力。它将否定那种世俗偏见，即认为凡是帝国都要屈从于衰亡的铁律。"（Guibert, xxiii-xxiv；另外参见马克思于1857年9月25日致恩格斯的信中关于军队与资产阶级社会形式的论述。）拿破仑的军事政体已经迫近了。它所采用的国家形式将更长久地存在。我们不应忘记，为它打下基础的不仅有法学家，而且还有士兵；不仅有议员，而且有小官吏；不仅有法庭人士，还有兵营的人。罗马的典范与这种结构结合，必然具有双重的指涉：公民和军团成员，法律和军事策略。一方面，法学家或哲学家正从契约中寻找建设或重建社会共同体的原始模式，另一方面，士兵和纪律专家则在共同制定对肉体实行个别与集体强制的程序。

注 释

〔1〕本书将用军事、医疗、教育与工业机构方面的例子加以分析，本来还可以从殖

民活动、奴隶制与儿童教育方面选取例证。

〔2〕拉梅德利参观勒克勒佐工厂后写道："适应如此精妙的机构，如此之多的工种的建筑群应该占据足够大的面积，这样工人在工作时间才不会产生混乱。"（La Métherie，66）

〔3〕拉萨勒《教会学校的管理》，248～249。稍早一些，巴坦库提议将教室分成三部分："最光荣的区域是让学习拉丁文的学生坐的。……应该强调的是，有多少写作的学生就应有多少座位，以避免通常因懒惰引起的鱼目混珠。"第二部分安置的是正在学习阅读的学生，一条长凳坐富家子弟，另一条长凳坐穷人子弟。"这样就不会放过滥竽充数的人。"……第三部分是新生："当他们的能力受到承认后，将给他们一个位置。"（M. I. D. B.，56～57）

〔4〕普鲁士军队的成功可以完全归因于"其纪律严明与操练出色。因此，操练方法的选择绝非无足轻重的小事。在普鲁士，这个问题经过了40年的研究与不间断的实践"（Saxe，Ⅱ，249）。

〔5〕书写练习："……9：双手放在膝上。这项要求是用敲一下钟来表达的；10：双手放在桌上，抬起头；11：擦干净小石板，每个人都用唾沫、最好再用一块碎布擦自己的小石板；12：举起小石板；13：班长检查。班长检查副班长的小石板，然后检查自己同一条长凳的学生的小石板。副班长检查自己同一条长凳的学生的小石板，然后每个人都各归其原位。"

〔6〕这种混合在某些等级的学徒契约中表现得十分明显：作为对徒弟付出金钱与劳动的交换条件，师傅必须无保留地把一切知识教授给徒弟，否则，他将被课以罚款。例见 Grosrenaud，62。

〔7〕努埃（F. de la Noue）在16世纪末就建议创办军事学院。他主张，在军事学院里学习"马术，有盾或无盾的剑术，跨越障碍、骑马操练、骑马跨栏；如果再学习游泳与摔跤，那就更好不过了。所有这些都能使人既强壮又灵活"（Noue，181～182）。

〔8〕这些教育方法是通过列日、德温波尔、兹沃勒、韦塞尔等地的学校逐渐形成的，另外也应归功于让·施图尔姆（Jean Sturm）于1538年为在斯特拉斯堡组建一所预科中学所提出的备忘录。见《新教历史学会会刊》，XXV，499～505。

应该指出，军队、宗教组织与教育的关系是十分复杂的。罗马军队的单位"十人队"在本笃会修道院中变成了工作与监督单位。共同生活兄弟会借鉴了这种形式，将它应用于自己的教育组织中：每十名学生组成一组。耶稣会在自己的学校中也引进了这种军事模式，实行这种单位组织。但是，十人队本身则被一种更军事化的横竖队列、方阵的组合方式所取代。

〔9〕Guibert，18. 实际上，在 18 世纪，由于我们马上就要谈到的经济与技术原因，这个十分古老的问题曾再度变得突出。除了吉伯特（Guibert）外，福拉尔（Folard）、皮尔什（Pirch）、梅尼尔·迪朗（Mesnil Durand）的其他追随者也经常讨论有关的"偏见"。

〔10〕division 这个词是在 1759 年以后才有这种意义上的使用。

〔11〕来复枪的广泛使用大约是从 1699 年斯坦科克战役开始的。

〔12〕关于几何学的这种重要性，见博索布尔的说法："战争科学实质上是几何学……一营或一连兵力在一条前线或一个高地上的部署，完全是一种尚不为人所知的深奥的几何学的产物。"（Beausobre，307）

〔13〕《基础教育杂志》（Gournal pour L'instruction elementaire），1816 年 4 月。参见 Tronchot。他曾做过统计（不算特殊的命令），每天必须向学生发出 200 个以上的命令。例如，仅仅在早上就有口头发出的 26 个命令，手势发出的 23 个命令，铃声发出的 37 个命令，哨声发出的 24 个命令。这就意味着每三分钟就有一次哨声或铃声。

第二章　训练的手段

　　17 世纪初，沃尔豪森（Walhausen）就论述了作为一种规训艺术的"严格纪律"。规训权力的主要功能是"训练"，而不是挑选和征用，更确切地说，是为了更好地挑选和征用而训练。它不是为了减弱各种力量而把它们联系起来。它用这种方式把它们结合起来是为了增强和使用它们。它不是把所有的对象变成整齐划一的芸芸众生，而是进行分类、解析、区分，其分解程序的目标是必要而充足的独立单位。它要通过"训练"把大量混杂、无用、盲目流动的肉体和力量变成多样性的个别因素——小的独立细胞、有机的自治体、原生的连续统一体、结合性片断。规训"造就"个人。这是一种把个人既视为操练对象又视为操练工具的权力的特殊技术。这种权力不是那种因自己的淫威而自认为无所不能的得意洋洋的权力。这是一种谦恭而多疑的权力，是一种精心计算的、持久的运作机制。与君权的威严仪式或国家的重大机构相比，它的模式、程序都微不足道。然而，它们正在逐渐侵蚀那些重大形式，改变后者的机制，实施自己的程序。法律机构也不能避免这种几乎毫不掩饰的侵蚀。规训权力的成功无疑应归因于使用了简单的手段：层级监视，规范化裁决以及它们在该权力特有的程序——检查——中的组合。

层级监视

纪律的实施必须有一种借助观看而实行强制的机制。在这种机制中，实现观看的技术能够诱发出权力的效应，反之，强制手段能使对象变得清晰可见。慢慢地，在古典时代，我们看到了这些观察人群的"监视站"的形成。而关于这一点，科学史很少论及。望远镜、透镜和射线是新的物理学和宇宙学的一部分。与这些重大技术平行发展的是不那么重要的复合交叉观察的技术，既能观察而又不被发现的技术。由于使用了征服技术和剥削方法，一种关于光线和可见物的模糊艺术便悄悄地酝酿了一种关于人的新知识。

这些"监视站"有一个近乎理想的模式，即军营——几乎可以随心所欲地建造和改造的临时性人造城市。这是一个权力活动中心。在这里，权力应极其强大，但也应极其周密、极其有效，而且因为其实施对象是军人，所以应极其警觉。在完美的军营里，一切权力都将通过严格的监视来实施；任何一个目光都将成为权力整体运作的一部分。无数新设计方案对传统的营区图案进行了重大修改。通道的几何规范、帐篷的数目和分布、帐篷入口的方向、士兵的安排等都有严格的规定。相互监视的网络也有规定："在阅兵场上画出五条线，第一条与第二条相隔16英尺，其余各线彼此相距8英尺，最后一条线与军械库相距 8 英尺。军械库与军士长的帐篷相隔 10 英尺，正对着营区第一根柱子。每条连队大道宽 51 英尺。……所有的帐篷彼此相隔 2 英尺。副官的帐篷在其连队的小通道对面，营区后柱与最后一个士兵帐篷相隔八英尺。营区门对着连长的帐篷。……连长的帐篷建在连队大道的对面。其入口对着连队。"[1] 军营是一个借助把一切变得明显可见来行使权力的范本。在很长一段时间里，这种军营模式，至少是它的基本原则——层级监视的空间"筑巢"——体现在城市发展中，体现在工人阶级居住区、医院、收容所、监狱和学校的建设中。这是一种"嵌入"（encastrement）原则。军营是十分可耻的监视技巧的一种运用，正如暗室是伟大的光学的一种运用。

由此就出现了一个很大的问题：一个建筑物不再仅仅是为了被人观赏（如宫殿的浮华）或是为了观看外面的空间（如堡垒的设计），而是为了便于对内进行清晰而细致的控制——使建筑物里的人一举一动都彰明较著。用更一般的语言说，一个建筑物应该能改造人：对居住者发生作用，有助于控制他们的行为，便于对他们恰当地发挥权力的影响，有助于了解他们，改变他们。砖石能够使人变得驯顺并易于了解。旧式监禁和封闭的简单设计——限制出入的高墙大门——开始被关于开口，关于被填充的和空旷的空间、通道和透明物的精心计算所取代。按照这种方式，医院建筑就逐渐被安排成医疗活动的工具：有助于更好地观察病人，从而更好地调整对他们的治疗；医院建筑在结构上将病人精心地隔离开，旨在预防传染病；改善通风条件和注意每个病床周围的空气流通，旨在防止污浊气体损害病人情绪和传染疾病。医院是在该世纪后半期建立的。在主宫医院（Hôtel-Dieu）第二次焚毁后人们拟定了许多关于医院的方案。医院不再仅仅是贫困无助和奄奄待毙者的收容所。就其性质本身而言，它是一个治疗所。

与之相似的是，学校建筑也将成为一个训练机构。帕里斯-杜维内（Paris-Duverney）*所设想的军事学院就是一个教育机构。他把自己设想的每一个细节都强加给建筑师加布里埃尔（Gabriel）。训练强健的身体，这是健康要求；造就精干的军官，这是资格要求；造就唯命是从的士兵，这是政治要求；防止淫逸和同性恋，这是道德要求。根据这四种理由，必须建造学生的隔离房间，但是为了持续不断地监视，也需要有孔眼。学院的建筑应成为一个监视机构。各个房间沿着一个走廊排开，宛如一系列小囚室。每隔一定的距离设置一个官员宿舍，"每十名学生两边各有一个官员"。晚上，学生只许待在自己的小屋里。帕里斯还主张"每个房间靠走廊的墙上从齐胸高的位置到距天花板一二英尺的位置开一个窗户，有了这种窗户不仅令人心旷神怡，而且可以说，除了决定这种安排的规训原因外，它还有若干方面的实际用途"（转引自 Laulan，117～118）。在各餐厅里有"一个设置教官桌子的稍高的平台，使他们能够看到所有分组用餐的学生餐桌"。厕所装设半截门，值班学监可以看到学生的头和腿，但侧板较高，"厕所里的人不能彼此窥视"。[2]这种关于监视的良苦用心体现在建筑的无数细小机制中。如果人们忘却了这种工具化的意义，这些机制只能被认为是微不足道的。这种工具化在使个人行为不断被对象化、愈益被细密划分的过程中是次要的但也是无懈可击的。规训机构里暗含着一种类似用于观察行为的显微镜的控

---

* 帕里斯–杜维内（1744～1790），法国金融家。

制机制。这些机构所创造的分工精细的部门围绕着人形成了一个观察、记录和训练的机构。人们为什么要在这些观察机制中再细分观察功能？人们为什么要建立这些观察机制的交流网？人们为什么要把一切安排得细密复杂从而能造成一种单一的持久的权力？

完美的规训机构应能使一切都一目了然。中心点应该既是照亮一切的光源，又是一切需要被了解的事情的汇聚点，应该是一只洞察一切的眼睛，又是一个所有的目光都转向这里的中心。这就是勒杜（Ledoux）*在建造阿尔克·塞南（Arc-et-Senans）盐城时所设想的东西。所有的建筑物被排列成一个环形，门窗对着里面。中心点是一个高大建筑物。这里行使着行政管理职能，治安监视职能，经济控制职能，宗教安抚职能。这里发号施令，记录各种活动，察觉和裁决一切过错。而做到这一切仅仅需要一种精密的几何学的直接帮助。在 18 世纪后半期，这种环形建筑声名卓著，在众多原因中，无疑应包括一个事实，即它体现了某种政治乌托邦。

然而，规训监视其实是需要中继站的。金字塔形能够比环形更有效地满足两个要求。一是能够完整地形成一个不间断的网络，从而能够增加层次，并把各层次散布在需要监视的整个平面上。二是结构合理，不会将一种惰性力量压在需要规训的活动上，不会成为这种活动的制动器或障碍。总之，它应能被纳入规训机制，并能增加其可能的效力。它必须被分解成较小的因素，但其目的在于增大其生产功能：使监视具体化并切实可行。

---

* 勒杜（1736～1806），法国建筑师、建筑设计革新家。

这正是当时大工场和工厂的情况，在这些工场（厂）中形成了一种新的监视方式。它不同于手工工场时期的监视方式。后者是由负责实施规章的巡视员从外面进行的监视。现在需要的是一种强化的连续的监视。它应贯穿劳动过程。它不是或不仅仅是针对生产（原材料的性质和数量、工具的类型、产品的尺寸和质量）；它也考虑人的活动、技能，完成任务的方式，敏捷程度，工作热情以及他们的表现。但是，它也不同于师傅在工人和学徒身边进行的家内监视，因为它是由职员、监工和工头来进行的。由于生产机制日益扩大和日益复杂，工人数量增多，劳动分工细密，监视就变得更加必要，也更加困难。它变成了一项专门职能，成为生产过程的一部分，与整个生产过程并行。经常在场但又不同于工人的专门人员成为不可缺少的了："在大工厂中，一切按时钟行事。工人受到严厉粗暴的对待。职员习惯于对他们颐指气使，刻薄挖苦，因此，工人不是付出更多，就是很快离开。"（《百科全书》，"手工工场"条）尽管工人宁愿要行会制度也不要这种新的监视制度，雇主却认为后者是与工业生产、私有财产和利润体制密不可分的。在一个工厂、大铁厂或矿山里，"支出的项目不胜繁杂。在每一项上稍有弄虚作假，合计起来就是巨大的欺诈。这不仅会吞噬利润，而且会流失资本。……任何漏洞若被疏忽而每日重复，就可能成为企业的致命问题，甚至在很短的时间里便能毁灭企业"。因此，唯有直接从属于老板并仅仅负有此项任务的代理人才能监督着"不使每一分钱白白花掉，不使每一时刻被浪费掉"。他们的作用就是"监督工人，巡视各工作地点，向经理报告各种情况"（Cournol）。这样，监视就变成一个决定性的经济活动因素，既是生产机构中的一个组成部分，又是规训权力的一个特殊机制。"一旦受到资本控制的劳动成为协作劳动，管理、监督和调节的工作就变成资本的一个职能。一旦成为资本的职能，它就获得了特殊的性质。"（Marx，《资本论》，Vol.1，313）

同样的情况也出现在初等教育的改造中：监督的细节被明文规定，监督进入教学关系中。由于教区学校的发展，学生人数增多，再加上缺乏同时管理整班学生活动的方法，从而产生了混乱，因此亟须制定一种监督体制。为了帮助教师，巴坦库（Batencour）从优秀学生中选任了一批"干事"——班长、观察员、课代表、辅导员、祈祷文诵读员、书写员、墨水保管员、施赈员和探访员。这里有两种角色，一种负责具体工作（分发墨水和纸张，向穷人发放救济品，在节日诵读经文等）；另一种负责监督："观察员应记录下谁离开座位，谁在说话，谁没带念珠或祈祷书，谁在做弥撒时举止不端，谁有不轨行为，谁总在闲谈或在街上不守规矩"；"课代表"负责监管"在学习时说话或哼曲的人，不写作业而把时间浪费在玩耍上的人"。"探访员"拜访缺勤或犯下严重错误的学生的家长。"班长"监督所有的干事。只有"辅导员"是一个教学角色。他们的任务是两人一组小声地教学生诵读（M. I. D. B.，68～83）。数十年后，德米亚提倡与之相似的分层管理，而几乎所有的监督职能都因有了一种教学意义而加强：一个助教教学生握笔姿势，纠正书写错误，同时"记录调皮者"；另一个助教在阅读课中负有同样的任务。班长负责监督其他干事和全班的表现，并负责"使新生习惯学校的规矩"。组长让学生背诵课文，并记下不会背的人名。[3] 在此我们看到了"互教"机构的轮廓，其中三种程序结合为单一的机制：教学本身，通过教学活动实践获得知识，层层监督。一种明确而有规则的监督关系被纳入教学实践的核心。这种关系不是一个附加的部分，而是一种内在的、能够提高其效能的机制。

分层的、持续的、切实的监督，也许不是18世纪的重大技术"发明"，但是它的暗中扩展使与之相关的权力机制变得重要。通过这种监督，规训权力变成一种"内在"体系，与它在其中发挥作用的那种机制的经济目标有了内在联系。它也被安排成一种复杂的、自动的和匿名的权力。因为虽然监督要依赖人实现，但是它是一种自上而下的关系网络的作用。这个网络在某种程度上也是自下而上的与横向的。这个网络"控制"着整体，完全覆盖着整体，并从监督者和被不断监督者之间获得权力效应。在对纪律实行层层监督时，权力并不是一个被占有的物或一个可转让的财产。它是作为机制的一部分起作用。诚然，它的金字塔组织使它有一个"头"，但是，在这持久连续的领域里产生"权力"和分配人员的是整个机构。这样就使得规训权力既是毫不掩饰的，又是绝对"审慎"的。说它"不掩饰"是因为它无所不在，无时不警醒着，因为它没有留下任何晦暗不明之处，而且它无时不监视着负有监督任务的人员。说它"审慎"则是因为它始终基本上是在沉默中发挥作用。纪律使一种关系权力（relational power）得以运作。这种关系权力是自我维系的。它用不间断的精心策划的监视游戏取代了公共事件的展示。由于有了这种监督技术，权力"物理学"对肉体的控制遵循着光学和力学法则而运作，即玩弄一整套空间、线条、格网、波段、程度的游戏，绝不或在原则上不诉诸滥施淫威和暴力。这是一种更微妙的"物理"权力，因此似乎是不那么"肉体性"的权力。

规范化裁决

1. 在波莱骑士（Chevalier Paulet）孤儿院，每天早晨举行的审判会产生了一整套仪式："我们发现所有的学生都排队站立，整齐肃穆，似乎准备投入战斗。军令长是一位 16 岁的年轻绅士，他手握剑，站在队伍外。在他的指挥下，队伍在跑动中改变队形，组成一个环形。军官会议在中心点举行。军官报告过去 24 小时内各自队伍的情况。被告可以为自己辩护，证人当场作证，军官会议进行磋商，在达成一致意见后，由军令长宣布犯错者人数、错误性质和惩罚命令。然后队伍便井然有序地出发。"（Pictet）在一切规训系统的核心都有一个小型处罚机制。它享有某种司法特权，有自己的法律、自己规定的罪行、特殊的审判形式。纪律确立了一种"内部处罚"。纪律分割了法律所不染指的领域。它们规定和压制着重大惩罚制度不那么关心因而抬手放过的许多行为。"进来时，工友应彼此问候，……离开时，他们应该锁好他们使用的材料与工具，并查看是否关了灯"；"明确禁止用身体姿势或其他方式逗工友嬉笑"；他们应该"表现得诚实庄重"；凡未向奥本海姆（M. Oppenheim）请假而缺席超过五分钟者将"按缺勤半天记录下来"；为了确保在这种精细的刑事司法中不会有任何遗漏，禁止做"任何可能伤害奥本海姆及其同事的事情"（Oppenheim，1809 年 9 月 29 日）。工厂、学校、军队都实行一整套微观处罚制度，其中涉及时间（迟到、缺席、中断）、活动（心不在焉、疏忽、缺乏热情）、行为（失礼、不服从）、言语（聊天、傲慢）、肉体（"不正确的"姿势、不规范的体态、不整洁）、性（不道德、不庄重）。与此同时，在惩罚时，人们使用了一系列微妙的做法，从轻微的体罚到轻微剥夺和羞辱。这样既使最微小的行为不端受到惩罚，又使规训机构的表面上无关紧要的因素具有一种惩罚功能。因此，在必要时任何东西都可用于惩罚微不足道的小事。每个人都发现自己陷入一个动辄得咎的惩罚罗网中。"人们应该把惩罚这个词理解为能够使儿童认识到自己的过错的任何东西，能够使他们感到羞辱和窘迫的任何东西：……一种严厉态度，一种冷淡，一个质问，一个羞辱，一项罢免。"（La Salle，《管理》，204～205）

2. 纪律也带有一种特殊的惩罚方式。它不仅仅是一个小型法庭模式。规训处罚所特有的一个惩罚理由是不规范，即不符合准则，偏离准则。整个边际模糊的不规范领域都属于惩罚之列：士兵未达到要求便是犯了"错误"；学生的"错误"不仅仅包括轻微的违纪，而且包括未能完成功课。普鲁士步兵条例规定，凡未学会正确使用步枪者都应受到"最严厉"的对待。同样，"凡在前一天没有记住功课的学生，必须背下功课，不得有任何差错，在第二天要重背。他将被迫站着或跪着听课，双手合握。或者，他将受到其他处罚"。

这种由规训惩罚所维持的秩序具有复杂的性质。这是一种"人为"的秩序，是由法律、计划、条例所明确规定的。但它也是由可观察到的自然进程规定的。学徒期限，完成某项作业的时间，能力的水准，这些都涉及某种规律，而这种规律也是一种准则。公教学校（Christian School）的孩子不应上他们还不能领会的"日课"，否则将使他们有可能什么也学不会。但是，每个阶段的期限应在条例中加以规定，凡是经过三次考试不能升级的学生应该安排在明显可见的"笨学生"座位上。在规训制度中，惩罚具有司法—自然的双重参照。

3．规训惩罚具有缩小差距的功能。因此它实质上应该是矫正性的。除了直接借鉴于司法模式的惩罚（罚款、鞭笞、单人禁闭）外，规训体制偏爱操练惩罚——强化的、加倍的、反复多次的训练。1766年步兵条例规定，"凡有某种疏忽表现或精神不振作的一等兵应降为二等兵"，只有经过重新操练和重新考核之后，他们才能晋升到原来的军阶。拉萨勒指出："在各种补救性惩罚中，罚做作业在教师看来是最正当的，在家长看来是最有利的。"这样就能"使孩子从错误本身得到改过自新、不断提高的手段"。譬如，对那些"没有完成全部书写作业或没有尽力做好书写作业的学生，可以罚他们写或背某些补充作业"（La Salle，《管理》，205）。规训惩罚基本上与义务属于同一类型。它与其说是一种被践踏的法律的报复，不如说是对该法律的重申，而且是加倍的重申，以至于它可能产生的矫正效应不仅包括附带的赎罪和忏悔。这种矫正效应可以直接通过一种训练机制而获得。惩罚就是操练。

4．在纪律中，惩罚仅仅是奖—罚二元体制的一个因素。此外，这种体制是在训练和矫正过程中运作的。教师"应该尽可能地避免使用惩罚，相反，他应该多奖励少惩罚。懒惰的学生与勤奋的学生一样，希望获得奖励比畏惧惩罚更能使他振奋。因此，当教师被迫使用惩罚时，如果他能先赢得孩子的心，是大有助益的"（Demia，17）。这种二元机制使得规训处罚具有某些特殊的做法。首先，关于行为和表现的定义是基于善与恶这两个对立的价值。在这里不是采用诸如刑事司法实践中简单地划出禁区的做法，而是讲究在正负两极之间的分配。一切行为都纳入介于好与坏两个等级之间的领域。其次，对这个领域进行量化，并据此制定一种计算方法，也是能够做到的。有了一种沿用至今的处罚计算，就可以做出每个人的处罚平衡表。学校的"司法"源于军队和工厂，但学校把这项制度大大地发展了。公教学校兄弟会设计了一套完整的奖励和补罚的体系："学生可以使用奖励来免除补罚。……譬如，一个学生被要求完成作为一种补罚作业的四个或六个问题。他可以通过积累一定数量的奖励点数来免除这种补罚。教师可以规定每道题的点数。……因为奖励相当于一定数量的点数，教师也有另外一些价值较小的点数，来给前一种点数找零头。譬如，一个孩子需要用六个点来免除一项补罚。他挣得一个有十个点的奖励。把这个交给教师，教师找给他四个点。其他以此类推。"（La Salle，《管理》，自 156 页起）在此我们看到的是赦免制度的移植。通过这种奖励与借支的量化与循环，借助正负点的连续计算，规训机构排列出"好的"与"坏的"对象的等级顺序。由此，一种无休止惩罚的微观管理就造成了一种分殊化。这种分殊化不仅仅是对行为的区分，而且是对人员本身及其种类、潜力、水准或价值的区分。通过对行为进行精确的评估，纪律就能"实事求是"地裁决每个人。它所实施的处罚也被整合进对每个人的认识循环中。

5. 按等级分配具有两个作用：一是标示出差距，划分出品质、技巧和能力的等级；二是惩罚和奖励。这正是整顿秩序时惩罚的作用与裁决的特性。纪律仅仅用奖励给予回报，因而使人能得到晋升。它把这个过程颠倒过来作为惩罚。在"军事学院"，人们制定了一套复杂的"荣誉"级别体系。这种级别明显地表现在制服的细微变化上。体面或不体面的惩罚，是享有特权或丢脸的标志。与这种等级相联系，这种分等级的惩罚定期频繁地进行。官员、教师及其助手不考虑年龄或年级，就"学生的道德品质"与"他们的公认的表现"做出报告。第一等是"优秀生"，其标志是银肩章。他们享有被视为"真正军人"的荣誉。他们也因此享有受军事惩罚（逮捕甚至监禁）的权利。第二等是"良好生"，其标志是红绸银肩章。他们可以被逮捕和送进监狱，但也可以被关在囚笼里和罚跪。"中等生"有权佩戴红色木肩章，除了上述刑罚，在必要时还要穿麻布丧服。最后一等是"劣等生"。其标志是一个褐色木肩章。"该等级学生将受到学院内使用的一切惩罚或被认为必要的一切惩罚甚至包括被单独囚禁在一间黑牢里。"此外，有时这个"耻辱"的等级还受到特殊条例的管理，"以致该等级学生将被与其他学生隔离开，总是穿着麻布丧服"。因为功过和优劣表现就能决定学生的地位，"后两个等级的学生将会以为，当别人承认他们的行为有变化和进步时，他们就能升入前两个等级和佩戴其标志。同样，如果优良等级的学生松懈了，如果各种汇集起来的报告对他们不利，证明他们不配得到较高等级的奖励和特权，那么他们将被降级。……"惩罚级别应该趋向于消亡。"耻辱"等级的设立仅仅是为了消灭这个等级："为了判断耻辱等级中表现好的学生改过自新的性质"，应该让他们重新进入较高等级，发还他们的制服，但是，在用餐和娱乐时，依然让他们与劣等生在一起。如果他们不能保持良好的表现，他们就被留在差生中。"如果他们在这个等级中和在这种混合中表现得令人满意，那么他们就完全脱离差生。"（《国家档案》，MM658，1758 年 3 月 30 日；MM666，1763 年 9 月 15 日）这样，这种等级惩罚就具有两种效果：一是根据能力和表现即根据毕业后的使用前途来编排学生；二是对学生施加经常性的压力，使之符合同一模式，使他们学会"服从、驯顺、学习与操练时专心致志，正确地履行职责和遵守各种纪律"。这样，他们就会变得大同小异，相差无几。

总之，在规训权力的体制中，惩罚艺术的目的既不是将功补过，也不是仅仅为了压制。它进行五个阶段的运作。它把个人行动纳入一个整体，后者既是一个比较领域，又是一个区分空间，还是一个必须遵循的准则。它根据一个通用的准则来区分个人，该准则应该是一个最低限度，一个必须考虑的平均标准或一个必须努力达到的适当标准。它从数量上度量，从价值上排列每个人的能力、水准和"性质"。它通过这种"赋予价值"的度量，造成一种必须整齐划一的压力。最后，它划出能确定各种不同差异的界限，不规范者（军事学院的"耻辱"等级）的外在边界。在规训机构中无所不在、无时不在的无休止惩戒具有比较、区分、排列、同化、排斥的功能。总之，它具有规范功能。

因此，它在各个方面都不同于司法刑罚。后者的基本功能不是考虑一系列可观察的现象，而是诉诸必须记住的法律和条文。它不是区分每个人，而是根据一些普遍范畴来确定行为；不是排列等级，而仅仅是玩弄允许与禁止的二元对立；不是加以同化，而是对罪名做出一劳永逸的划分。规训机制掩藏着一种"规范处罚"。就其原则和功用而言，它不能划归法律刑罚。在规训建筑物中似乎永远设立着的小法庭，有时具有重大司法机构的戏剧形式。但我们不要因此产生误解。除了形式上的个别痕迹外，它并不把刑事司法机制加于日常存在的网络上，至少这不是它的基本作用。纪律吸收了一系列古老的做法，创造出一种新的惩罚功能。表面上看，小法庭似乎是重大司法机构的简陋的或讽刺性的复制品，但实际上却是新的惩罚功能在逐渐介入那个重大的外部机制。整个现代刑罚历史所显示的司法——人本主义功能并不是起源于人文科学对刑事司法的介入，不是起源于这种新的合理性所特有的或似乎与之俱来的人道主义所特有的要求。它起源于运用这些规范化裁决新机制的规训技术。

规范（norm）的力量似乎贯穿在纪律之中。这是现代社会的新法则吗？我们可以说，自18世纪以来，它已与其他力量——律法、圣经、传统结合起来，并给它们划定新的界限。"规范的"被确定为教学中的强制原则，与此同时引出了一种标准化教育和建立了"师范学院"（ecoles normales）。在组织一种全国性医生职业和一种能够贯彻统一的健康规范的医院系统的努力中，它得到确立。在使工业生产过程和产品标准化的努力中，它得到确立（关于这个问题，可参见 Canguilhem 的重要论述，171～191）。与监督一样并且与监督一起，规范化在古典时代末期成为重要的权力手段之一，因为曾经表示地位、特权和依附关系的标志正逐渐被一整套规范级别所取代，至少是以后者为补充。后者不仅表示在一个同质社会体中的成员资格，而且也在分类、建立等级制和分配等级中起一定的作用。在某种意义上，规范化力量是强求一律的。但由于它能够度量差距，决定水准，确定特点，通过将各种差异相互对应而使之变得有用，它也有分殊的作用。人们很容易理解规范力量是如何在一种形式平等的体系中起作用的，因为在一种同质状态中（这种状态就是一种准则），规范导致了各种个体差异的显现。这既是实用的要求，也是度量的结果。

检　查 *

　　检查把层级监视的技术与规范化裁决的技术结合起来。它是一种追求规范化的目光，一种能够导致定性、分类和惩罚的监视。它确立了个人的能见度，由此人们可以区分和判断个人。这就是为什么在规训的各种机制中检查被高度仪式化的原因。检查把权力的仪式、试验的形式、力量的部署、真理的确立都融为一体。在规训程序的核心，检查显示了被视为客体对象的人的被征服和被征服者的对象化。权力关系和认识关系的强行介入在检查中异常醒目。这是被科学史研究者所冷落的古典时期的另一项革新。人们撰写有关对先天盲人、狼孩和受催眠者的实验的历史。但是，为什么没有人撰写更普遍、更富于变化、但也更有决定意义的检查（考试）的历史——它的仪式、方法、特点、作用、问答游戏、评定和分类体系？要知道，在这种微不足道的技术中可以发现一个完整的知识领域、一种完整的权力类型。人们常常谈论人文"科学"轻率地或画蛇添足地带有意识形态。然而，它们的这种技术手段，这种细微的操作模式（已经得到广泛传播——从精神病学到教育学，从疾病诊断到劳动雇用），这种司空见惯的检查方法，难道不是在一种机制中贯彻能够提取和建构知识的权力关系吗？这不仅发生在意识、观念的层面上和人们自以为了解的事物中，而且发生在能够造就知识，使知识变为政治干预的事物的层

---

* 原文为 examination，该词根据语境可分别译为考试和检查。

面上。

18 世纪末，造成医学的认识"解冻"的一个基本条件是，作为"检查"机构的医院组织起来了。巡诊仪式是其最明显的形式。17 世纪，医院除了宗教、行政等管理外，又增加了来自外面的医生的视察。医生几乎不参与医院的日常管理。渐渐地，巡诊变得更有规律，更严格，特别是范围更大了。它变成医院功能中一个愈益重要的部分。1661 年，巴黎主宫医院要求医生每日巡诊。1687 年，一名"预定"的医生每天午后检查一些重病人。18 世纪的条例规定了巡诊的钟点和持续时间（至少两个小时），要求实行医生轮流巡诊制，以保证每天"甚至复活节"都有人巡诊。1771 年，任命了一名住院医生，负责"在外来医生巡诊的间隔，日夜提供一切服务"（《主宫医院决议汇编》）。旧的不定期的走马观花变成了常规性的观察，从而使病人处于一种几乎无休止的受检查状态。这有两个后果：在内部等级系统中，原来作为一种外在因素的医生，开始超过宗教人员的地位，把后者排挤到检查技术中一个明确而次要的地位；"护士"类型出现了；与此同时，原来形同贫民院的医院，将要变成一个训练所，与知识相关的场所；它因此体现了一种权力关系的颠覆和一种知识系统的建构。"纪律严明"的医院变成医疗"规训"的物质样本。这种规训能够立刻抛弃其文本性，不是从作者—权威的传统，而是从不断受检查的对象的领域中找依据。

与之类似的是，学校变成一种不断考试的机构。考试自始至终伴随着教学活动。它越来越不是学生之间的较量，而是每个人与全体的比较。这就有可能进行度量和判断。公教学校兄弟会希望在一周里每天对学生进行考试：第一天考拼写，第二天考算术，第三天上午考教义问答，下午考书写，等等。此外，每月应举行一次考试，以挑选出有资格让督察员考核的学生（La Salle，《管理》，160）。自1775年起，桥梁堤坝学院（Ecole des Ponts et Chaussees）每年有16次考试：数学、建筑学和绘图各考三次，写作考两次，石工、建筑风格、勘测、水平测量、建筑估算各考一次。考试不仅仅标志着一个学徒期的结束，而且成为一个永久的因素。通过一种不断重复的权力仪式，考试被编织在学习过程中。考试使教师在传授自己的知识的同时，把学生变成了一个完整的认识领域。在行会传统中，学徒期以考试为结束，考试证明了一种已获得的能力——"出师"证明知识的传授已经完成。与此相反，学校中的考试是一个永恒的知识交换器。它确保知识从教师流向学生，但它也从学生那里取得一种供教师用的知识。学校变成为发展教育学的地方。正如医院检查的程序使得医学认识"解冻"，"考试型"学校的时代标志着一种科学的教育学的开端。军队历史上的检阅和不停的反复运动的时期，标志着一种庞大的战术知识的发展。这种知识在拿破仑战争时代发挥了作用。

检查导入了一个完整的机制。这种机制把一种知识形成类型与一种权力行使方式联系起来。

1. 检查把可见状态转换为权力的行使。在传统中，权力是可见、可展示之物，而且很矛盾的是，它是在调动自己力量的运动中发现自己力量的本原。受权力支配的人只能留在阴影之中。他们只能从被让与的部分权力或者从他的暂时拥有的部分权力的折光中获得光亮。但是，规训权力是通过自己的不可见性来施展的。同时，它却把一种被迫可见原则强加给它的对象。在规训中，这些对象必须是可见的。他们的可见性确保了权力对他们的统治。正是被规训的人经常被看见和能够被随时看见这一事实，使他们总是处于受支配地位。此外，检查是这样一种技术，权力借助于它不是发出表示自己权势的符号，不是把自己的标志强加于对象，而是在一种使对象客体化的机制中控制他们。在这种支配空间中，规训权力主要是通过整理编排对象来显示自己的权势。考试可以说是这种客体化的仪式。

在此之前，政治仪式的作用一直是造成过分的但也受到控制的权力表现。这是一种权势的炫耀、一种夸大的和符号化的"消费"。权力通过它而焕发活力。它总是在某种程度上与庆祝胜利相联系。君主的庄严出场总是带有献祭、加冕和凯旋的某种因素。甚至葬礼也伴有展示权力的全部场面。但是，规训有自己的仪式。它不是凯旋仪式，而是检阅、"阅兵"。这是一种大张旗鼓的检查形式。在这种仪式中，受检阅者作为"客体对象"而呈现，供仅仅表现为凝视的权力来观看。他们并非直接感受到君主权力的形象，而是仅仅感受到它对他们已经变得十分清晰和驯顺的肉体的影响，而且还是通过复制品。1666年3月15日，路易十四举行第一次军事检阅。受阅者有18000人。这是"路易十四在位年间最壮观的行动之一"。据说，它"使整个欧洲都惴惴不安"。几年后，制作了一个徽章来纪念这个事情（见 Jucquiot，50～54）。纪念章上有"振兴军纪"的文字和"迎胜利演习"的图形。在图的右方，国王右腿向前，持杖指挥操练。在左方，几行士兵眉眼清晰，纵深排列。他们的右手平举与肩部同高，手持直立的步枪，右腿稍稍向前，左脚向外。在地面上，有几条线垂直相交，构成几个长方形，指示操练的不同阶段和位置。纪念章背景是一幅古典主义建筑图。宫殿的圆柱是士兵队列和直立步枪的延伸，地面是操练线的延伸。但是，在建筑物顶部的横杆上面是舞蹈造型：线条曲折，姿势匀称，衣褶细致。大理石云纹是统一而和谐的运动线条，但是人物则被凝固为整齐划一的队列与线条。这是一种精心设计的对比统一体。建筑物和构图在顶端释放出自由的舞蹈造型，但对地面上被规训的人则用秩序的准则和几何学来加以限制。这是权力的圆柱。米哈伊尔大公（Grand Duke Mikhail）在让一支团队举手站立一个小时后，评论道："很好，只是他们还在呼吸。"（Kropotkin，8. 转引自 G. Canguilhem）

让我们把这个徽章当作一个时期的证据。在这个时期，既矛盾又意味深长的是，君主权力的最耀眼的形象正在与规训权力的仪式的出现结合起来。君主难得的可见状态变成臣民必不可免的可见状态。正是在规训运作中的这种可见状态的转化，将会保证权力的行使，即使权力以最低级的形式出现。我们正在进入无穷尽的检查和被迫客体化的时期。

2. 检查也把个体引入文件领域。检查留下了一大批按人头、按时间汇集的详细档案。检查不仅使人置于监视领域，也使人置于书写的网络中。它使人们陷入一大批文件中。这些文件俘获了人们，限定了人们。检查的程序总是同时伴有一个集中登记和文件汇集的制度。一种"书写权力"作为规训机制的一个必要部分建立起来。在许多方面它都仿照了传统的文牍方法，但它也有独特的技巧和重大革新，其中涉及识别、通知或描述的方法。这是军队需要解决的问题，因为在军队里需要杜绝逃兵，避免重复注册，纠正军官上报的虚假"信息"，了解每一个人的表现和价值，确定失踪者或死亡者的减员数额。这也是医院需要解决的问题，因为在医院里需要辨认病人，驱逐装病者，跟踪疾病的变化，研究治疗效果，确定类似的病例和流行病的起源。这也是教学机构需要解决的问题，因为在那里必须确定每个人的能力和水平及其可能利用的因素："名册能使任何一个人了解孩子们在学校期间的品行，在信仰、教义和知识方面的进步。"（M. I. D. B.，64）

于是，一系列有关规训个体的符码形成了，从而有可能通过同质化来录译由检查所确定的个人特征，如信号的物理符码，病症的医学符码，行为和表现的教育或军事符码（法典）。这些符码不论在质还是在量上都是简陋的。但是，它们标志着个人在权力关系中"形式化"的第一阶段。

规训书写的其他革新涉及这些因素的相互关联，文件的积累和序列化以及比较领域的建立。通过比较，进行分类、形成范畴、确定平均水准和规范。18世纪的医院尤其成为文牍方法的大实验室。记录的保管、归纳整理及在巡诊时的流通，医生与行政人员例会上的比较核对，数据的上报（向医院的中心机构或贫民院总署），一个医院、一个城镇甚至全国的疾病、治疗和死亡情况的统计，这些都成为使医院纳入规训制度的过程的一个部分。在一个良好的医疗"规训"（在这个词的双关意义上，即纪律和学科）所应具备的各种基本条件中，应该包括书写程序。后者应使个人资料得以纳入各种累积系统，而不致遗失，应使个人纳入总的记录中并且使每个人的检查数据都会影响总的计算。

由于检查伴有一套书写机制，检查就造成了两种相互关联的可能性：首先是把个人当作一个可描述、可分析的对象，这样做不是为了像博物学家对待生物那样把人简化为"种"的特征，而是为了在一种稳定的知识体系的监视下，强调人的个人特征、个人发育、个人能力；其次是建构一个比较体系，从而能够度量总体现象，描述各种群体，确定累积情况的特点，计算个人之间的差异及这些人在某一片"居民"中的分布。

这些有关记录、登记、建立档案、分类制表的琐碎技术对于我们来说已是司空见惯的了，但在当时关于个人的科学的认识"解冻"中具有决定性的意义。人们无疑会提出一个亚里士多德式的问题：一种研究个人的科学能够合理而合法地成立吗？重大的问题或许需要有重大的解决办法。然而，这里涉及的是一个较小的历史问题，即在接近18世纪末时一般可称为"临床"科学的事物的出现问题。这是有关个别描述、交叉检查、既往病历、"档案"如何进入科学话语的一般运作的问题。对于这个简单的事实问题，人们无疑必须给予一个不那么"高雅"的回答：人们应该探究这些书写和登记的程序，人们应该探究检查的机制，探究规训机制与一种新的支配肉体的权力的构成。关于人的科学就是这样诞生的吗？这一点或许可以在这些"不登大雅之堂"的档案中得到解答。对肉体、姿势和行为进行强制的现代方式就源出于此。

3. 由各种文牍技术所包围的检查把每一个人变成一个"个案"。这种个案同时既成为一门知识的对象，又成为一种权力的支点。个案不再是决疑法或法理学中的那种确定一种行为并能修改对某一准则的运用的一组证据。它就是那个可描述、判断、度量及与他人比较的具有个性的人。而且，它也是那个必须加以训练、教养、分类、规范化、排斥等等的个人。

长期以来，普通的个性——每个人的日常个性——一直是不能进入描述领域的。被注视、被观察、被详细描述、被一种不间断的书写逐日地跟踪，是一种特权。一个人的编年史、生活报道、死后的历史研究，是他的权力象征仪式的一部分。规训方法颠倒了这种关系，降低了可描述个性的标准，并从这种描述中造就了一种控制手段和一种支配方法。描述不再是供未来回忆的纪念碑，而是供不备之需的文件。而且，这种新的描述是最鲜明的，因为规训结构是很严格的。自18世纪起，与规训机制的发展曲线相一致，儿童、病人、疯人、囚徒都愈益容易成为个别描述和生平记载的对象。这种把现实生活变成文字的做法不再是把人英雄化，而是一种客体化和征服。如同国王的编年史或绿林好汉的传奇一样，精神病人或罪犯的经过仔细核对的生平也属于具有某种政治功能的书写内容，但是所使用的权力技巧截然不同。

由于检查是同时从仪式上和"科学"上对个人差异的确定，是用每个人的特点来确定这个人（与典礼不同，典礼是用具有各种标志的场面展示地位、门第、特权和职务），检查就清晰地标示了一种新的权力运行方式的出现。在这种方式中，每个人都获得自己的个性并以此作为自己的身份标志，他通过这种身份与表现他和使他成为"个案"的特征、计量、差距、"标志"联系起来。

最后，检查处于使个人成为权力的后果与对象，知识的后果与对象的程序的中心位置。由于检查将层级监视与规范化裁决结合起来，就确保了重大的规训功能：分配和分类，最大限度地榨取力量与时间，连续的生成积累，最佳的能力组合，以及随之而来的对具有单元性、有机性、创生性和组合性的个性的制作。由于有了它，那些纪律也被仪式化了。可以说，这些纪律是一种针对个人差异的权力运作方式。

各种纪律的出现，标志着个人化的政治轴心被颠倒的时代。在某些社会里，即在封建制度是唯一样板的社会里，可以说，在君权得以施展的地方和权力的较高等级中，个人化的程度最高。一个人拥有的权力或特权越多，就越能通过礼仪、文字报道或形象化的复制品标示出他个人。表明某人属于某种血缘集团的"姓氏"和家谱，展示非凡能力并被文学记载所传扬的丰功伟绩，标志着行之有效的权力关系的典礼，流芳百代的纪念碑或捐赠，奢侈铺张的开销，错综复杂的效忠与宗主关系，所有这些都是导致"上升"的个人化的方式。相反，在一个规训制度里，个人化是一种"下降"。随着权力变得愈益隐蔽、愈益有效，受其影响的人趋向于更强烈的个人化。权力的行使所借助的是监视而不是盛大仪式，是观察而不是纪念性文字，是以"规范"为参照物的比较度量而不是以祖先为参照物的家谱，是"差距"而不是功绩。在一个规训制度中，儿童比成年人更个人化，病人比健康人更个人化，疯人和罪犯比正常人和守法者更个人化。在上述的每一种情况中，我们文明中的个人化机制更偏向于前一种人。当人们想使健康、正常和守法的成年人个人化时，总是要问他身上有多少童心，潜藏着何种秘密的疯癫，他曾想犯下什么重大罪行。所有使用"psycho-"（精神或心理）这一词根的科学、分析和实践，都起源于这种个人化程序的历史性颠倒。当个性形成的历史—仪式机制转变为科学—规训机制、规范取代了血统、度量取代了身份、从而用可计量的人的个性取代了值得纪念的人的个性时，也正是一种新的权力技巧和一种新的肉体政治解剖学被应用的时候。此外，如果说从中世纪早期到现在，"冒险"是一种对个性的记载，是从史诗到小说、从高贵的行为到隐秘的特立独行、从漫长的离乡背井到对童年的内心探索、从战场厮杀到沉迷幻想的过渡，那么它也记录了一个规训社会的形成。我们童年的冒险不再体现在《可爱的小亨利》中，而是表现为"小汉斯"的不幸遭遇。今天的《玫瑰传奇》（*Romance of the Rose*）[*]是由玛丽·巴恩斯（Mary Barnes）^{**}撰写的；朗斯洛（Lancelot）^{***}已被施赖贝尔法官（Judge Schreber）^{****}所取代。

人们常说，以个人为构成元素的社会模式是从契约与交换的抽象法律形式中借鉴而来的。按照这种观点，商业社会被说成是孤立的合法主体的契约结合。情况或许如此。诚然，17世纪和18世纪的政治学说往往似乎遵循着这种公式。但是，不应忘记，当时还存在着一种将个人建构成与权力和知识相关的因素的技术。个人无疑是一种社会的"意识形态"表象中的虚构原子。但是他也是我称之为"规训"的特殊权力技术所制作的一种实体。我们不应再从消极方面来描述权力的影响，如把它说成是"排斥""压制""审查""分离""掩饰""隐瞒"的。实际上，权力能够生产。它生产现实，生产对象的领域和真理的仪式。个人及从他身上获得的知识都属于这种生产。

从规训的小诡计中谋取这种权力，难道不是做得有些过分吗？这些诡计怎么会产生这么大范围的影响呢？

---

[*] 《玫瑰传奇》，法国中世纪后期著名的流行长诗，有211000余行。

^{**} 玛丽·巴恩斯（1925年生），英国女作家，著有《疯狂游历》。

^{***} 朗斯洛，中世纪不列颠传奇中亚瑟王的一名重要骑士。

^{****} 施赖贝尔法官，20世纪初萨克森上诉法庭首席法官，曾患精神病。弗洛伊德曾对他的回忆录进行过心理分析。

注　释

〔1〕《普鲁士步兵条例》，法文译本。关于更古老的布局设计，见 Praissac，27 ～ 28
　　和 Montgommery，77。关于新的布局设计，见 Beneton de Morange：《战争
　　史》，1741，61 ～ 64 和《论帐篷》。另参见其他许多条例，如《关于骑兵连队
　　驻扎活动的训令》（1753 年 6 月 29 日）。

〔2〕《国家档案》，MM666 ～ 669。边沁谈到，他的兄弟在参观军事学院时首先产
　　生了全景敞视建筑的想法。

〔3〕Demia，27 ～ 29. 在学校的结构中有类似现象。在很长一段时间里，"级长"
　　具有独立于教师的权力，被赋予管理学生小组的道德责任。1762 年以后，尤
　　其出现了一种新的监督形式，更具有行政管理性质，更被纳入等级体系：督导
　　员、自修室教师、助理教师。参见 Dupont-Ferrier，254，476。

第三章　全景敞视主义 *

　　根据 17 世纪末颁布的一道命令，当一个城市出现瘟疫时，应采取下列措施。[1]

　　首先，实行严格的空间隔离：封闭城市及其郊区，严禁离开城市，违者处死，捕杀一切乱窜的动物；将城市分成若干区，各区由一名区长负责。每条街道由一名里长负责，严密监视该街事务；如果他离开该街，将被处死。在规定的一天，所有的人都必须待在家里，违者处死。里长本人从外面挨家挨户地锁门；他带走钥匙，交给区长；区长保管钥匙直到隔离期结束。每个家庭应备好口粮。但是沿街也设立了通向各所房子里的木制小通道，这样每个人都可以收到分配的面包和酒，同时又不与发放食物者和其他居民发生联系。肉、鱼和草药将用滑轮和篮子送进各家。如果人们必须离开住所，那就要实行轮流的办法，避免相遇。只有区长、里长和卫兵可以在街上走动，另外还有在被传染的房子、尸体之间活动的"乌鸦"。后者是

---

*　全景敞视主义（panopticism）是福柯创造的一个词。

些人们不管其死活的人。这些"穷人搬运病人、埋葬死人、清除污物以及做其他许多的下贱工作"。这是一个被割裂的、静止冻结的空间。每个人都被固定在自己的位置上。如果他移动，就要冒生命危险，或者受到传染或者受到惩罚。

监督不停地进行着。到处都是机警的监视目光："一支由可靠的军官和富人指挥的民兵队伍"，在各个出入口、市政厅和各个区进行警戒，以确保民众的服从和长官的绝对权威，"还严防一切混乱、偷盗和勒索"。在每个城门应设一个观察站，在每个街口设几个哨兵。每天，区长巡视所负责的地区，了解里长是否履行了职责、居民是否有不满之处。他们应"监视他们（居民）的行动"。每天，里长也深入所负责的街道，在每所房子前停下，让所有的居民都在窗口露面（住在面对院子方向的居民应分得一个面向街道的窗户，只有他们可在露面时使用）。他呼喊每个人的名字，了解每个人的状况——"因有死刑的威胁，居民会被迫说出真实情况"。如果有人不在窗口露面，里长应该追问原因："这样，他会很容易发现是否有死人或病人被隐藏起来。"每一个锁在这种笼子中的人，每一个在各自窗口处的人，都要回答点名和在追问时露面——这是对生者和死者的大检查。

这种监视建立在一种不断的登记体制的基础上：里长向区长报告，区长向市长报告。从"锁门"之时起，每个城市居民的角色就被逐个确定了。"每个人的姓名、年龄、性别"都被登记注册。登记册一份交给区长，一份交给市政厅，另一份供里长每日点名用。在巡视中所能了解的一切情况——死亡、病情、抱怨、异常现象——都被记录下来，转达给区长和市政长官。市政长官对医疗处理握有完全的控制权。他们指定一名医生负责。未获得该医生的便条，任何医生不得治疗病人，任何药剂师不得为病人配药，任何神父不得拜访病人。这是为了"防止有人背着市政长官隐藏传染病人或与这种病人打交道"。病情记录应该不断地汇总。每个人的病情和死亡都要经过权力当局，经过他们所做的记录和决定。

在隔离五六天后，开始对每所房子逐一地清理消毒。每所房子的居民都要离开。在每间屋子里，"家具和财物"都堆到高处或悬在空中。房间四周撒上香料。在用蜡把门窗乃至锁孔封好后，点燃香料。香料燃烧时，整所房子被封闭起来。完成这项工作的人在出口处受到检查，"当着住户的面，看他们是否在身上藏有进来时所没有的东西"。四个小时后，住户被允许回家。

这种封闭的、被割裂的空间，处处受到监视。在这一空间中，每个人都被镶嵌在一个固定的位置，任何微小的活动都受到监视，任何情况都被记录下来，权力根据一种连续的等级体制统一地运作着，每个人都被不断地探找、检查和分类，划入活人、病人或死人的范畴。所有这一切构成了规训机制的一种微缩模式。用以对付瘟疫的是秩序。秩序的功能就在于清理各种混乱。当肉体混杂在一起时，疾病就得以传播。当恐惧和死亡压倒了禁令时，罪恶就会滋长。秩序借助一种无所不在、无所不知的权力，确定了每个人的位置、肉体、病情、死亡和幸福。那种权力有规律地、连续地自我分权，以致能够最终决定一个人，决定什么是他的特点，什么属于他，什么发生在他身上。瘟疫是一种混合，规训是一种解析。规训施展自己的权力来对付瘟疫。围绕着瘟疫形成了一批欢度节日的文学作品：法律中止，禁忌全无，时间冻结，肉体不分贵贱地混杂在一起，每个人都揭去面具，抛弃了过去据以相互辨认的法定身份和形象，露出一副全然不同的真相。但是，也有一种与此截然相反的关于瘟疫的政治梦想：瘟疫期间不是集体的狂欢节，而是严格的隔离；非但法律没有遭到践踏，相反，通过确保权力毛细渗透功能的完整等级网络，管理控制甚至深入到日常生活的细枝末节；不存在戴上又摘掉的面具，只有对个人的"真实"姓名、"真实"位置、"真实"肉体、"真实"病情的排定。瘟疫作为一种既是真实的又是想象的混乱形式，有其医疗的和政治的相关规训方法。在规训机制背后，可以发现关于"传染病"、瘟疫、造反、犯罪、流浪、开小差以及在动乱之时出现与消失、生存与死亡的人们的种种挥之不去的记忆。

如果说，麻疯病人引起了驱逐风俗，在某种程度上提供了"大禁闭"的原型和一般形式，那么可以说，瘟疫引出了种种规训方案。它不是要求将大批的人群一分为二，而是要求进行复杂的划分、个人化的分配、深入的组织监视与控制、实现权力的强化与网络化。麻疯病人被卷入一种排斥的实践，放逐—封闭的实践。他被遗弃在一片无须加以分解的混沌之中，等待毁灭。瘟疫患者则被卷入一种精细的分割战术中。在这里，个人的区分是一种权力挤压的后果，这种权力自我扩展、自我衍生和连接。一方面是大禁闭，另一方面是规训。一方面是麻疯病人及对他的隔离，另一方面是瘟疫及对它的分割。前者是被打上印记，后者是受到解析和分配。放逐麻疯病人和制止瘟疫所伴随的政治梦想并不是一样的。前者是一个纯洁的共同体，后者是一个被规训的社会。在行使统治人的权力、控制人际关系、清理有害的人员混杂方面，二者的方式不同。瘟疫流行的城镇，应完全被一个层级网络、监视、观察和书写所覆盖；一种广延性权力以一种确定无误的方式统治每个人的肉体，使该城镇变得静止不动。这就是一个治理完善的城市的乌托邦。瘟疫（至少被视为一种可能性）是人们在理想地确定规训权力运作的过程中的一个考验。为了使权利和法律能够完全按照理论运作，法学家陷于关于自然状态的想象；为了看到完美的纪律发挥作用的情况，统治者设想了瘟疫状态。作为规训方案的基础，瘟疫意象代表了一切混乱无序状态，正如被切断一切与人的接触的麻疯病人的意象，构成各种排斥方案的基础。

它们是不同的方案，但并非互不相容。我们看到它们逐渐汇集在一起。19世纪的一个特有的现象就是，将规训分割的权力技巧应用于以麻疯病人为其象征性居民的排斥领域（乞丐、流浪汉、疯人和不守法者是其真实的居民）。把"麻疯病人"当作"瘟疫受害者"，对混杂的拘留空间进行精细的规训分割，同时使用权力特有的解析分配方法，区分被排斥者的个性，但是使用个人化方法是为了标示排斥，这一切就是自19世纪初起在精神病院、妓女收容院、教养所、少年犯教养学校以及某种程度上在医院中规训权力的常规运作情况。一般说来，一切实行对个人的控制的权力机构都按照双重模式运作，即一方面是二元划分和打上标记（疯癫／心智健全；有害／无害；正常／反常）；另一方面是强制安排，有区别的分配（他是谁，他应该在哪里，他应该如何被描述，他应该如何被辨认，一种经常性监视应如何以个别方式来对待他，等等）。一方面，麻疯病人被当作瘟疫受害者，个人化规训战术被应用到被排斥者身上；另一方面，规训控制的普遍化导致给"麻疯病人"打上标志，并调动起双重的排斥机制来对付他。不断地划分正常人和非正常人，使所有的人都纳入这种划分，是把对付麻疯病人的非此即彼、打上标记、予以放逐的方法应用到完全不同的对象上。这使我们想到了我们这个时代。由于有了一系列度量、监视和矫正非正常人的技术和制度，就使因恐惧瘟疫而产生的规训机制得以施展。直至今天布置在非正常人周围的、旨在给他打上印记和改造他的各种权力机制，都是由这两种形式构成的，都间接地来自这两种形式。

边沁（Bentham）的全景敞视建筑（*Panopticon*）*是这种构成的建筑学形象。其构造的基本原理是大家所熟知的：四周是一个环形建筑，中心是一座瞭望塔。瞭望塔有一圈大窗户，对着环形建筑。环形建筑被分成许多小囚室，每个囚室都贯穿建筑物的横切面。各囚室都有两个窗户，一个对着里面，与塔的窗户相对，另一个对着外面，能使光亮从囚室的一端照到另一端。然后，所需要做的就是在中心瞭望塔安排一名监督者，在每个囚室里关进一个疯人或一个病人、一个罪犯、一个工人、一个学生。通过逆光效果，人们可以从瞭望塔的与光源恰好相反的角度，观察四周囚室里被囚禁者的小人影。这些囚室就像是许多小笼子、小舞台。在里面，每个演员都是茕茕孑立，各具特色并历历在目。敞视建筑机制在安排空间单位时，使之可以被随时观看和一眼辨认。总之，它推翻了牢狱的原则，或者更准确地说，推翻了它的三个功能——封闭、剥夺光线和隐藏。它只保留下第一个功能，消除了另外两个功能。充分的光线和监督者的注视比黑暗更能有效地捕捉囚禁者，因为

---

* 边沁（1748～1832），英国功利主义思想家，监狱改革的提倡者。panopticon，一般译为全景式监狱或敞视式监狱。但边沁认为这种建筑可广泛应用，故在此译成全景敞视建筑。

黑暗说到底是保证被囚禁者的。可见性就是一个捕捉器。

从一开始，作为一种消极结果，这就有可能避免出现那些挤作一团、鬼哭狼嚎的情况——这种情况在禁闭所可以看到，曾被戈雅（Goya）*表现在画面上，也曾被霍华德（Howard）描述过。每个人都被牢靠地关在一间囚室里，监督者可以从前面看到他。而两面的墙壁则使他不能与其他人接触。他能被观看，但他不能观看。他是被探查的对象，而绝不是一个进行交流的主体。他的房间被安排成正对着中心瞭望塔，这就使他有一种向心的可见性。但是环形建筑被分割的囚室，则意味着一种横向的不可见性。正是这种不可见性成为一种秩序的保证。如果被囚禁者是一些罪犯，就不会有阴谋串通的危险、集体逃跑的举动、新的犯罪计划、相互的坏影响。如果他们是病人，就不会有传染的危险。如果他们是疯人，就不会有彼此施暴的危险。如果他们是学生，就不会有抄袭、喧闹、闲聊和荒废时间的现象。如果他们是工人，就不会有混乱、盗窃、串通以及任何降低工作效率和质量、造成事故的心不在焉现象。挤作一团的人群、多重交流的场所、混在一起的个性、集体效应被消除了，被一种隔离的个性的集合所取代。从监督者的角度看，它是被一种可以计算和监视的繁复状态所取代。从被囚禁者的角度看，它是被一种被隔绝和被观察的孤独状态所取代（Bentham，60 ～ 64）。

由此就产生了全景敞视建筑的主要后果：在被囚禁者身上造成一种有意识的和持续的可见状态，从而确保权力自动地发挥作用。这样安排为的是，监视具有持续的效果，即使监视在

---

* 戈雅（1746 ～ 1828），西班牙著名画家。

实际上是断断续续的；这种权力的完善应趋向于使其实际运用不再必要；这种建筑应该成为一个创造和维系一种独立于权力行使者的权力关系的机制。总之，被囚禁者应该被一种权力局势（power situation）所制约，而他们本身就是这种权力局势的载体。对于实现这一点来说，被囚禁者应该受到的监督者的不断观察既太多了，又太少了。太少了，是因为重要的是使他知道自己正在受到观察；太多了，是因为他实际上不需要被这样观察。有鉴于此，边沁提出了一个原则：权力应该是可见的但又是无法确知的。所谓"可见的"，即被囚禁者应不断地目睹着窥视他的中心瞭望塔的高大轮廓。所谓"无法确知的"，即被囚禁者应该在任何时候都不知道自己是否被窥视。为了造成监督者的在与不在都不可确知，使被囚禁者在囚室中甚至不能看到监督者的任何影子，按边沁的设想，不仅中心瞭望塔的窗户应装上软百叶窗，而且大厅内部应用隔板垂直交叉分割，在各区域穿行不是通过门，而是通过曲折的通道。这是因为任何一点音响，一束光线甚至半开的门的光影都会暴露监督者的存在。[2] 全景敞视建筑是一种分解观看／被观看二元统一体的机制。在环形边缘，人彻底被观看，但不能观看；在中心瞭望塔，人能观看一切，但不会被观看到[3]。

这是一种重要的机制，因为它使权力自动化和非个性化，权力不再体现在某个人身上，而是体现在对于肉体、表面、光线、目光的某种统一分配上，体现在一种安排上。这种安排的内在机制能够产生制约每个人的关系。君主借以展示其过剩权力的典礼、礼节和标志都变得毫无用处。这里有一种确保不对称、不平衡和差异的机制。因此，由谁来行使权力就无所谓了。随便挑选出的任何人几乎都能操作这个机器，而且总管不在的时候，他的亲属、朋友、客人甚至仆人都能顶替（Bentham，45）。同样，他怀有什么样的动机也是无所谓的，可以是出于轻浮者的好奇心，也可以是出于孩子的恶作剧，或是出于哲学家想参观这个人性展览馆的求知欲，或是出于以窥探和惩罚为乐趣的人的邪恶心理。匿名的和临时的观察者越多，被囚禁者越会被惊扰，也越渴望知道自己是否被观察。全景敞视建筑是一个神奇的机器，无论人们出于何种目的来使用它，都会产生同样的权力效应。

一种虚构的关系自动地产生出一种真实的征服。因此，无须使用暴力来强制犯人改邪归正，强制疯人安静下来，强制工人埋头干活，强制学生专心学问，强制病人遵守制度。边沁也感到惊讶的是，全景敞视机构会如此轻便：不再有铁栅，不再有铁镣，不再有大锁；只需要实行鲜明的隔离和妥善地安排门窗开口。旧式厚重的"治安所"（house of security）及其城堡式建筑，将会被具有简单、经济的几何造型的"明辨所"（house of certaity）所取代。权力的效能，它的强制力，在某种意义上，转向另一个方面，即它的应用外表上。隶属于这个可见领域并且意识到这一点的人承担起实施权力压制的责任。他使这种压制自动地施加于自己身上。他在权力关系中同时扮演两个角色，从而把这种权力关系铭刻在自己身上。他成为征服自己的本原。因此，外在权力可以抛弃其物理重力，而趋向于非肉体性。而且，它越接近这一界限，它的效应就越稳定、越深入和越持久。这是一个避免任何物理冲撞的永久性胜利，而且胜利的结局总是预先已决定了的。

边沁没有说明他的设计方案是否受到勒沃（Le Vaux）[*]设计的凡尔赛动物园的启发。这最早的动物园与一般的动物园不同。它的各个展览点不是散布在一个公园里（Loisel，104～107）。其中心是一个八角亭，第一层只有一个房间，是国王的沙龙。八角亭的一面是入口，其他各面开着大窗户，正对着七个关各种动物的铁笼。到边沁的时代，这种动物园已经消失了。但是，我们在全景敞视建筑方案中看到了类似的兴趣，即对个别观察、分门别类以及空间分解组合的兴趣。全景敞视建筑就是一个皇家动物园。人取代了动物，特定的分组取代了逐一分配，诡秘的权力机制取代了国王。除了这点区别之外，全景敞视建筑也完成着一个博物学家的工作。它使人们有可能确定各种差异：对于病人，可以观察每个人的病症，又不使病床挤在一起，不会让污浊空气散播，不会有检查台上的传染后果；对于学生，可以观察其表现（不会有任何作假和抄袭），评定其能力和特点，进行严格的分类，而且可以根据正常发展情况，将"懒惰和固执者"与"低能弱智者"区分开；对于工人，可以记录每个人的能力，比较完成每项任务所用的时间，以及计算日工的工资（Bentham，60～64）。

除了监视功能，全景敞视建筑还是一个实验室。它可以被当作一个进行试验、改造行为、规训人的机构；可以用来试验药品，监视其效果；可以根据犯人罪行和特点，试验不同的惩罚方法，寻找最有效的方法；可以同时教不同的工人学会不同的技术，以确定最佳技术；可以进行教学试验，尤其是可以利用孤儿重新采用有重大争议的隔绝教育。人们将能看到，当

---

[*]　勒沃，17世纪法国建筑师。

他们长到 16 ～ 18 岁，被放到其他少男少女中时，会发生什么情况。人们将能验证，是否像爱尔维修（Helvetius）*所想的那样，每个人都有同样的学习能力。人们将能跟踪"任何可被观察的观念的系谱"。人们将能用不同的思想体系来教育儿童，使某些儿童相信，二加二不等于四或月亮是一块奶酪，当他们长到 20 ～ 25 岁时，再把这些青年放到一起。那时，人们将会进行比花费昂贵的布道或讲课有更大价值的讨论。人们将至少有一次机会在形而上学领域里有所发现。全景敞视建筑是一个对人进行实验并十分确定地分析对人可能进行的改造的优越场所。全景敞视建筑甚至是一个能够监督自身机制的结构。在中心瞭望塔，总管可以暗中监视所有的下属雇员：护士、医生、工头、教师、狱卒。他能不断地评定他们，改变他们的行为，要求他们使用他认为最好的方法。甚至，总管本人也能被观察。一名巡视员出其不意地来到全景敞视建筑的中心，一眼就能判断整个机构是如何运作的，任何情况都瞒不过他。而且，总管被关在这个建筑机制的中心，他自己的命运不也就与该机制拴在一起了吗？一个使传染病得以散播的无能医生将是传染病的第一个牺牲者，一个无能的监狱长或工厂经理也将是暴动的第一个牺牲者。全景敞视建筑的主人说："由于我设计了各种联系纽带，我自己的命运也被我拴在那些纽带上。"（Bentham，177）全景敞视建筑像某种权力实验室一样运作。由于它的观察机制，它获得了深入人们行为的效能。随着权力取得的进展，知识也取得进展。在权力得以施展的事物表面，知识发现了新的认识对象。

---

* 爱尔维修（1715 ～ 1771），法国启蒙时期思想家。

瘟疫袭扰的城市与全景敞视机构二者之间有重大差异。它们相隔一个半世纪之遥，标志着规训方案的变化。前者有一个特殊的形势：权力被动员起来反对一种超常的灾难。它使自己无所不在，处处可见。它创造各种新机制。它进行区分、冻结和分割。它在一段时间里构建出一种既是反城市（counter-city）又是理想社会（perfect society）的东西。它进行一种理想的功能运作，但这种功能运作归根结底与它所反对的灾难一样陷于一种简单的非生即死的二元关系：运动者带来死亡，因此，人们要杀死运动者。反之，全景敞视建筑应该被视为一种普遍化的功能运作模式，一种从人们日常生活的角度确定权力关系的方式。毫无疑问，边沁是把它当作一种自我封闭的特殊制度提出来的。但是，完全自我封闭的乌托邦已经够多了。与在皮拉内西（Piranesi）*的版画上可以看到的刑具狼藉的监狱废墟相反，全景敞视建筑展示了一种残酷而精巧的铁笼。事实上，甚至到了我们现代，它还会产生许许多多设计中的或已实现的变种。这就表明了它在近二百年的时间里是多么强烈地刺激起人们的想象力。但是，全景敞视建筑不应被视为一种梦幻建筑。它是一种被还原到理想形态的权力机制的示意图。它是在排除了任何障碍、阻力或摩擦的条件下运作的，因此应被视为一种纯粹的建筑学和光学系统。它实际上是一种能够和应该独立于任何具体用途的政治技术的象征。

　　它在使用上具有多种价值。它可以用于改造犯人，但也可以用于医治病人、教育学生、禁闭疯人、监督工人、强制乞丐和游惰者劳动。它是一种在空间中安置肉体、根据相互关系分

---

*　皮拉内西（1720～1778），意大利素描和版画画家。

布人员、按等级体系组织人员、安排权力的中心点和渠道、确定权力干预的手段与方式的样板。它可以应用于医院、工厂、学校和监狱中。凡是与一群人打交道而又要给每个人规定一项任务或一种特殊的行为方式时，就可以使用全景敞视模式。除了做必要的修改外，它适用于"建筑物占用的空间不太大，又需要对一定数量的人进行监督的任何机构"（Bentham，40；边沁是把罪犯教养所当作首要的例证，这是因为它需要实现许多不同的功能——安全监护、禁闭、隔离、强制劳动和教育）。

在任何一种应用中，它都能使权力的行使变得完善。它是通过几种途径做到这一点的。它能减少行使权力的人数，同时增加受权力支配的人数。它能使权力在任何时刻进行干预，甚至在过失、错误或罪行发生之前不断地施加压力。在上述条件下，它的力量就表现在它从不干预，它是自动施展的，毫不喧哗，它形成一种能产生连锁效果的机制。除了建筑学和几何学外，它不使用任何物质手段却能直接对个人发生作用。它造成"精神对精神的权力"。因此，全景敞视模式使任何权力机构都强化了。它能使后者更为经济（在物质、人员和时间上）。它通过自己的预防性能、连续运作和自动机制使后者更有效率。这是一种从权力中"史无前例地大量"获得"一种重大而崭新的统治手段"的方法，"其优越性在于它能给予被认为适合应用它的任何机构以极大的力量"（Bentham，66）。

这是一个在政治领域中"一通百通"的例子。它实际上能被纳入任何职能（教育、医疗、生产、惩罚）。当它与这种职能紧密联系在一起时，它能增加后者的效果。它能形成一种混合机制，在这种机制中，权力关系（和知识关系）能够被精细入微地调整，以适应需要监督的各种过程。它能在"过剩的权力"与"过剩的生产"之间建立一种正比关系。总之，它是以这样一种方式来安排一切，即权力的施展不是像一种僵硬沉重的压制因素从外面加之于它所介入的职能上，而是巧妙地体现在它们之中，通过增加自己的接触点来增加它们的效能。全景敞视机制不仅仅是一种权力机制与一种职能的结合枢纽与交流点，它还是一种使权力关系在一种职能中发挥功能，使一种职能通过这些权力关系发挥功能的方式。边沁在《全景敞视监狱》的前言中一开始就列举了这种"监视所"可能产生的益处："道德得到改善，健康受到保护，工业有了活力，教育得到传播，公共负担减轻，经济有了坚实基础，济贫法的死结不是被剪断而是被解开，所有这一切都是靠建筑学的一个简单想法实现的！"（Bentham，39）

此外，按照这种机构的设计，其封闭性并不排除有一种外来的持久存在。我们已经看到，任何人都可以来到中心瞭望塔，行使监视功能，在这种情况下，他可以清楚地了解监视的运作方式。实际上，任何全景敞视机构，即便是像罪犯教养所那样严格地封闭，都可以毫无困难地接受这种无规律的、经常性的巡视——不仅是正式的巡视员的而且是公众的巡视。任何社会成员都有权来亲眼看看学校、医院、工厂、监狱的运作情况。因此，全景敞视机构所造成的权力强化不会有蜕化为暴政的危险。规训机制将受到民主的控制，因为它要经常地接待"世界上最大的审判委员会"。[4]这种全景敞视建筑是精心设计的，使观察者可以一眼观看到许多不同的个人，它也使任何人都能到这里观察任何一个观察者。这种观看机制曾经是一种暗室，人们进入里面偷偷地观察。现在它变成了一个透明建筑，里面的权力运作可以受到全社会的监视。

全景敞视模式没有自生自灭，也没有被磨损掉任何基本特征，而是注定要传遍整个社会机体。它的使命就是变成一种普遍功能。瘟疫侵袭的城镇提供了一种例外的规训模式：既无懈可击但又极其粗暴。对于造成死亡的疾病，权力用不断的死亡威胁来对付。生命在这里只剩下最简单的表现。这里是细致地运用刀剑的权力来对付死亡的力量。反之，全景敞视建筑有一种增益作用。虽然它对权力进行了妥帖的安排，虽然这样做是为了使权力更为经济有效，但是它这样做并不是为了权力本身，也不是为了直接拯救受威胁的社会。它的目的是加强社会力量——增加生产、发展经济、传播教育，提高公共道德水准，使社会力量得到增强。

权力如何能够在不仅不阻碍进步，不用自己的种种规章制度来压迫进步，反而在实际上促进进步的情况下得到加强呢？什么样的权力增强器也能同时是生产增益器？权力如何能通过增强自身的力量来增加社会力量，而不是剥夺或阻碍社会力量？全景敞视建筑方案对这一问题做出的解答是，只有在下述条件下才能保证权力的生产性扩充：一方面，权力得以在社会的基础上以尽可能微妙的方式不停地运作，另一方面，权力是在那些与君权的行使相联系的突然、粗暴、不连贯的形式之外运作。国王的肉体、它的奇特的物质表现，国王本人所动用的或传递给少数人的力量，是与全景敞视主义所代表的新的权力物理学截然对立的。全景敞视主义的领域是全部较低的领域。这是各种参差不齐的肉体的领域，包括它们的各种细节，它们的多样化运动，它们的多种多样的力量，它们的空间关系。这里需要的是能够解析空间分配、间隔、差距、序列、组合的机制。这些机制使用的是能够揭示、记录、区分和比较的手段。

这是一种关于复杂的关系权力（relational power）的物理学。这种权力不是在国王身上而是在能够用这些关系加以区分的肉体中达到最大的强度。在理论上，边沁确定了另一种分析社会机体及遍布社会的权力关系的方法。从实践角度，他规定了征服各种肉体和力量的做法，这种做法应该在实践君主统治术的同时增加权力的效用。全景敞视主义是一种新的"政治解剖学"的基本原则。其对象和目标不是君权的各种关系，而是规训（纪律）的各种关系。

对于边沁来说，这种具备一座有权力的和洞察一切的高塔的、著名的透明环形铁笼，或许是一个完美的规训机构的设计方案。但是，他也开始论述，人们如何能够实行纪律，使之以一种多样化的扩散方式在整个社会机体中运作。这些纪律是古典时代在特定的、相对封闭的地方——兵营、学校和工厂中制定的。人们只能想象在瘟疫流行的城镇——这种有限而暂时的范围内，全面彻底地贯彻它们。而边沁则梦想把它们变成一种机制网络，无所不在，时刻警醒，毫无时空的中断而遍布整个社会。全景敞视结构提供了这种普遍化的模式。它编制了一个被规训机制彻底渗透的社会在一种易于转换的基础机制层次上的基本运作程序。

于是，我们看到两种规训意象。在一端是规训——封锁，建立在社会边缘的封闭体制趋向于内向的消极功能：制止灾难，中断交流，冻结时间。在另一端是全景敞视主义的规训——机制：一种通过使权力运作变得更轻便、迅速、有效来改善权力运作的功能机制，一种为了实现某种社会而进行巧妙强制的设计。从一种异常规训的方案转变为另一种普遍化监视的方案，是以一种历史变迁为基础的：在17和18世纪，规训机制逐渐扩展，遍布了整个社会机体，所谓的规训社会（姑且名之）形成了。

在整个古典时代有一种全面的规训普及趋势。边沁的权力物理学是对这一趋势的承认。规训体制网络开始覆盖越来越大的社会表面，尤其占据了越来越不是社会边缘的位置。规训体制的扩散证明，原来所谓的孤岛、特殊场所、权宜之计或独特的模式已变成一般的程式。奥伦治亲王威廉或古斯塔夫二世的虔诚的新教军队所特有的规章条例变成了欧洲所有军队的规章条例。耶稣会的模范大学，巴坦库或德米亚仿照施图尔姆（Sturm）*的先例办的学校，提供了一般的教育规训形式的草样。海军和陆军医院的管理方式提供了18世纪彻底整顿医院的模式。

但是，规训体制的这种扩展无疑仅仅是各种更深刻进程的最醒目的方面。这些进程包括下述方面：

1. 纪律的功能转换　最初，纪律用于消除危险，束缚无用的或躁动的居民，避免大规模聚会造成的烦扰。现在它们则被要求起一种积极作用，因为它们正在变得胜任这种作用，能够强化对每个人的利用。军事纪律不再仅仅是一种防止军队中出现抢劫、开小差和不执行命令现象的手段，而已变成一种使军队得以存在的基本技术。它使得军队不是一群乌合之众，而是一个统一体，并因此而增强战斗力。纪律能够增强每个人的技能，协调这些技能，提高军队运动能力，增强火力，扩大进攻面而又不减弱攻击强度，增强抵抗能力，等等。工厂纪

---

*　施图尔姆（1507～1589），德国教育家。

律一方面依然是强制工人遵守规章和尊重上级、防止盗窃和其他损失的方法，另一方面也愈益用于提高各种能力、速度、产量，从而增加利润。它依然对人的行为施加一种道德影响，但是，它愈益从后果的角度来对待行为，把各种肉体引入一种机制，把各种力量引入一种经济系统。17 世纪，教区小学建立之初，关于这些小学的论证首先是消极的理由：那些无力教育子女的穷人使他们的孩子"对自己的义务一无所知：由于他们生活艰难，本人就没有受到良好教育，因此，他们不可能给予他们自己从来没有的良好教育"。这就导致了三大问题：不信上帝，懒惰（随之而来的是酗酒、淫秽、偷窃、抢劫）以及形成乞丐集团。后者随时都会骚扰社会秩序，"实际上将要耗光主宫慈善院的基金"（Demia，60 ~ 61）。但是，到了（法国）革命之初，初等教育的目的之一被规定为"增强""发展体魄"，培养儿童"准备在将来从事某种机械工作"，使他有"一对敏锐的眼睛、一双灵巧能干的手以及雷厉风行的习惯"（塔列朗〔Talleyrand〕* 给制宪议会的报告，1791 年 9 月10 日，转引自 Leon，106）。纪律越来越成为造就有用人才的技术。从此，它们就从社会边缘的位置脱颖而出，愈益远离排斥或赎罪、禁闭或隐居的形式。从此，它们与宗教教规和修道禁地（enclosure）的联系就逐渐疏远了。从此，它们也扎根于社会中最重要、最核心和最有生产性的部分。它们逐渐加入某些重大的社会职能中：工厂生产、知识传授、技能传播、战争机器。从此，人们也看到了在整个 18 世纪发展起来的两种趋势：增加规训体制的数量和规训现存机构。

---

* 塔列朗（1754 ~ 1838），法国政治家和外交家。

2. 规训机制的纷至沓来　当规训设施愈益增多时，它们的机制有一种"非制度化"、从它们过去在其中进行运作的封闭堡垒脱颖而出、"自由"流通的倾向。沉重严密的纪律被分解，变成可转换、可调节的、灵活的控制方法。有时，封闭机构给自身内部的特定功能增添一种对外监视作用，在自身周围形成一个边缘控制地带。譬如，公教学校应该不仅仅培养驯顺的儿童，而且应该能够监督家长，获得关于他们的生活方式、经济来源、宗教态度和道德状况的信息。学校能够成为小型社会观察站，甚至能深入到成人中间，对他们进行定期监督。在德米亚看来，学生表现不好或旷课，是学校走访邻居的正当借口，尤其是在有理由认为家长可能不说实话的时候。学校也可以走访家长，了解他们是否知道教义问答和祈祷文，他们是否有决心根除子女的缺点，房间里有多少张床，如何安排睡觉，走访结束时可发放些救济金，或送一幅宗教画，或提供必要的床（Demia，39～40）。同样，医院也愈益被视为对医院外居民进行医学观察的据点。在 1772 年主宫焚毁后，有些人提出，这些庞大、杂乱的建筑应该被一系列较小的医院所取代。后者的功能不仅是接待该区的病人，还应包括收集信息，注意各种地方病或传染病现象，开设门诊部和施药所，给当地居民提出忠告，使当局及时了解当地卫生状况。[5]

人们还看到，规训方法的传播并不是以封闭机构的形式，而是表现为观察中心在整个社会的散布。宗教团体和慈善组织长期以来就起着"规训"居民的作用。从反宗教改革运动*到七月王朝的慈善事业，这方面的建议层出不穷。它们的目的或

---

* 反宗教改革运动，指 16 至 17 世纪天主教会为抵制宗教改革运动而做的努力。

是宗教方面的（进行宗教和道德宣传），或是经济方面的（济危扶贫和鼓励劳动），或是政治方面的（压制不满和骚乱）。这里只需用巴黎各教区慈善协会的条例作为例子。按照条例，各协会管辖的地界应分成区和更小单位，协会成员也照此分工。他们应定期巡视各自负责的区域。"他们应努力消除声名狼藉的场所，烟草商店，人体教学课堂*，赌场，公开的伤风败俗现象，亵渎神明的言行以及其他任何被他们获悉的不端言行。"他们还应对穷人进行个别探访。条例中规定了所需了解的情况：居住是否稳定，对祈祷有多少认识，是否参加圣礼，是否掌握一门手艺，道德状况如何（以及"他们是否因自己的过错而陷于贫困"）。最后，"他们应该通过巧妙的提问了解他们在家里的表现：是否与邻居和睦共处，是否精心地培养子女对上帝的畏惧，……是否让不同性别的大龄子女分开睡觉，是否允许家中尤其在大龄女儿中有放荡或勾引男人现象。如果对他们是否正式结婚有怀疑，就应要求他们出示结婚证明"。[6]

3. 国家对规训机制的控制　　在英国，长期以来由私人团体行使社会规训的职能（见 Radzinovitz, 203～214）。在法国，虽然这种职能的一部分依然属于教区协会或慈善协会，但另外的而且无疑是最重要的部分则由警察机关接管了。

一支集中的警察组织长期以来，甚至在当代人眼中，都被视为王权专制主义的最直接体现。君主希望能够有"自己的司法官员，他能向他们交代自己的命令、委托或意图，后者则执行命令和国王私人密令"（第一任治安大臣杜瓦尔〔Duval〕的信笺，转引自 Funck-Brentano，Ⅰ）。实际上，治安长官与在巴

---

*　人体教学课堂，指使用活模特进行教学的课堂。

黎的治安大臣在接过某些原有的职能——搜捕罪犯，城区监视，经济和政治监督——时，把它们转移到一个单一的、严格的行政机器中："来自四周的各种力量和信息，最终集中于治安大臣。……是他转动所有的轮子一起来产生秩序与和谐。他的管理效果可以与天体运动相媲美。"（Des Essarts，344，528）

　　然而，虽然警察作为一种制度确实是按照一种国家机构的形式组织起来的，虽然它确实是与政治统治权的中枢直接相联，但它所运用的权力、它所操作的机制、它的对象都是特定的。这种机构必须与整个社会机体有共同的范围。这不仅仅是在时空的边界极限方面，而且在它所关注的细枝末节方面。治安权力必须"遍及一切事物"。这不是指国家整体或作为君主的有形和无形实体的王国整体，而是指细如尘埃般的事件、活动、行为、言论——"所发生的一切"。[7]用叶卡捷琳娜二世在"大训示"中的话说，警察关注"每时每刻发生的事情""微不足道的事情"（对《起草新法典的训示》的补充，1769年，第535条）。有了警察，人们就生活在一个无限的监督世界里了。这种监督在理想上力求把握社会机体的最基本粒子、最短暂的现象："治安长官的部门是最重要的。它所包容的对象在某种意义上是确定的，但人们只能通过一种相当细致的考察才能认识它们。"（Delamare，前言）——政治权力微分。

　　为了行使这种权力，必须使它具备一种持久的、洞察一切的、无所不在的监视手段。这种手段能使一切隐而不现的事物变得昭然若揭。它必须像一种无面孔的目光，把整个社会机体变成一个感知领域：有上千只眼睛分布在各处，流动的注意力总是保持着警觉，有一个庞大的等级网络。按照巴黎市长的意见，巴黎的这个网络应包括48名警察分局局长，20名视察员，定期付酬的"观察员"，按日付酬的"密探"，领赏钱的告密者，另外还有妓女。这种不停的观察应该汇集成一系列的报告和记录。在整个18世纪，一个庞大的治安本文（police text）借助于一种复杂的记录组织愈益覆盖了整个社会（关于18世纪的警方记录，见Chassaigne）。与司法书写或行政书写的方法不同，在这里记录的是行为、态度、可能性、疑点——是对个人行为的持续描述。

应该指出的是，虽然这种警察监督完全"控制在国王手中"，但它不是按照单一的方向运作。它实际上是一个双向接收体系。它在操作司法机制时必须符合国王的直接意愿，但是它也能对下面的请求做出反应。著名的"密札"，即盖有国王私玺的命令，长期以来是专制王权的象征，使拘禁在政治上名声扫地。但实际上，密札是应名门显贵、宗教首领、地方要人、亲朋邻里和教区牧师的要求而发出的。密札的功能是用禁闭来惩罚一系列不够刑罚的行为，如骚扰、煽动、不服从、品行不端。这些东西都是勒杜想从他所设计的完美城市中排除的。他称之为"对无人监督的破坏"。总之，18世纪的警察给自己的角色——追捕罪犯的司法助手，对阴谋、反抗运动或造反进行政治监视的工具——增添了一种规训功能。这是一种复杂的功能，因为它把君主的绝对权力与散布在社会里的最下层权力联系起来，因为在这些各不相同的封闭的规训体制（工厂、军队、学校）之间，它扩展出一个中间网络，在它们不能干预的地方它进行干预，对无纪律空间加以规训。它填补空白，把这些空隙联结起来，凭借武装力量来维持一种间隙纪律（interstitial discipline）和一种元纪律（meta-discipline）。"借助一支高明的警察队伍，君主就能使民众习惯于秩序与服从。"
（Vattel，162）

18 世纪警察机构的建立，鼓励了纪律的推广，使之具有与国家本身相同的范围。虽然它是以最公开的方式与超越常规司法运作的各种王权活动相联系，但是不难理解为什么警察当局对司法权力的重新安置只是表现了轻微的抗拒，为什么至今它从未停止以日益沉重的压力把自己的特权强加于司法权力之上。无疑，这是由于它是司法系统的世俗臂膀。但这也是由于根据它的范围和机制，它远比司法体制更能与一种规训类型的社会合而为一。但是，若以为规训功能被一种国家机构一劳永逸地占有了，那就错了。

"规训"既不会等同于一种体制也不会等同于一种机构。它是一种权力类型，一种行使权力的轨道。它包括一系列手段、技术、程序、应用层次、目标。它是一种权力"物理学"或权力"解剖学"，一种技术学。它可以被各种机构或体制接过来使用，如"专门"机构（19 世纪的罪犯教养院或"改造所"），或者是把它作为达到某种特殊目的的基本手段的机构（学校、医院），或者是发现可以用它来加强或改组自己内部权力机制的旧权威机构（有时间的话，我们应该论述家庭内部关系，尤其在父母—子女单位中，是如何吸收了自古典时代以来的外界模式而被"规训"的。它们首先吸收的是教育和军队模式，然后吸收了医学、精神病学和心理学模式。这就使得家庭成为考虑正常与不正常的规训问题的一个最佳起点），或者是把纪律作为内部运作原则的机构（自拿破仑时代起，行政机构开始实行纪律），或者是以确保纪律对整个社会的统治为主要职能的国家机构（警察）。

因此，从总体上，人们可以说一个规训社会在这种运动中形成了。这是一个从封闭的规训、某种社会"隔离区"扩展到一种无限普遍化的"全景敞视主义"机制的运动。其原因不在于权力的规训方式取代其他方式，而在于它渗透到其他方式中，有时是破坏了后者，但它成为后者之间的中介，把它们联系起来，扩展了它们，尤其是使权力的效应能够抵达最细小、最偏僻的因素。它确保了权力关系细致入微的散布。

　　继边沁之后不久，朱利尤（Julius）就给这种社会颁发了出生证（Julius，384～386）。在谈到全景敞视原则时，他说，这里包含的东西还不只是建筑学上的创新，它是"人类思想史"上的一个事件。表面上，它仅仅是解决了一个技术问题，但是通过它，产生了一种全新的社会。古代社会曾经是一个景观文明。"使大批的人群能够观看少数对象"，这是庙宇、剧场和竞技场的建筑所回应的问题。有了这些景观，便产生了公共生活的主导地位，节日的热烈气氛以及情感的接近。在这些热血沸腾的仪式中，社会找到新的活力，并在刹那间形成一个统一的伟大实体。现代社会则提出了相反的问题："使少数人甚至一个人能够在瞬间看到一大群人。"当一个社会的主要因素不再是共同体和公共生活，而是以私人和国家各为一方时，人际关系只能以与景观相反的形式来调节："为了适应现代要求，适应国家日益增长的影响及其对社会的一切细节和一切关系的日益深入的干预，就有必要保留增强和完善其保障的任务，利用旨在同时观察一大群人的建筑及其布局来实现这个伟大目标。"

　　朱利尤把边沁当作一种技术纲领来描述的东西视为一种完成了的历史过程。我们的社会不是一个景观社会，而是一个监视社会。在表面意象的背后，人们深入地干预着肉体。在极抽象的交换背后，继续进行着对各种有用力量的细致而具体的训练。交流的渠道是一种积聚和集中知识的支撑物。符号游戏规定了权力的停泊地。个人的美妙整体并没有被我们的社会秩序所肢解、压制和改变。应该说，个人被按照一种完整的关于力量与肉体的技术而小心地编织在社会秩序中。我们远不是我们自认为的那种希腊人。我们不是置身于圆形竞技场中，也不是在舞台上，而是处于全景敞视机器中，受到其权力效应的干预。这是我们自己造成的，因为我们是其机制的一部分。在历史神话中，拿破仑的形象之所以重要，可能是因为它正处于君主制的、仪式化的君权运作与等级制的、持久的无限规训运作的交叉点。他是一个君临一切、洞察一切的人："你可以想象到，帝国没有一个部分不受到监视，没有任何一项罪行、过失、违法行为会不受到惩罚，这位能够照亮一切的天才的目光笼罩着这部庞大机器的全身，任何一个最微小的细节都不能逃脱他的注意。"（Treilhard，14）在开始大放光彩之际，规训社会因为有一个皇帝，因而依然具有景观权力的旧面目。他作为一个既是古老王位的篡位者又是新国家的组织者的君主，把一系列漫长的过程集中到一个象征性的终极形象中。通过这些进程，君权的奢华壮丽、权力的必要的炫耀表现都在日常的监视运作中，在一种全景敞视方式中被逐一消灭了。相互交错的警觉目光很快就会使雕鹰和太阳*黯然失色。

规训社会的形成是与一系列广泛的历史进程密切相连的，而且是其中的一个组成部分，这些进程包括经济的、法律—政

---

* 雕鹰和太阳在西方一直被作为战争与皇权的象征。

治的以及科学的进程。

1. 一般而言，可以说纪律是确保对人类复杂群体的治理的技巧。诚然，在这方面毫无与众不同之处，任何权力体系都会遇到同样的问题。但是，纪律的特殊之处在于，它们试图从对付复杂群体的角度来确定能够符合三条标准的权力策略：第一，以最小的代价来行使权力（在经济上，通过低开支；在政治上，通过权力的分散化、外在化、相对的无形化以及使它引起的阻力尽可能地减少）；第二，使这种社会权力的效应达到最大强度并尽可能地扩大这些效应，同时既无失误又无间断；第三，把权力的这种"经济"增长同它在其中进行运作的（教育的、军事的、工业的或医学的）机构的产品联系起来；总之，同时增强该系统内一切因素的驯顺性和实用性。规训的这三个目标是与一种众所周知的历史形势相一致的。这种形势的一个方面就是18世纪的人口猛增，流动人口增加（规训的一个主要目标就是给人定位。它是一种反流动技术），需要加以监督或管理的群体的数量范围发生变化（从17世纪初到法国革命前夕，学生的人数猛增，无疑，医院中的人数也猛增；到18世纪末，和平时期的军队人数超过20万）。这种形势的另一方面是，生产机构发展，变得愈益庞大和复杂，生产成本也愈益增大，利润也必须增长。规训方法的发展适应了这两个进程，或者说适应了调节它们相互关系的需要。无论是封建权力的残余形式，还是君主制的行政管理机构，或是地方监督机制，或是它们的混乱而不稳定的组合，都不能完成这一任务。妨碍它们的因素有，它们的网络扩展既无条理又不充分，它们经常互相冲突，尤其是它们的权力运作"代价太高"。所谓代价太高有几个原因：它（权力）直接耗费国库太多；腐败的官场和包税制度间接地但沉重地压在人民身上；它遇到的抵抗迫使它陷入不断强化自身的循环；它基本上是靠征用来维持的（通过王室、领主和教会的税收来征集钱财；通过强迫劳役、拘捕或驱赶流浪者来征用人力或时间）。各种纪律的发展则标志着属于另一种截然不同的经济的基本技术出现了。权力机制不是通过"削减"来运作，而是被整合进出自内部的机构的生产效率中，这种效率的增长及它的产物的效用中。各种纪律用"温和—生产—利润"原则取代了支配权力经济学的"征用—暴力"原则。这些技术使得人们有可能调整复杂的人群和生产机构的繁衍（这不仅仅指狭义的"生产"，而且指学校中知识和技能的生产，医院中健康的生产，军队中毁灭能力的生产）。

在这种调整任务中，规训必须解决一些旧的权力经济学不足以应付的问题。它能够减少密集现象的低效率：减少使乌合之众不如统一单位那样便于管理的因素，减少阻碍对其中各个因素和集合体的使用的因素，减少一切妨碍数量优势的不利因素。这就是为什么规训要进行定位。它遏制或调节运动。它澄清混乱。它驱散在国土上飘忽不定的密集人群。它确定各种精心计算的分配。它还必须驾驭从一个有组织的人群结构中形成的各种力量。它必须消除从它们之中冒出的反权力（counter-power）效应——骚动、暴动、自发组织、联盟等一切可能建立一种平面形势的东西。这些效应形成一种对想要实行支配权的权力的阻力。因此，就产生了这种情况：各种纪律使用分割和垂直方法，它们对同一水准的不同因素进行尽可能牢固的区分，它们规定了紧凑的等级网络，总之，它们用连续的、区别对待的金字塔技巧来对付复杂人群内在的反向力量。它们还必须增进人群中每一因素的特殊功用，但必须使用最迅速又最便宜的手段，即把人群本身当作实现这种增长的手段。因此，为了从肉体中最大限度地榨取时间和力量，就要使用那些普遍的方法，如时间表、集体训练、操练，全面而又具体的监视。此外，纪律必须能够增进人群的功用效果，使得每一组人群都比其因素的简单集合更有价值。正是为了增加复数组合的使用效果，各种纪律确定了关于肉体、姿态和节奏的配置和相互调整，能力的区分，根据机构或任务相互协调的方法。最后，各种纪律必须尽可能谨慎地调动权力关系。权力关系不是在人群的上方，而是在其结构之中恰当地与这些人群的其他功能衔接，而且是以尽可能节省的方式起作用。与之相适应的是匿名的权力手段。这些手段涵盖整个人群。它们作为等级监视手段，严密地进行不断的登记、评估和分类。总之，用一种秘密地把自己的对象客观化的权力取代那种表现在权力行使者的显赫之中的权力；形成一套关于这些个人的知识体系，而不是调动展示君权的炫耀符号。简言之，各种纪律是这样一些细小技术发明的组合，这些技术能够通过减少权力的不灵便之处来增加人群的有用规模。而为了使人群变得有用，就必须用权力控制他们。不论是在一个工厂里还是在一个国家里，不论是在一支军队中还是在一个学校中，人群达到了一种纪律的门槛时，人际关系就变得令人满意了。

如果说西方的经济起飞始于导致资本积累的技术，那么或许也可以说，人员积聚的管理方法导致了一种脱离传统的、讲究仪式的、昂贵和粗暴的权力形式的政治起飞。那些陈旧的权力形式很快就被废弃了，被一种巧妙的、精致的征服技巧所取代。实际上，这两个进程——人员积聚和资本积累——是密不可分的。如果没有一种能够维持和使用大规模人力的生产机构的发展，就不可能解决人员积聚的问题。反之，使日渐增大的人群变得有用的技术也促进了资本积累。在一个不太普遍的层次上，在生产机构、劳动分工和规训技术制定方面的技术性变化维持了一组十分紧密的关系（见 Marx，《资本论》，第 1 卷，第 13 章，另见 Guerry 和 Deleule 的十分引人入胜的分析）。每一方面都造成其他方面的可能性和必要性；每一方面都为其他方面提供了一种范例。规训金字塔构成了小的权力细胞。在这里面，对任务的划分、协调和监督得以实行并且很有效率。对时间、姿势和体力的解析分割构成了一种操作图式。这种图式很容易从屈从于生产机制的群体中转换出来。把军事方法大规模地投射到生产组织上，就是这种按照权力图式规定的模型进行劳动分工的一个例子。但是，另一方面，对生产过程的技术分析、"机械"解构，也投射到劳动力上。这种投射的结果便是建立了有下述特点的规训机器，即它们所聚拢的个人力量被结合成一个整体，而且得到了增强。我们可以说，规训（纪律）是一种能够用最小的代价把肉体简化为一种"政治"力量同时又成为最大限度有用的力量的统一技巧。资本主义经济的增长造成了规训权力的特殊方式。它的征服各种力量和肉体的一般公式和技巧，即"政治解剖学"能够运用于极其多样化的政治制度、机构和体制中。

2. 权力的全景敞视方式——它处于基础的、技术的、纯物理的层次上——并不是直接依附于一个社会的重大法律—政治机构，也不是它们的直接延伸。但它也不是完全独立的。从历史上看，资产阶级在 18 世纪变成政治统治阶级的进程，是以一种明确的、法典化的、形式上平等的法律结构的确立为标志的，是由于组织起一种议会代表制才成为现实的。但是，规训机制的发展和普遍化构成了这些进程的另一黑暗方面。保障原则上平等的权利体系的一般法律形式，是由这些细小的、日常的物理机制来维持的，是由我们称之为纪律的那些实质上不平等和不对称的微观权力系统维持的。而且，虽然在形式上代议制直接或间接地使全体人民组成基本的主权权威的意愿得以实现，但是提供征服各种力量和肉体的保障的是在基础起作用的纪律。真实具体的纪律构成了形式上和法律上自由的基础。契约可以被看作是法律和政治权力的理念基础。全景敞视主义则是具有普遍性的强制技术。它继续在深层影响着社会的法律结构，旨在使高效率的权力机制对抗已获得的形式框架。"启蒙运动"既发现了自由权利，也发明了纪律。

表面上，纪律不过是一种底层法律（infra-law）。它们似乎是把法律所规定的一般形式扩展到个人生活的无限细小的层面，或者说，它们看上去是能够使个人被整合进这些一般要求的训练方法。它们似乎是在另一种范围内构成了同类的法律，因而使之更精细也更宽容。纪律应该被视为一种反法律（counter-law）。它们具有引进不可克服的不对称性、排斥相互性的作用。首先，这是因为纪律在个人之间造成了一种"私人"联系。这是一种强制关系，完全不同于契约义务。接受一种纪律可以用契约来签字画押。但纪律的实施方式，它所调动的机制，一群人受到另一群人的不可逆的支配，永远属于一方的"过剩"权力，在共同的规章面前不同的"合作者"的不平等地位，这一切都使纪律联系区别于契约联系，并且使契约联系从具有一种纪律机制的内容之时起就可能受到系统的扭曲。譬如，我们知道，许多实际做法是如何破坏了劳动契约的法律虚构，因为工厂纪律并非是无足轻重的。此外，司法体系根据一般的规范来确定司法对象，而纪律则是对对象进行区分，归类和做出具体规定。它们按照一种尺度，围绕着一种规范进行分配，根据比较把人按等级排列，在必要时取消对象的资格。无论在何种时空，只要它们施展它们的控制，调动它们权力的不对称特点，它们就使法律暂时搁置，但绝不是全面地搁置，也不是废除法律。纪律虽然可能是有规律的和制度化的，但就其机制而言，它是一种"反法律"。而且，虽然现代社会的法律至上原则（juridicism）似乎划定了权力行使的界限，但是广泛流传的全景敞视主义使它能在法律层面之下运转一种既宏大又细密的机制，从而维持、强化和扩大权力的不对称性，破坏以法律为中心所划定的界限。细密的纪律，日常的全景敞视方式能够安之若素地在重大机构和重大政治斗争的层次下运作。但是，在现代社会的系谱中，它们与遍布社会的阶级统治一样，一直是对权力进行再分配的法律规范的政治对应物。因此，毋庸置疑的是，长期以来，细小的规训技术，规训所发明的表面上微不足道的技巧乃至那些使规训披上体面外衣的"科学"，都受到了重视。因此，人们十分担心如果抛弃了它们，会找不到其他替代物。因此，尽管它们是一系列使权力关系在一切地方都明显地不平衡的机制，人们都一再肯定它们是社会的基础、社会平衡的一个因素。因此，尽管它们是一组物理—政治技术，人们却执意视之为低级但具体的道德形式。

　　为了回到合法惩罚的问题上，应该把监狱及其可任意使用的全部改造犯人技术重新安置在这样一种位置上：在那里，法典化的惩罚权力转变为一种观察的规训权力；法律上的一般惩罚被有选择地应用于某些人，而且总是如此；刑罚对司法对象的重新界定变成对罪犯的有益训练；法律被颠倒方向，转化为自身之外的东西，反法律变成了司法形式的有效而制度化的内容。于是，使惩罚权力具有普遍性的，不是所有法律对象的普遍的法律意识，而是全景敞视技术的有规律的扩展，即其无限细密的网络。

3. 如果我们逐项来看的话，这些技术的大部分都有漫长的发展历史。但是，在18世纪令人耳目一新的是，由于它们结合起来并被赋予普遍意义，它们就获得了一种新的层面。在这个层面上，知识的形成和权力的增强有规律地相互促进，形成一个良性循环。在这一点上，纪律跨过了"技术的"门槛。首先是医院和学校，然后是工厂，不仅仅是被纪律"重新整顿"，而且由于有了纪律，它们变成这样一种机构，即任何客观化机制都可以被当作一种征服手段在它们里面使用，任何权力的增长都可以在它们里面促成某种知识。正是这些技术体系所特有的这种联系使得在规训因素中有可能形成临床医学、精神病学、儿童心理学、教育心理学以及劳动的合理化。因此，这是一种双重进程：一方面，通过对权力关系的加工，实现一种认识"解冻"，另一方面，通过新型知识的形成与积累，使权力效应扩大。

规训方法的扩展属于一种广阔的历史过程，在当时有其他许多技术——农艺学、工业和经济技术——正在发展。但是，应该承认，与采矿业、崭露头角的化学工业相比，与国家财务核算方法相比，与鼓风炉或蒸汽机相比，全景敞视主义几乎没有引起什么关注。它被人们视为一种异想天开的小乌托邦，一种反常的梦想。似乎边沁是一个设计警察社会的傅立叶

（Fourier）*，法朗斯泰尔（Phalanstery）就具有全景敞视建筑的形式。但是，这是对一种十分现实的对付个人的技术的抽象概括。它之所以不受称赞的原因很多，最明显的原因是，它所产生的话语除了在学术分类表中之外，很少获得科学地位。但是，实际原因无疑是，它所运用和加强的权力是一种人对人直接行使的物理权力。不光彩的显赫有一种不情愿承认的起源。但是，把规训技术与诸如蒸汽机或阿米奇（Amici）**的显微镜的发明相比较，是不公正的。规训技术远远不如它们，但在某种意义上又远远超过它们。如果必须为规训技术寻找一种历史等价物，至少是一个可比较的点，那么应该在"审问"技术中寻找。

18世纪的人发明了规训和检查的技术，就像中世纪的人发明了司法调查。但是，他们所使用的手段是截然不同的。调查程序是一种古老的财政和行政技术。它的发展首先是与12世纪和13世纪教会的改组和君主国的发展相联系的。当时，它在很大程度上先后渗透进教会法庭和世俗法庭的审判规程中。一种对被目击和可证实的真相的权威性调查，是与旧式的发誓、神裁法、法庭决斗、上帝的最后审判的方法乃至私下了结的方法格格不入的。调查乃是把通过一些有节制的技术来确定真相的权利归为己有的君主权力。现在，虽然调查自那时起已成为西方司法的一个组成部分，但是人们不应忘记它的政治起源，它与国家的和君主主权的诞生的联系，它后来的扩展和它在知识形成中的作用。实际上，在经验科学的建立中，调查

---

* 傅立叶（1772～1837），法国社会理论家，主张以生产者协会（法朗吉）为基础重建社会。他为法朗吉设计的建筑群名法朗斯泰尔。

** 阿米奇（1786～1863），意大利天文学家。

无疑一直是简陋的但却基本的因素。众所周知，这种经验知识是在中世纪末迅速释放出来的，而调查是这种知识的法律—政治母体。或许可以说，在古希腊，数学是从测量技术中诞生的；在中世纪末，自然科学在某种程度上是从调查实践中诞生的。涵盖世界万物的伟大经验知识把万物转述为一种不确定话语的秩序。这种话语观察、描述和确定"事实"（当时西方世界刚刚开始从经济和政治上征服这个世界）。这种伟大的经验知识无疑是从宗教法庭中找到自己的运作原型——我们现在的宽松气氛已经使我们淡忘了宗教法庭这个重大的发明。但是，正如政治—法律的、行政的和刑事的、宗教的和世俗的调查对于自然科学具有重大的意义，规训分析对于关于人的科学也具有同样重大的意义。关于人的科学在过去一个多世纪里曾使我们"人类"感到欢欣鼓舞，但它们的技术母体乃是这些卑微、恶毒、繁琐的规训及其调查。这些调查对于心理学、精神病学、教育学、犯罪学以及其他许多奇怪的科学的重大意义，与可怕的调查权力对于有关动物、植物或地球的冷静知识的意义是相同的。不同的权力产生不同的知识。在古典时代的开端，培根（Bacon）*为经验科学制定了一种调查方法论。有哪一个伟大观察家会给人文科学提供检查的方法论呢？当然，这种事情是不可能有的。因为虽然调查在成为经验科学的一种技术的过程中脱离了作为自身历史根源的审问程序，但是检查始终是与规训权力极其紧密地相连的。它是由后者塑造的。它一直是而且依然是纪律的一个内在因素。当然，它似乎曾经将自己与心理学和精神病学结合起来，从而经历了一种思辨的洗礼。而

---

* 弗朗西斯·培根（1561～1626），英国政治家、哲学家、语言大师。

且，实际上，它以考试、面谈、讯问和会诊的形式出现，显然是为了矫正规训的各种机制：教育心理学被认为是用于矫正学校的严厉刻板，医疗或心理谈话被认为是用于矫正工作纪律的后果。但是，我们不要产生误解。这些技术仅仅是把个人从一种规训权威转交给另一种规训权威，而且它们以一种集中的或程式化的形式复制每种规训特有的权力—知识图式（关于这个问题，参见 Tort）。促成自然科学出现的伟大调查已逐渐脱离了它的政治—法律原型，而检查依然被束缚在规训技术中。

在中世纪，调查程序通过一种来自上面的进程逐渐取代了旧的起诉式司法。而规训技术则是偷偷地似乎是从下面侵入基本上是审问式的刑事司法[*]。现代刑罚的所有重大的扩展变化——对罪行背后的罪犯的关注，对具有矫正、治疗和规范化作用的惩罚的关注，对被视为具有测量、评估、诊断、治疗和改造每个人的不同权力的权威的裁定行为的区分，所有这一切都表明规训检查渗透进司法审问。

现在刑事司法的应用点，即它的"有用的"对象不再是与国王肉体相对立的罪犯肉体，也不是一种理想契约的法律主体，而是受规训的个人。"旧制度"下刑事司法的极端表现是将弑君者碎尸万段。这是最强大的权力征服最严重的罪犯的肉体的表现。罪犯被彻底消灭就使得罪行彻底显示自己的真相。今天理想的刑罚目标应该是一种无限期的规训：一种无终止的审问，一种无限扩展乃至精细入微的调查，一种能够同时建立永不结束的卷宗的裁决，一种与冷酷好奇的检查交织在一起

---

[*] 起诉式司法是指法官与公诉人分开的公开审理被告的刑事诉讼方式，审问式司法是法官与检察官集于一身或秘密审讯的方式。

的精心计算的宽大刑罚，一种既不停地根据一种不可企及的规范测量差距又竭力促成无限逼近该规范的运动的程序。公开处决是宗教法庭支配下的一种程序的逻辑顶点。把个人置于"观察"之下的做法则是浸透了规训方法和检查程序的司法的自然延伸。因此，这种分格式监狱，配备有刻板的时间表、强制劳动、监视与记录机制以及接续并扩大法官职能的规训专家，已经变成现代的刑罚手段，对此有什么可惊异的吗？监狱与工厂、学校、兵营和医院彼此相像，对此值得大惊小怪吗？

注　释

〔1〕《万塞纳军事档案》，A 1，516 91 sc。该规定与当时和稍早时的其他规定大体相似。

〔2〕在1791年的《全景敞视监狱·后记》中，边沁在监视室周围增设了全部涂黑的监视走廊，从每一层走廊可以观察两层囚室。

〔3〕在《全景敞视监狱》的第一稿中，边沁还设想了一种音响监视；其操作是通过从囚室通到中心瞭望塔的管子进行的。在《后记》中，他放弃了这个想法，其原因也许是他无法在其中贯彻不对称原则，即无法防止犯人像监视者监听犯人那样监听监视者。朱利尤也试图设计一种不对称的监听系统（Julius，18）。

〔4〕边沁在设想川流不息的参观者通过地道进入中心瞭望塔观看全景敞视监狱的环形景色时，他知道同一时期巴克（Barker）正在建造的全景眺望台（Panoramas）。第一个眺望台大概是在1787年建成的。参观者站在这个中心位置可以一览无余地观看周围的景色，一个城市或一场战斗。参观者占据的恰恰是君主俯视一切的位置。

〔5〕在18世纪后半期，经常有人提议运用军队来监视与分割民众。17世纪时军队还有待于整顿纪律，而18世纪时则被视为具有传播纪律能力的力量。例如，可参见塞尔万：《公民士兵》，1780年。

〔6〕Arsenal，MS. 2565. 在这部分档案里，可以找到17、18世纪慈善协会的章程。

〔7〕勒梅尔（Le Maire）在应萨尔丁（Sartine）的请求写的一份备忘录中，回答了约瑟夫二世关于巴黎警察的16个问题。该备忘录于1879年由加吉埃（Gazier）发表。

第四部分

监　狱

第一章　彻底而严厉的制度

如果说监狱是与新法典一起诞生的，那就大错特错了。监狱这种形式在刑法体系系统地使用它之前就存在了。当整个社会处在制定各种程序——分配人员，固定他们的空间位置，对他们进行分类，最大限度地从他们身上榨取时间和力量，训练他们的肉体，把他们的连续动作编入法典，维持他们的彻底可见状态，在他们周围形成一种观察和记录机器，建立一套关于他们的知识并不断积累和集中这种知识——时，监狱已经在法律机构之外形成了。如果一种机构试图通过施加于人们肉体的精确压力来使他们变得驯顺和有用，那么这种机构的一般形式就体现了监狱制度，尽管法律还没有把它规定为典型的刑罚。诚然，在18世纪和19世纪之交，有一种拘留刑罚。但是，这实际上是刑罚对已经在其他地方形成的强制机制的接受。刑事拘留的"原型"——根特监狱、格洛斯特监狱和沃尔纳街监狱——标志着这种转变的最早几个明显可见的点，而不是标志着革新或起点。监狱这个惩罚武库中的一个基本因素，确实标志着刑事司法历史上的一个重要时刻：刑事司法走向"人道"。但是，它也是新的阶级权力正在展开的那些规训机制的历史上的一个重要时刻：规训机制征服了法律制度。在那个世纪之交，一种新的立法把惩罚权力规定为社会以同样方式对所有社会成员施展的一般职能，在这种权力面前，一切人都是平等的；但是在把拘留变为典型的刑罚时，新立法引进了某种权力特有的支配方式。司法被说成是"平等"的，法律机制被说成是"自治"的，但是它们包含着规训征服的一切不对称性。这种状况就标志着监狱这种"文明社会的刑罚方式"（Rossi，169）的诞生。

人们能够理解为什么监狱惩罚旋即便具有了不言而喻的性质。在 19 世纪最初几年，人们还把它视为新奇之物。但是它显得与社会的职能本身是如此紧密而深入地联系在一起，以致它把 18 世纪改革家所设想的其他一切惩罚手段都抛进忘川。它似乎是历史运动本身的产物，人们别无选择。"立法者使监狱成为我们目前刑罚体制的基础和几乎全部内容，并不是出于偶然，也不是兴之所至。这是观念的进步和道德的改善。"（Van Meenan，529～530）此外，虽然一个世纪之后，这种不言而喻性有所改变，但它并没有消失。我们都意识到监狱的各种弊病，知道虽然它并非无效，但也是有危险的。然而人们无法"想象"如何来取代它。它是一种令人厌恶的解决办法，但是人们似乎又不能没有它。

监狱的"不言而喻"的性质，即我们发现很难割舍它，首先是由于它采用了"剥夺自由"的简单形式。在一个自由受到推崇、自由属于一切人、每个人都怀着一种"普遍而持久"的情感向往自由的社会里，监禁怎么会不成为典型的刑罚呢？这是因为失去自由对一切人都是同样重要的。与罚款不同，这是一种"平等"的惩罚。监禁是最明晰、最简单、最公平的刑罚。此外，它能够用时间来量化刑罚。在工业社会里，有一种工资形式的监禁。这种形式构成了它在经济上的"自我证明"，能够使监禁显得是一种补偿。通过征用犯人的时间，监狱似乎具体地体现了这样的观念：罪行不仅伤害了受害者而且伤害了整个社会。按日、月和年头计算，确立罪行与时间之间的量化等式，这样一种刑罚具有经济—道德的自我证明。于是，人们就经常听到这种与严格的刑法理论相悖却与惩罚的运作相一致的说法，即坐牢的人是在"还债"。在我们这个社会中，用时间来衡量交换是"自然"的，监禁也同样是"自然"的。[1]

监狱的自我证明还基于它自身的角色。它被设想为或被要求成为一种改造人的机构。当监狱进行监禁、再训练，从而造就驯顺者时，纯粹是稍稍有点强化地模仿了在社会中已有的各种机制。在这种情况下，监狱怎么会不被人们一下子就接受了呢？监狱很像是一个纪律严明的兵营、一所严格的学校、一个阴暗的工厂。监狱与它们没有实质上的差别。这两重基础——法律—经济基础和技术—规训基础——使监狱似乎显得是所有刑罚中最直接和最文明的形式。而且正是这两重作用使它坚实可靠。有一点是很清楚的：监狱不是先有剥夺自由的功能，然后再增添了教养的技术功能。它从一开始就是一种负有附加的教养任务的"合法拘留"形式，或者说是一种在法律体系中剥夺自由以改造人的机构。总之，刑事监禁从19世纪初起就包括剥夺自由和对人的改造。

让我们回顾一些历史事实。在1808年和1810年的法典以及在此前后的一些措施中，监禁从未被混同于纯粹的剥夺自由。它是或者只能是一种有差别的和最终的机制。有差别是因为，不论囚犯是已被判刑的还是仅仅受到指控，不论他属于轻微违法还是刑事犯罪，监禁只能采取同样的形式，但是，各种类型的监狱——拘留所、教养院、中央监狱——应该在原则上或多或少与这些差异相对应，所实行的这种惩罚不仅仅应该在强度上有等级差别，而且在目的上也应各有不同。因为监狱从一开始就有一个明文规定的宗旨："刑罚有轻有重，刑法不能允许被判处较轻刑罚的人与被判处较重刑罚的人关在同一个地方，……虽然法律规定的刑罚是以抵罪为主要宗旨，但也希望能使犯人改恶从善。"（Real，244）而这种改造应该是监禁的内在效果之一。监禁—惩罚需要有相应的监禁机构："监狱中应井然有序。这将大大有助于犯人的新生。恶劣的教养、坏榜样的习染、游惰……造成了犯罪。那么，就让我们尽量把这一切腐败渊薮堵塞住，让健康道德的准则在监狱中畅行无阻。被强制劳动的犯人会逐渐最终喜欢劳动，当他们获得报酬时，他们将获得劳动的习惯、兴趣和需求。让他们彼此成为劳动生活的榜样。劳动生活很快就将变成一种纯洁的生活。他们很快就会开始对过去有所悔悟。这是产生责任感的先兆。"[2]教养改造技术直接形成刑事拘留的制度框架的一个部分。

我们还应回顾一下监狱改革的运动，因为对监狱功能加以控制并不是一种新近出现的现象，而且似乎也不是由于对其失误有某种认识。监狱"改革"实际上是与监狱本身共始终的。可以说它构成了监狱的发展内容。从一开始，监狱就受制于一系列相伴随的机制。后者的宗旨显然是纠正监狱的失误。但是后者似乎成为监狱本身功能的一部分。它们与监狱的联系极其紧密，并贯穿了监狱的全部历史。因此，随即便产生了关于监狱的繁琐冗长的技术研究，产生了一系列的调查。其中包括

1801 年夏普塔尔（Chaptal）的调查（其任务是研究用什么办法把现代监狱制度引入法国）、1819 年德卡兹（Decazes）的调查、1820 年问世的维勒梅（Villermé）的著作、1829 年马蒂尼亚克（Martignac）起草的关于中央监狱的报告、1831 年博蒙（Beaumont）和托克维尔（Tocqueville）在美国进行的调查、1835 年德梅茨（Demetz）和布鲁埃（Blouet）在美国做的调查。另外还有在进行关于单独囚禁的辩论时，蒙塔利维（Montalivet）对各中央监狱的总监和各省政务会的问卷调查。此外还产生了一系列的协会，监督监狱运作和提出改革措施，如 1818 年官方组织的"改善监狱协会"，稍后产生的"监狱协会"以及其他各种慈善团体。从 1814 年 9 月第一次复辟提出的从未付诸实行的改革，到 1844 年托克维尔起草的法案（该法案暂时结束了关于提高监禁效率的手段的长期辩论），出现了数不胜数的命令、指示和法律。为了改善机械刻板的监狱，各种方案纷至沓来[3]：有关于犯人待遇的改革计划，有改善物质条件的方案，其中有些方案，如丹茹（Danjou）和阿鲁·罗曼（Harou Romain）的方案，始终停留在纸上，有些则变成了指示（如 1841 年 8 月 9 日关于建立拘留所的通知），还有些则变成了现实，如小罗盖特（Petite Roquette）监狱。在这个监狱实行分格式监禁，这在法国还属首创。

此外，还有一些或多或少直接出自监狱的出版物。有的是由诸如阿佩尔（Appert）的慈善家写的，有的是由稍后的"专家"编写的（如《慈善事业年鉴》）[4]，有的则是由获释的犯人编写的。在复辟末期有《穷雅克》，在七月王朝初有《圣佩拉吉报》。[5]

不应把监狱看成只是间歇地被改革运动所撼动的、死气沉沉的制度。"监狱理论"是一系列连续不断的操作指令，是监狱运作的一个条件，而不是对它的偶尔批评。监狱一直是一个活跃的领域。在这里，方案、建议、实验、理论、亲历见证和调查层出不穷。监狱制度一直是人们关注和辩论的焦点。那么，监狱还是一个黑暗的、被遗弃的领域吗？近二百年的时间里人们已不再这样说了。但这足以证明它不是这个样子吗？在变成一种合法的惩罚手段后，它使得关于惩罚权的古老的法律—政治问题又增添了围绕着改造个人的技术的各种问题和讨论。

巴尔塔尔把监狱称作"彻底而严厉的制度"（Baltard，1829）。在若干方面，监狱必须是一种彻底的规训机构。首先，它必须对每个人的所有方面——身体训练、劳动能力、日常行为、道德态度、精神状况——负起全面责任。学校、工厂和军队都只涉及某些方面的专业化，而监狱远远超过它们，是一种"全面规训"的机构。其次，监狱没有任何外界干扰，也没有任何内部断裂。直到它的任务彻底完成之前，它不可能被打断。它对人的压力也不应被打断。它实行的是一种不停顿的纪律。最后，它对犯人施展一种几乎绝对的权力。它具有压迫和惩罚的内在机制，实行一种专制纪律。它最大限度地强化了在其他规训机制中也能看到的各种做法。它应该是能够最强有力地迫使邪恶者洗心革面的机制。它的行动方式是强制实施一种全面的教育："在监狱中，政府可以任意剥夺犯人的人身自由和任意处置他们的时间；由此人们可知这种教育权力是如何运作的。它可以不仅在一天之内，而且在连续的岁月里管制起床和睡觉、活动和休息的时间，吃饭的次数和时间，食品的质量和份额，劳动的性质和产品，祈祷的时间，语言的使用，甚至思想的使用。总之，这种教育就是简单地控制着肉体在餐厅到车间再到囚室之间的运动，甚至在休息时也是如此。它决定时间的使用，时间表。简言之，这种教育占据了整个的人，占据了人的全部体力和道德能力，占据了人的全部时间。"（Lucas，II，123～124）这种彻底的"教养制度"建立了一种生存记录。它既不同于纯粹法律上的剥夺自由，也不同于观念学派的时代改革者所设想的简单的训诫机制。

1. 监狱的首要原则是隔离。使犯人与外部世界、与促成犯罪的一切事物、与促成犯罪的集团隔离开，使犯人彼此隔离。刑罚不仅应该是因人而异的，而且应该使犯人个人化（有两种方式）。首先，监狱应该被设计成本身就能消除由于将不同的犯人集中在同一个地方所产生的有害后果，能够消灭阴谋和造反，防止将来（在犯人获释后）形成受胁迫的集团关系，应该成为许多"神秘组织"的道德败坏行为的一个障碍。总之，监狱应该把它所集中起来的坏人变成一批相同的和相互依赖的人："这个时刻在我们中间存在着一个有组织的罪犯社会。……他们在一个大民族中组成了一个小民族。这些人几乎全部在监狱中见过面或几次相见。我们现在必须打散这个社会的成员。"（托克维尔《致议会的报告》，转引自 Beaumont & Tocqueville，392～393）其次，单独囚禁能够使人反省，随后肯定会产生悔恨。因此单独囚禁是一种积极的改造手段："使犯人陷入孤独，他就会反省。由于他单独面对自己的罪行，他就会逐渐痛恨这一罪行。如果他的灵魂还没有被邪恶泯灭，那么在孤独状态中悔恨就会来侵扰他。"（Beaumont & Tocqueville，109）单独囚禁能够实现某种刑罚的自我调节，能够造成一种惩罚的自动个人化：越是有反省能力的犯人，越易于犯罪。但是，他越易于悔恨，单独囚禁对于他就越痛苦。然而，当他真心痛改前非后，孤独就不再使他感到难以忍受了。"因此，根据这种令人赞叹的规训方法，每一种理智和每一种道德本身都具有一种惩罚的原则和尺度，它的失误和人的错误并不能改变事物的确定性和永恒不变的公平。……这不的确像是一种神圣正义的标志吗？"（Aylies，132～133）最后，也许最重要的是，隔离犯人能够保障以最大的强度来对他们使用权力，这种权力将不会被其他任何影响颠覆。隔离是实现彻底服从的首要条件。夏尔·卢卡（Charles Lucas）在谈到狱长、训导员、牧师和其他"慈善人员"对被隔离的犯人的作用时说："不难想象人们的言语介入可怕的沉默惩戒时对心灵，对人的力量。"（Lucas，I，167）隔离造成了犯人与施加于他的权力之间的亲密交流。

正是在这一点上，产生了关于美国两种监禁制度即奥本（Auburn）和费城的监禁制度的争论。实际上，这场影响广泛、旷日持久的争论[6]仅仅集中于应该以何种方式实行隔离，而隔离则是为各方都接受的。

奥本模式规定，夜间使用单人囚室，白天劳动和进餐都在一起，但要保持绝对安静，犯人只能在得到看守的同意后小声地与看守说话。这显然是模仿修道院模式，也是模仿工厂的纪律。监狱应该是一个严格符合下列标准的微观社会：每个人的道德生活都是隔绝的，他们组成一个严格的等级序列，彼此没有横向联系，只能上下沟通。奥本制度的鼓吹者认为，它的优点在于，它是社会本身的一个复制品。它的强制性的保障是物质手段，但首先是一种人们必须学会遵从的统治，而这种统治的保障是监视与惩罚。对待犯人，与其"像对待笼中的野兽那样用锁和钥匙"来控制，不如把他们集中起来，"用有益的活动把他们聚在一起，强迫他们养成良好的习惯，通过活跃的监视来防止道德污染，通过沉默的统治来维持犯人的反省"。这种统治使犯人习惯于"把法律视为神圣的戒律，违反它将导致公正合理的惩戒"（Mittermaier，载《法国人和外国人的立法观》，1836）。因此，这种隔离、不准交流的集中以及由不间断的监督所保证的法律的实施，应该把犯人恢复为社会的人。这种操作应把犯人训练得适应"有益而顺从的活动"（Gasparin）。它应使犯人恢复"友好交往的习惯"（Beaumont & Tocqueville，112）。

在费城监狱实行的是绝对隔离。按照人们的设想，使犯人获得新生的不是某种习惯法的运用，而是个人与自己良心的关系。[7] "犯人被单独关在囚室里，他被交给了自己。在一片沉寂之中，他情欲俱灭而沉浸于自己的良心。他扪心自问，感受到作为一个人的绝不会彻底泯灭的天良在觉醒。"（《经济学家杂志》，II，1842）因此，对于犯人起作用的不仅仅是外在的对法律的尊重或对惩罚的恐惧，还有良心本身。这是一种深刻的征服，而不是一种表面的驯服；这是一种"道德"的转变，而不是态度的转变。在宾夕法尼亚监狱里，唯一的教养改造机制是良心和它所面对的沉默的建筑。在樱桃山（Cherry Hill）监狱，"高墙就是对犯罪的惩罚。单人囚室使犯人与自己对质。他被迫倾听自己的良心说话"。因此，在那里劳动更具有慰藉性质而不是义务。巡视员不必使用强力——这是由事物的物质性决定的——因而他们的权威也会被承认："在每次巡视时，这张可信赖的嘴里就会吐出一些仁慈的言语，使犯人由衷地产生感激、希望和慰藉。犯人爱戴看守，这是因为看守是耐心的和通情达理的。高墙是可怕的，但人是好的。"（Blouet）在这种封闭的囚室里，在这种人间坟墓中，复活新生的迷思（myth）很容易产生。在黑夜和沉寂之后，就将是新的生活。奥本是还原为基本要素的社会。樱桃山则是死而复生之地。天主教很快就把公谊会的这种技术吸收进自己的话语中。"我看你的囚室无异于一个可怕的坟墓。不是蛆虫，而是悔恨与绝望在啮蚀你，把你提前打入地狱。然而，……它对于一个渎神的犯人是一个坟墓，一个可憎的埋骨瓮，但对于一个真诚的基督徒犯人则是幸福永生的摇篮。"[8]

由这两种模式的对立产生了一系列的各式各样的争论：宗教争论（信仰转变应该是教养的主要因素吗？）、医学争论（彻底隔离会使犯人精神失常吗？）、经济方面争论（哪种方法花费更少？）、建筑学和行政管理方面争论（哪种形式能保证实现最充分的监督？）。无疑，这就是为什么这场争论旷日持久的原因。但是，争论的核心，也是争论之所以产生的原因是这种"监狱"机构的主要宗旨：通过中断所有不受权力当局监视的或不按等级排列的关系，强制地实行个人化。

2．"除用餐外，工作伴随着犯人直到晚祈祷。然后一次新的睡眠使他有一个不受任何胡思乱想干扰的愉快休息。每周六天时间就这样度过。继之而来的一天完全用于祈祷、受训和有益身心的冥思。每周、每月、每年就这样度过。犯人在刚进来时是一个反复无常的人，或对自己的反常执迷不悟、要用各种恶习毁灭自己的人。然后，他会逐渐养成一种习惯。这种习惯开始纯粹是外在的，但很快就变成第二天性。他会熟悉工作并享受工作的乐趣。如果明智的教育能使他的灵魂深感悔恨，那么当他最终恢复自由时，他会更坚定地面对各种诱惑。"（Julius，417～418）工作同隔离一起被确定为监狱改造的有效手段。早在1808年法典中就对此做了规定："虽然法律施加的刑罚以抵罪为其目的，但刑罚也旨在改造犯人。万恶的游惰使犯罪者走进监狱，并在监狱中与他重逢。它控制了他，使他彻底堕落。如果能够把犯罪者从游惰中解救出来，这双重目的也就实现了。"[9]工作既不是拘留制度的补充，也不是对它的矫正。不论是涉及强制劳动，还是涉及幽禁或监禁，这位立法者*认为工作必须与之相随。但是，这里所考虑的必要性完全不是18世纪改革者们所说的那种必要性。后者是希望监禁成为一种对公众的儆戒或者是对社会的有益补偿。在监狱制度中，工作与惩罚的关系则是另一码事。

　　复辟时期与七月王朝时期发生的几次辩论，揭示了犯人劳动的功能。首先，关于工资问题有过一次争论。法国犯人的劳动是有报酬的。这就提出了一个问题：如果监狱中的工作是有报酬的，那么这种工作实际上就不是刑罚的一部分；因此犯人就可以不去完成它。此外，工资是对工人技能的奖赏，而不是对犯人进步的奖励："最恶劣的犯人几乎总是最灵巧的工人。他们获得最高的报酬，因此他们也是最放肆、最不肯悔过的。"（Marquet-Wasselot，转引自Lucas，324）这方面的争论从未完全停息过，在19世纪40年代初又激烈起来。当时正值经济危机，工人骚动，工人与犯人的对立也开始明朗化。工人举行罢工，反对监狱工厂。当时肖蒙（Chaumont）的一个手套制造商在克莱尔沃（Clairvaux）监狱成功地组建了一个工

---

* 指拿破仑。

厂。工人对此表示抗议，宣称他们的劳动蒙上了耻辱。他们占领了工厂，迫使雇主放弃了初衷（见 Aguet，30～31）。工人的报纸也展开了一场宣传战。第一个主题是，政府鼓励犯人劳动是为了压低"自由"工资。第二个主题是，监狱工厂的弊端对于妇女更为明显。妇女因此而失去工作，被迫卖淫，然后因此而进监狱。当这些妇女自由时，她们不能工作。她们进了监狱后又与那些仍在工作的妇女竞争（《工厂报》，第 3 年，第 4 期，1842 年 12 月）。第三个主题是，犯人获得了最保险的职业——"盗贼在温暖安全的条件下从事制帽和制造家具的工作"，而失业的制帽工则被迫"到'人类屠宰场'做铅白（有毒的含铅白色颜料——中译者注），每天挣两个法郎"（《工厂报》，第 6 年，第 2 期，1845 年 11 月）。第四个主题是，慈善事业对犯人工作条件的关心胜过对自由工人工作条件的关心："我们敢说，如果犯人工作时与汞打交道，科学界会非常关注，其热心程度远超过设法保护工人不受水银气的危害。有些人会惊叹'这些可怜的犯人'。他们对镀金工人则几乎不置一词。然而，你又能期待什么呢？人们只能以杀人或抢劫来唤起同情和关心。"最主要的主题是，如果监狱愈益倾向于变成工厂，那么不如趁早把乞丐和失业者送到那里，从而改造法国的"总医院"或英国的劳动院。此外，还有许多请愿书和信件，在 1844 年法令颁布后更是有增无减。有一份被巴黎议会驳回的请愿书"发现有人竟残忍地建议用凶手和盗贼来做今天数千之人赖以生存的工作"。"议会宁要巴拉巴斯（Barrabas），也不要我们。"（《工厂报》，第 4 年，第 9 期，1844 年 6 月和第 5 年，第 7 期，1845 年 4 月；另参见同一时期的《温和的民主》）印刷工人听说要在默伦（Melun）监狱里建立一个印刷厂时，向大臣递交了一封信。信中说："你是在受到法律公正惩罚的罪人与为了养家糊口和国家繁荣而省吃俭用、诚实劳作的公民之间做出了抉择。"（《工厂报》，第 5 年，第 6 期，1845 年 3 月）

政府和有关部门对这些宣传的答复大同小异。犯人劳动不能被指责为造成失业的原因：它的范围有限，产品很少，不可能对经济产生全面的影响。它本身确有价值，但不是由于它是一种生产活动，而是由于它对人体机制具有作用。它是秩序和规律化的一个要素。通过它所提出的要求，它令人难以察觉地传递了一种严厉的权力。它使肉体屈从于有规律的运动；它排除骚动和涣散；它确立一种等级体系和一种监视，这种等级和监视已愈益被人们所接受，也更深入地铭入犯人的行为举止中，因为它们是它的逻辑的组成部分：实行了工作制度，"在监狱里就确立了统治。这种统治毫不费力，无须使用任何压迫和暴力手段。通过安排犯人活动，人们就培养了他的守秩序和服从的习惯。人们使懒汉变得勤奋而活跃……随着时间的推移，他就会在有规律的监狱生活中、在他所从事的体力劳动中找到……某种医治他的胡思乱想的秘方。"（Bérenger）犯人劳动应该被视为把狂暴躁动、不动脑筋的犯人改造为循规蹈矩的角色的机制。监狱不是工厂。它是而且按其本性应该是一台机器，犯人—工人既是它的部件，又是它的产品。它"不停地占据着他们，唯一的目的就是填满他们的时间。当肉体被刺激起来、思想关注于某个特定对象时，那些胡思乱想就会消失，灵魂会重归于平静"（Danjou，180）。说到底，如果说监狱劳动有某种经济效益的话，那么这是因为它按照工业社会的一般规范制造出机械化的个人："工作是现代人的天命。它取代了道德，填补了信仰留下的空白。它被视为万善之源。工作应该成为监狱的信条。对于一个机器社会，需要有纯粹机械的改造手段。"（Faucher，64；在英国，"踩踏车"*和手摇泵就提供了一种没有终极产品的、规训犯人的机械化方式。）这是在制造机器人，也是在制造无产阶级。实际上，当人们只有"两只从事任何有益工作的手"时，他们就只能"通过从事某种职业，靠自己劳动的产品生活，或者通过盗窃，靠别人劳动的产品生活"。然而，即使监狱不强迫犯人工作，它似乎也被再次纳入这种体制，只不过是间接地通过征税，使某些人占用其他人的劳动："游惰问题（在监狱里）与在社会上毫无二致。如果犯人不靠自己的劳动生活，那么他们就靠别人的劳动生活。"（Lucas，II，313～314）劳动使犯人能够自给，同时也把盗贼变成了驯顺的工人。这就是给犯人劳动付酬的功利所在。它把"道德的"工资形式作为犯人生存条件加于犯人。工资灌输着对工作的"热爱和习惯"（Lucas，II，243）；工资使这些不懂得"我的"和"你的"之区别的恶人有了私有财产观念——"人们靠自己的汗水挣来的东西"的观念（Danjou，210～211；另参见《工厂报》，第6年，第2期，1845年11月）；工资还使那些胡乱挥霍的人懂得节省和计划（Lucas；犯人日薪的三分之一被扣留，到他离开监狱时发给他）。最后，由于工资是按工作数量计算的，因此它能够从数量上体现犯人的劳动积极性和改过自新的进步（Ducpétiaux，30～31）。犯人劳动的工资不是对生产的奖励，而是对犯人改造的鞭策与衡量手段。它是一种法律虚拟，因为它不表示劳动力的"自由"转让，而是一种被假定为有效的教养技术的谋略。

---

* 踩踏车，系用脚操作的机器，工作单调，用于惩罚犯人。

那么，犯人劳动的价值是什么？不是利润，甚至也不在于培养某种有用的技能，而在于建立一种权力关系，一种空洞的经济形式，一种使个人服从和适应某种生产机构的模式。

监狱劳动的典型形象就是克莱尔沃的女犯车间。这种人性机器的安静与严密使人联想到管束严格的女修道院："在一个高座上坐着一名妇女，座位上方是一幅耶稣受难图。在她面前有两排犯人在完成她们的任务，因为基本上都是做针线活，所以要不断地维持绝对的安静。……在这些大厅里，似乎空气也在忏悔和赎罪。人们会被自然而然地带回到这个古老地方的久远时代，会想起那些自愿的忏悔者，她们把自己幽闭在这里而告别人世。"人们可以把这种情况与下面这段描述比较一下："到棉纺厂去，听一听工人的交谈和机器的奏鸣。这些机械运动的有规律性和可预见性与由许多男人、女人、儿童相互接触所产生的观念和道德的混乱形成对照，世上还有比这更鲜明醒目的反差吗？"（Faucher，20）

3. 监狱以一种更重要的方式超出了纯粹的剥夺自由。它愈益变成一种调节刑罚的工具。它通过执行委托给它的判决，似乎有权至少部分地行使判决的权力。当然，在19世纪，甚至在20世纪，除了有限的形式（通过特赦、假释和组织教养院的间接方式）外，监狱并没有被赋予这一"权利"。但是，应该指出，从一开始监狱管理部门的负责人就要求享有这种权利，以为它是监狱充分发挥作用的条件，是保证监狱有效地完成法律赋予它的改造任务的条件。

惩罚的期限也有同样的情况。它能够准确地量化刑罚，根据情况划分刑罚的等级，赋予合法的惩罚某种多少公开的工资形式。但是，如果惩罚的期限在判决中被一成不变地确定下来，那就可能不利于改造犯人。徒刑的期限不应该是罪行的"交换价值"的量化。它应该根据犯人在监禁期间的"有效"转变来调整。它不是一种时间标尺，而是一种完成的时间。它是一种运作形式，而不是工资形式。"慎重的医生是根据病人是否达到最佳疗效来结束或继续他的治疗。同样，在这两种假设中的第一种情况，赎罪也必须结束于犯人的彻底改造。因为在这种情况下拘留已变得毫无意义，而且从这时起拘留对于改造好的人是不人道的，对于国家也是一种徒然的负担。"[10]因此，计算恰当的刑罚期限不仅应根据罪行及犯罪环境，而且应根据刑罚实际发生的作用。这就是说，刑罚应该因人而异，这样做不是基于犯罪的个人、犯罪行为的司法主体、犯罪的责任者，而是基于被惩罚的个人、被监督改造的对象、被关在监狱里、被监狱机构改造或对之做出反应的个人。"这完全是一个改造作恶者的问题。一旦改造完成，犯人就应返回社会。"（Lucas，转引自《判决公报》，1837年4月6日）

拘禁的性质和内容再也不应完全取决于犯罪性质。司法惩罚根本没有作为明确标志犯人性质的符号的价值，根本不考虑犯人是否能被改造。具体地说，虽然刑法承认了犯罪与犯法的区分，并制定了相应的监禁与苦役监禁的区分，但是犯罪与犯法的区分从改造的角度看是没有操作价值的。1836年当司法部进行调查时，各中央监狱的狱长几乎都持有这种观点："违法者一般来说是邪恶的。……在犯罪者中，有许多是因一时冲动或屈从于一个大家族的需要而犯罪的。""犯罪者的表现要比违法者的表现好得多。前者比后者更驯从，更努力工作，后者一般是些扒手、流氓和懒汉。"[11]因此，人们认为，惩罚的严厉程度不应与犯法的严重程度成正比，不应一次就决定下来。

作为一种改造活动，监禁既有自己的要求，也有独特的风险。它的阶段划分、严厉程度的临时加强和持续减弱都取决于它的效果。夏尔·卢卡称之为"道德的机动分类"。自1825年在日内瓦监狱实行分级渐进制度起，法国经常有人对此加以鼓吹（Fresnel，29～31）。它采取了三个区域的形式：一般犯人的考验区、惩罚区以及走上改造之途的犯人的奖励区（Lucas，Ⅱ，440）。或者也可以说它采用四阶段制：威吓阶段（剥夺工作和任何内部或外界联系），劳动阶段（隔离但从事工作。在经过被迫的无所事事阶段后，劳动就会被当作一种恩惠而令人高兴），道德训诫（监狱管理人和官方巡视者不时地来做"报告"），集体劳动阶段（Duras）。虽然刑罚的本源确实是一种法律决定，但它的管理、它的状况和它的严厉程度则应属于一种在制造刑罚效果的机构中监督这种效果的独立机制。这是一整套奖惩制度，它不仅应能使犯人遵从监狱规章，而且应能使监狱有效地影响犯人。司法机关本身逐步接受了这种观点："在被征求关于一项涉及监狱的提案的意见时，最高上诉法院认为，人们对于实行奖励的主张无须大惊小怪，无论奖励的办法或者主要是金钱，或者是一顿美餐，甚至是缩短刑期。如果说有什么东西能在犯人心中唤醒善恶观念，使他们进行道德反省，提高他们的自尊，那就是获得某种奖励的希望。"（Lucas，Ⅱ，441～442）

应该承认，司法机关不能直接控制所有这些修改执行中的刑罚的程序。实际上，这种措施按其定义来说，只能在判决之后进行干预，只能针对罪行之外的东西。因此，当涉及使刑罚的运用因人而异和灵活多变的问题时，监狱管理人员就应该有必要的自主权。巡视员、监狱长、牧师或训练员比那些掌握刑法权力的人更能行使这种矫正职能。对这种刑罚的内部调节——减轻甚至中止刑罚——起决定作用的应该是他们的判断（观察、鉴定、分析、报告、分类），而不是对罪行属性的判决。1846 年，邦奈维尔在提出特赦方案时，把特赦定义为："预先得到司法机关批准的管理权限，即在一段充分的赎罪期之后使完全改造好的犯人获得暂时的自由，但只要受到任何微小的确凿指控，他将被重新关进监狱。"（Bonneville，5）这种"专断性"在旧的刑事制度中使法官有权调整刑罚，使君主可以随意地无视刑法。现代法典废除了司法权力的专断性。但是，它却渐渐地在那种管理和监督惩罚的权力旁边重新形成。这是看守们所拥有的知识的统治。"他（看守）是奉命进行统治的真正长官，宛如监狱的君主。……他应该兼有最杰出的品质和对人的深刻知识，才能不辜负他的使命。"（Bérenger）

　　这样，我们就看到了一个原则。这个原则是由夏尔·卢卡明确阐述的。虽然它标志着现代刑法运作的真正开端，但是今天只有极少数的法学家敢毫不犹豫地承认它。让我们把它称作《监狱独立宣言》。它主张，这种权利不仅应该是拥有管理自主权的权力，而且也应该是惩罚权力的一部分。这种对监狱权力的肯定，提出了一个原则：刑事判决是一个专横任意的统一体；它应该被打破；刑事法典的编纂者正确地区分了立法层次（它对行为进行分类并规定相应的刑罚）和司法层次（进行审判）；今天的任务是对司法层次进行分解；人们应该从中区分出确实属于司法的东西（不是评定行为而是评定行为者，衡量"使人的行为具有形形色色道德色彩的动机"，从而矫正立法者的评定）；给"教养所裁决"以自主权，因为这种裁决可能是最重要的；相形之下，法庭的评定仅仅是一种"先期判决方式"，因为行为者的道德"只能在考验中（评定）。因此法官转而需要对他的评定进行必需的矫正监督，而这种监督是由教养监狱提供的"（Lucas，Ⅱ，418～422）。

因此，人们可以从合法拘留的角度，谈论监禁方面的暴行，即从"司法"角度谈论"监狱"事务。现在可以看得很清楚，这种暴行从监狱诞生之日起就存在于实际活动和设计方案中。它不是后来出现的一种副作用。这种重大的监狱机制是与监狱的运作本身密切相连的。这种自治的标记明显地表现在看守们所不断采取的"无益"的暴行中或拥有一个封闭团体的全部特权的管理部门的专制统治中。其根源则恰恰在于，事实上监狱被要求成为"有益"的，剥夺自由——法律对想象财产的征用——从一开始就必须起一种积极的技术作用，即对人进行改造。而为了进行这种运作，"监狱"机构诉诸三种重大模式，实行个人隔离和建立等级关系的政治—道德模式，把力量用于强制工作的经济模式，进行医治和使人正常化（规范化）的技术—医学模式。这就是单人囚室、工厂和医院。监狱中拘押之外的领域实际上是由规训技术填充的。而这种司法领域的规训补充物就是所谓的"教养所"。

这种补充并非轻而易举地被人们所接受。从一开始这就涉及一个原则问题：刑罚应该仅限于剥夺自由。德卡兹说："法律应该追随着犯人，进入它把他送进的监狱里。"（Decazes）他的观点与现在的统治者一样，只不过语言更生动。但是，很快——这是很值得注意的——这些争论就变成了一场争夺对这种补充的教养因素的控制权的斗争。法官们要求获得监督监狱机制的权力："犯人的道德启蒙需要有许多的人合作。只有通过巡视以及监督委员会和慈善协会的工作，才能实现这一点。

这就需要有辅助人员，而法官应该提供这种人员。"〔Ferrus，viii；1847 年的一项法令建立了监督委员会）从这时起，教养制度就十分牢固地确立了，不再有取消它的议论了。问题变成如何控制它了。这就使法官们对此魂牵梦萦。一个世纪之后，还产生了一个畸形的杂交品种：地方行政官有权决定刑罚。

然而，如果说已超出了单纯拘押作用的教养所，不仅能够站住脚跟，而且能够吸引整个刑事司法并使法官耿耿于怀，那么这是因为它能够把刑事司法引入知识关系中——知识关系由此变成刑事司法的无尽头的迷宫。

监狱这个执行刑罚的场所也是观察受罚者的场所。这有两种形式：监视与认识。监视是不言而喻的，认识是指了解每个犯人，他的表现、他的深层精神状况、他的逐渐进步。监狱应该被视为形成关于犯人的临床知识的场所。"教养制度不可能是一个先在的概念。它是社会状况的一种归纳。就像健康会受到损坏一样，也有道德疾病。治疗将根据疾病的位置和趋势来进行。"〔Faucher，6）这就涉及两种基本机制。一方面，应该将犯人置于持续的观察之下。另一方面，每一项关于犯人的报告都应被记录和考虑。全景敞视建筑——既能监视又能观察，既安全又能获得知识，既能针对个人又能统观全局，既能隔离又能透明——的想法在监狱中找到了实现自己的最佳场所。虽然全景敞视方式作为具体的行使权力方式已变得极其普遍，至少它们的不那么集中的形式已然如此，但实际上，只是在教养所机构中边沁的乌托邦才能充分地通过物质形式体现出来。在19 世纪 30 年代，全景敞视建筑成为大多数监狱设计方案的建筑学纲领。它最直接地体现了"砖石纪律的智慧"（Lucas，I，69）；它能够使建筑物最直接地向权力机构敞开一切；[12] 它能使温和有效的全面监视一举取代暴力或其他粗暴压制方式；它能最直接地根据最新的人道主义的法典和教养理论来安排空间："因此，不论是当局还是建筑师，都应该懂得，监狱究竟应依据温和的刑罚原则还是依据一种改造犯人的制度来设计。由于立法已经触及到民众恶习的根源，法律变成了复兴美德的本源。"（Baltard，4～5）

总之，它的任务是建造一种监狱机器。[13]这种监狱应设有便于监视的单人囚室，使犯人觉得好像置身于"希腊哲学家的玻璃房"中（Harou-Romain，8）；监狱还应设有一个中心点，从这个中心点可以用一种持续的监视来控制犯人和工作人员。围绕着这两个基本要求，可以有若干种变化形式：严格的边沁式圆形敞视建筑，半圆形，平面交叉形，星形。1841年，当各种方案的讨论热火朝天之时，内务大臣总结了几条原则："中心监视厅是该系统的关键。没有中心监视站，监视就得不到保证，就不能连续和全面。由于不能完全信赖直接监管各囚室的看守的活动、积极性和才智，……因此建筑师必须全力关注这一问题。这个问题既关系到纪律，又关系到经济。监视越准确和容易，就越不需要在如何加强建筑的安全措施、防范犯人预谋逃跑和串通上多花力气。如果监狱长能够从中心监视厅既不移动又不被察觉地进行监视，既能看到所有囚室的入口，甚至在无玻璃的门打开时能看到大多数囚室的内部，又能看到看管各层犯人的看守，那么这种监视是最理想的。……有了圆形和半圆形监狱方案，从一个中心点观看所有的犯人和走廊里的看守，就有可能做到了。"（Ducatel，9）

全景敞视教养所也是一种实现个人化和进行持续记录的体系。就在提出各种关于监狱建筑的边沁式方案的同一年，开始正式实行"道德记录"制度。所有的监狱都实行一种统一的个人记录，监狱长、牧师和训导员必须填写他们对每个犯人的观察结果："这在某种意义上是监狱管理的登记册，可随时查阅以评估每个犯人的各种情况，从而可以知道用什么办法来对待每一个犯人。"（Ducpétiaux，56～57）此外，人们还设计或试行了其他许多更复杂的记录制度（见 Gregory，199；Grellet-Wammy，23～25 和 199～203）。总的目的是把监狱变成一个建立一套知识的场所，用这套知识来调节教养活动。监狱不仅应该知道法官的裁决并根据现有的条例去执行裁决，而且应该不断地从犯人身上汲取那种能够把刑罚措施变成教养运作的知识。这种知识将能把对犯罪的惩罚变成对犯人的改造，使犯人有益于社会。监狱的自主权和它所创造的知识使得人们有可能增加刑罚的效用。在法典上曾把这一点作为惩罚哲学的原则："监狱长不应忽视任何一个犯人，因为无论这个犯人被置于监狱的哪个角落，无论他是刚刚入狱还是即将出狱，或是正在服刑，监狱长都应说明按照某种特殊分类他身处狱中的理由或他从某一类变为另一类的理由。他是一个名符其实的会计师。在进行个别教育的领域里，对于他来说，每一个犯人都是一笔将产生教养利息的投资资本。"（Lucas，Ⅱ，449～450）作为一种高效率的技术，教养活动能够为投入在刑法体系和阴沉的监狱建筑中的资本生产出一种利润。

同样，犯人变成了需要认识的人。这种认识需求不是首先进入立法活动本身，以提供判决的内容和决定罪行的真正程度。犯罪者是作为一个囚犯，一个惩罚机制的作用点而使自己构成认识的对象。

但是，这意味着教养机构及其全部技术性计划造成了一种有趣的替换：它的确从司法手中接收了一个被定罪的人，但是，它应该对之施加作用的却不是罪行，甚至也不是犯罪者，而是一个大不相同的对象。确定这个对象的变量至少在开始时并不在判决的考虑之中，因为它们仅仅与某种矫正技术相关。教养机构用以取代被定罪的罪犯的这另一个角色就是过失犯（delinquent）*。

过失犯与罪犯的区别在于，在确定他的特征时重要的是他的生活而不是他的（犯罪）行为。如果教养运作要成为真正的再教育，那它就必须变成过失犯的全部存在，使监狱变成一个人工的强制的舞台。过失犯的生活应该受到彻头彻尾的检查。法律的惩罚针对着一种行为，而惩罚技术则针对一种生活。因此，用一种知识形式重构一种生活的所有悲惨的细节，用一种强制活动填补那种知识的空隙并对它施加影响，就属于惩罚技术的任务了。这是一种传记知识和矫正个人生活的技术。对过失犯的观察"不仅应回溯其环境，而且应回溯其犯罪原因。应该从心理学、社会地位和家庭教养这三种角度从他的生平中寻找原因：从第一种角度发现危险的天性，从第二种角度发现有害的定式，从第三种角度发现恶劣的家风。这种履历调查是为了对刑罚进行分类所做的预先调查的一个重要组成部分，然后刑罚分类才成为教养制度中道德分类的一个条件。它（履历调查）应该从法庭到监狱一直追随着犯人。监狱长的任务不仅仅是接收已有的调查，而且还应在拘押期间完善、监督和矫正调查的各种内容"（Lucas，Ⅱ，440～442）。在犯罪者形象的背后是过失犯。事实调查能够确定犯罪者对某项罪行的责任。而

---

* 过失犯是指因环境恶劣和性格缺陷而有犯罪倾向者。

过失犯的形成过程则反映在履历调查中。"履历"的引进在刑罚历史上是十分重要的。因为它把"罪犯"确定为先于犯罪甚至与犯罪无关的存在。而且，由于这个缘故，一种仿照法律责任推定的心理学因果论搞乱了它的结果。正是在这一点上，人们进入了"犯罪学"迷宫，我们至今尚未从中转出来。因为任何决定性原因都能减轻犯罪者的责任，所以它打在犯罪者身上的标记就是更加可怕的犯罪倾向，它所要求的教养措施也就更加严厉。因为罪犯的履历在刑罚实践中重复了衡量罪行时的环境分析，所以人们可以看到刑法话语与精神病学话语在边界上的相互交叉。在它们的交叉点上，形成了关于"危险"分子的观念。这就使得人们有可能根据一个完整的履历描绘出一个因果关系网，有可能提出一个惩罚—矫正裁决。[14]

过失犯与罪犯的区别还在于，他不仅是自身行为的制造者（从某种自由自觉的意志的标准看，他是负有责任的），而且他是被一组错综复杂的线索（本能、冲动、习性、性格）将他与他的犯罪行为联系起来的。教养技术不是针对行为者与罪行的联系，而是针对罪犯与其罪行的内在联系。过失犯这个综合的犯罪性状的奇特表现存在于带有自然性质的阶层中。这些阶层各有自己的特点，因此需要区别对待。马尔凯－瓦塞罗在1841年把这种情况称为"监狱人种志"："犯人是……同一种人中的另一种人，具有独特的习惯、天性和道德。"（Marquet-Wasselot，1841，9）在此，我们更接近于看到对于恶人世界的"形象化"描述。这是一种历时久远的古老传统，它在19世纪初获得新的活力。当时对另一种生活的感受正与对另一个阶层、另一个人种的感受联系起来。一种关于社会亚种族的动物学和关于恶人文明（包括其习俗和语言）的人种学，开始以一种拙劣的模仿形式出现。但是，也有人在努力构建一种新的客观表象，在这种表象中罪犯属于一种自然的却又异常的类型学。过失犯罪（delinquency）这种人类的病理缺陷可以被当作综合病症或重大的畸形状态来分析。在费鲁（Ferrus）的分类中，我们可以看到从旧的犯罪"人种志"转变为系统的过失犯类型学的最初尝试之一。他的分析当然是很薄弱的，但是他清晰地揭示了这样一个原则，即对于过失犯罪不应从法律角度而应从规范角度来确定和说明。犯人有三种。有一种犯人的"智力高于我们所确定的平均智力"，但是他们或者被"自身素质的禀性"和"天然的定式"或者被"有害的逻辑""邪恶的道德""对社会责任的危险态度"所败坏和扭曲。他们属于需要日夜隔离，单独活动的范畴。一旦人们被迫让他们与其他人接触时，他们应该戴上"做石雕或击剑时用的轻型金属网面罩"。第二类是"堕落、愚钝或惰性十足的犯人，他们之所以陷入罪恶是由于对荣辱无动于衷，由于怯懦和懒惰，由于对诱惑缺乏抵御能力"。对他们来说，最适合的对策不是惩罚而是教育，而且最好是互相教育：夜间隔离，白天集体劳动，允许高声交谈，集体阅读，然后互相提问题，对提问题者给予奖励。最后一种是"笨拙无能的犯人"，他们"因发育不健全而不能从事任何需要相当大的努力和坚定意志的工作，因此他们在工作中无法与聪明的工人竞争。他们既没有受过足够的教育了解自己的社会职责，又没有足够的智力来理解自己的状况或与自己的本性做斗争。他们陷入罪恶是由于他们的无能。对于他们来说，隔离只会加重他们的惰性。因此他们必须过集体生活，应把他们组成小组，不断用集体活动来刺激他们，对他们实行严格的监督"（Ferrus，自182页起和自278页起）。这样，一种关于过失犯及其种类的"实证"知识就逐渐建立起来了。它不同于关于犯罪及其条件的司法定义。它也不同于医学知识，后者引入人的精神失常概念，从而消除人的行为的犯罪性质。费鲁十分清晰地阐述了其原则："从整体来看，罪犯不过是疯人。对待疯人，把他们与明知故犯的人混淆在一起，是不公正的。"而新知识的任务则在于"科学地"界定犯罪行为，尤其是界定作为过失犯的人。犯罪学因此而得以产生。

刑事司法的相关对象是罪犯，而教养机构的相关对象是另一种人，即过失犯。这是一种反常类型的传记单位、危险分子。虽然监狱给法律规定的剥夺自由的拘押增添了教养因素，但这种教养因素也产生了在被法律治罪的人与执行这种法律的人之间溜掉的第三种角色。在被打上烙印、肢解、焚烧和消灭的受刑罪犯肉体消失的历史转捩点上，出现了囚犯的肉体。这种囚犯具有"过失犯"的个性，罪犯的渺小灵魂。惩罚机构把他们制造成惩罚权力的作用点，教养科学的对象。有一种说法认为，监狱制造了过失犯。它的确几乎总是把那些被送到它那里的人重新送到了法庭上。但是，它也是在下述意义上制造了他们，即它把非物质现实的过失性状引入了法律和犯罪、法官和罪犯、被定罪者和刽子手之间的运作，用非物质现实的过失性状把上述这些人联系在一起，一个半世纪以来一直使他们陷入同一圈套。

教养技术和过失犯在某种意义上是一对孪生兄弟。实际上，并不是某种科学理性对过失犯的发现使精致的教养技术进入我们古老的监狱，也不是教养方法的自我改进最终揭示了抽象刻板的法律所不能感知的过失性状的"客观"存在。它们是一起出现的，是相互衍生的，是一种技术组合。这种技术组合塑造和打碎它施展手段的对象。这种过失性状是在司法机构的基础上，在"低贱工作"（basses oevres）中形成的。司法对这些任务不以正眼相待，它判定罪人，却以惩罚工作为耻辱。而现在，这种过失犯罪开始纠缠平静的法庭和庄严的法律。当法庭通过判决时，必须了解、评估、测量、判断和处置这种过失性。现在，在修改法典时，必须考虑这种过失性状、这种反常、这种离轨、这种潜在危险、这种病态、这种存在形式。过失性状是监狱对司法的报复。这种报复极其可怕，使法官哑口无言。正是在这一点上，犯罪学家站出来说话了。

但是，我们不应忘记，监狱这个集中了一切纪律的严厉角色，并不是18和19世纪之交所确定的刑法制度的一个内生因素。关于一个惩戒社会和一个维持了"意识形态"法典（贝卡里亚式和边沁式法典）的一般惩罚符号—技术的主题本身并没有导致监狱的普遍使用。这种监狱另有起源——它起源于一种规训权力所特有的机制。现在，尽管有这种异源性，监狱的机制和效应已经在整个现代刑事司法中扩散开。过失犯罪和过失犯已经变成遍布这种司法的寄生物。人们应该探求监狱的这种可怕"功效"的原因。但是，从一开始就应指出一点：18世纪改革者们所规定的刑事司法在使罪犯客体化时是沿着两条可能的但又相互背离的路线。第一条路线是把罪犯确定为一系列置身于社会契约之外的、道德的或政治的"怪物"。第二条是把罪犯确定为能够通过惩罚而获得新生的司法主体。现在，"过失犯"的概念使得人们可以把这两种路线结合起来，根据医学、心理学或犯罪学，构建这样一种人，即违法的犯罪者与某种科学技术的对象几乎完全重合的人。监狱对刑罚制度的支配不会导致某种激烈的抵制性反应，这种情况无疑是许多原因造成的。其中一个原因是，在制造过失性状时，监狱给予刑事司法一个完整单一的、被"科学"所证实的对象领域，从而使刑事司法能够在一个一般的"真理"范围内运作。

监狱这个司法机构中最隐晦的区域是这样一种地方，在它那里，惩罚权力不再敢公开显示自己，而是默默地组建一个客体现实领域，在这个领域中惩罚将作为治疗而公开运作，判决将被纳入知识的话语中。因此，司法会很容易地接纳一个并非自己思想产物的监狱，也就不难理解了。司法当然应该对监狱给予这种承认。

注　释

〔1〕监狱的两种"自然性质"之间的游戏至今仍在进行。几天前（1974年夏）国家的首脑宣布废除拘押仅仅是"剥夺自由"这一"原则"，因为这一原则是监禁的纯粹本质，但脱离了监狱的现实。他补充说，监狱只有通过它的"矫正"或改造效果才能证明自己的必要性。

〔2〕Treilhard, 8～9. 在此之前的几年里也有相同的说法："法律所规定的拘留刑罚以矫正人为首要目标，即通过或长或短的磨炼，使他们变好，使他们复原，从而把他们再次置于社会之中而又不损害社会。……使人变好的最可靠方式是工作与教育。"教育不仅是识字和学习算术，而且是使犯人接受"秩序、道德、自尊与尊重别人的观念"（下塞纳省省长伯诺在共和10年霜月颁发的命令）。在夏普塔尔要求各省议会提交的报告中，有十几份报告要求让监狱犯人工作。

〔3〕最重要的方案无疑是卢卡、马尔凯－瓦塞罗、福舍、邦奈维尔以及稍后费鲁提出的方案。应该指出，他们之中大多数不是站在局外批评"监狱"制度的慈善家，而是与监狱管理有某种联系的人。他们是技术官僚。

〔4〕在德国，朱利尤主办了《教养所年刊》(*Jahrbücher für Strafs-und Besserungs Anstalten*)。

〔5〕虽然这些报纸首先是为那些负债入狱者辩护的喉舌，在某些场合将他们与过失犯区分开，但人们会发现这样的声明："《穷雅克》的栏目不是仅关注一种特殊情况。压制人身的可怕法律及其特定的应用，不是入狱记者的唯一靶子。……《穷雅克》将把读者的目光引向禁闭与拘留之处：监狱与救济院。法律仅判处罪人去工作，而他却受到折磨。本报对发生这种情况的地方绝不会保持沉默。……"(《穷雅克》，第 1 年，第 7 期)与之相似的是，《圣佩拉吉报》鼓吹建立一种旨在"改善人类"的教养制度，使其不成为"依然野蛮的社会的表现"(1833 年 3 月 21 日)。

〔6〕这场讨论在法国是于 1830 年前后开始的，一直持续到 1850 年。奥本模式的鼓吹者夏尔·卢卡是 1839 年关于中央监狱管理的法令(规定集体劳动与绝对安静)的思想教父。随后发生的暴动浪潮与 1842—1843 年的普遍骚动，导致了 1844 年采用宾夕法尼亚的绝对隔离制度。后一种制度是当时德梅(Demetz)、布鲁埃与托克维尔所倡导的。但是，1847 年的第二次教养所大会反对这种方式。

〔7〕福克斯说："每一个人都沐浴着神圣之光，我通过每个人看到它的光亮。"自 1820 年起宾夕法尼亚、匹兹堡和樱桃山的监狱都是按照公谊会与沃尔纳街监狱的精神组建的。

〔8〕佩蒂尼神父(Abbé Petigny)：《对犯人的训诲——在凡尔赛监狱分格建筑落成仪式上的讲话》。另外，几年后，《基督山伯爵》中有一段显然仿照基督事迹的监禁后复活的描述。在这里，监狱不是教人顺从法律，而是教人通过获得神秘的知识而掌握权力，在官吏的非正义之外主持正义。

〔9〕G．A．Real. 在此之前，内政部发布的几道指示已经强调给犯人提供工作的必要性，如共和 6 年果月 5 日指示，共和 8 年稿月 3 日指示，共和 9 年雨月 8 日和风月 28 日指示，共和 10 年雾月 7 日指示。在 1808 年和 1810 年法典之后，马上又有 1811 年 10 月 20 日、1812 年 12 月 8 日指示。另外 1816 年的长篇命令指出："最重要的是应尽可能地不使犯人闲暇。应该向他们灌输工作愿望。对忙碌的犯人和想继续游惰的犯人应区别对待。与后者相比，前者应获得更好的饮食与更舒适的床铺。"默伦(Melum)与克莱尔沃(Clairvaux)监狱很快就被组织成大工厂。

〔10〕Bonneville, 1846, 6. 邦奈维尔既主张采用"预备性自由"措施，又主张，如

果"根据犯人的顽固程度所预定的徒刑不足以产生预期的效果",可采用"增加痛苦"的措施或延长监禁期。这种延长不得超过原判决的八分之一。而预备性自由可以从服完四分之三的刑期后开始(《论各种补充制度》,自第251页起)。

〔11〕《判决公报》。另参见 Marquet-Wasselot,1832,74～75。卢卡指出,轻罪犯人"通常出自城市居民",而"被判处苦役的犯人大多出自农村居民"(Lucas,Ⅰ,46～50)。

〔12〕"如果有人想通过对建筑物问题的抽象来探讨管理问题,那么他就可能脱离实际制定原则。反之,如果建筑师充分了解管理方面的需求,他就会接受一种在理论上被视为乌托邦的特殊监禁体制。"(Blouet,1)

〔13〕"英国人在他们所做的每一件事情上都显示了机械力学方面的才能。……他们希望他们的建筑物也像由一部发动机带动的机器那样发挥作用。"(Baltard,18)

〔14〕人们应该研究在惩罚机制造就过失犯的时期履历是如何普遍推广开的:阿佩尔(Appert)工厂中的犯人的履历与自传;根据精神病学模式设计的履历档案;在为被告辩护时履历的使用。关于最后一点,人们可以与下列文献进行比较:18世纪为三名判处轮刑的人,为萨尔蒙(Jeanne Salmon)辩护的著名回忆录以及路易·菲力普时代为犯人做的各种辩护。歇克斯·德斯特-昂日(Chaix d'Est-Ange)在为拉龙西耶尔(La Ronciere)辩护时说:"如果在犯罪之前,在提出起诉之前你们能仔细检查被告的生活,深入他的心灵,发现其最隐蔽的部分,彻底了解他的思想,他的整个灵魂。……"(《演讲与辩护词》〔*Discours et plaidoyers*〕,Ⅲ,166)

第二章　非法活动与过失犯罪

从法律观点看，拘留应该仅仅是剥夺自由。但是，履行这项职能的监禁却总是包含着一种技术性规划。从公开处决（具有壮观的仪式，其技术与制造痛苦的仪式混合在一起）到监狱刑罚（被沉重的建筑物所埋藏，被管理机构的机密性所掩盖）的转变并不是向一种无差别的、抽象的、混合的刑罚的转变，而是从一种惩罚艺术向另一种毫不逊色的精巧的惩罚艺术的转变。这是一种技术变化。从这种转变中产生了一种症状，一种象征，即1837年警务马车取代了铁链囚犯队。

铁链囚犯队的传统起源于划船苦役，在七月王朝时期依然存在。在19世纪初它似乎具有一种展示的意义。这可能是由于它能把两种惩罚形式结合在一种现象中，即它是一种把拘留展示为酷刑仪式的方式。（福歇〔Faucher〕指出，"尤其是在断头台几乎完全被废除以后"，铁链囚犯队是一种公开展示。）1836年夏天，"最后一批铁链囚犯队"在法国穿行。关于这批人及关于铁链囚犯队的弊病的报道，使我们能够重新发现这种与"教养科学"准则大相径庭的运作。它开始于一种断头台仪式：在比塞特（Bicêtre）监狱的院子里钉铁项圈和铁链。犯人的脖颈被向后扳在一块砧板上。这时刑吏的技巧就在于用力打击而又不打破头部。这是一种颠倒过来的、知道如何不给人以致命打击的技巧。"比塞特的院子展示着酷刑工具：若干带有铁项圈的长链条。狱吏（artoupans）们临时充当铁匠，安置好砧板和斧头。那些将被钉上项圈的头颅被固定在沿墙小径的铁栅周围，或凄凉悲哀或英勇无畏，表情不一。再往上看，在监狱的每一层，人们都可以看到从囚室栅栏伸出的腿和手臂，让人想起一个人肉市场。这些犯人头一天曾帮助他们同伴梳妆打扮，现在这些同伴完全是受难的姿态。他们坐在地上，两两一组背靠着背。八磅重的铁链沉重地压在他们的膝盖上。铁匠测量他们头部的尺寸，改制一英寸厚的项圈。钉一个铁项圈需要有三个人。第一个人扶住砧板，第二个人举着铁项圈的两半，并伸出两臂保护犯人的头部，第三个人用大斧不断地敲打，打平锁栓。每一下敲打都使头部和身体震动。……的确，没有人去想，如果斧子砍歪，犯人会遭遇什么危险。当人们在这种对卑贱处境中的同胞的鄙视中感受到惊心动魄的恐怖时，那种想法也就被抵消了。"[1]这种运作还有公开展示的方面。根据《判决公报》的报道，1836 年 7 月 19 日，有十万以上的人观看铁链囚犯队离开巴黎："从田舍花园到玛尔第格拉斯……"有权有势的人都站在远处观看这个被铁链拴在一起的大游牧部落通过。后者属于另一种人，属于"有权进入苦役船和监狱的种族"。下层阶级观众像出席公开处决的场面一样，与犯人进行着多重意义的交流，变换着进行凌辱、威胁、鼓励和攻击，时而表示愤恨，时而表示同情。某种激烈的情绪伴随着整个游街过程，有时是反对司法过于严峻，有时是抗议司法过于宽大。人们高声痛骂所痛恨的罪犯，但又对所认识的犯人发出同情的喝彩。人们与警察不时地发生冲突："在从枫丹白露栅栏开始的整个行进过程中，一群激愤的观众大声辱骂德拉科隆日。他们高呼：打倒这个牧师，打倒这个可恶的人，他罪该万死。要不是市政警卫采取坚定而有力的措施，就可能出现严重的骚乱。在沃吉拉尔，妇女的情绪最为激愤。她们高呼：打倒可恶的牧师，打倒残忍的德拉科隆日！蒙特鲁日和沃吉拉尔的警长以及几位区长和副区长因试图维护法庭判决而受到严厉指责。在快要到伊西时，弗朗索瓦认出了阿拉尔和队伍中的官员，把木碗掷向他们。这使人想起该犯的某些同伙的家人就住在艾佛利。因此，警官马上沿路散开，紧紧跟随囚车。那些巴黎帮的歹徒纷纷向警察头上掷木碗，有些警察被击中。这时人群里产生强烈的反应，开始彼此殴斗。"（《判决公报》，1836年7月20日）从比塞特到塞夫勒，当铁链囚犯队经过时，许多人家被抢劫（《法朗吉》，1836年8月1日）。

在这个送别犯人的节日中，有驱赶替罪羊仪式的某种因素，有愚人节的某种因素（只是角色颠倒过来），有旧式断头台仪式的某种因素（真相应该大白于天下），还有那些民众场面的因素（著名的角色或传统的榜样受到承认）：真相与丑恶大表演，牛鬼蛇神大游街，既有对露出本来面目的罪人的辱骂，又有对罪行的喝彩。人们力图重新发现曾荣耀一时的罪犯的面目。招贴传单提醒人们回想起眼前通过的这些人的罪行。报纸提供这些人的名单，介绍他们的生平，有时还描述他们的外貌或服装，使人们能够辨认他们。这就像是演出节目单。[2]民众还要仔细考察不同的罪犯类型，试着根据容貌或服装来判断犯人的"职业"，分辨他是凶犯还是窃贼。这是一种化装舞会和提线木偶游戏。对于更有教养的人来说，这还提供了犯罪人种研究的经验材料。从使用支架眼镜到运用加尔（Gâll）[*]的颅相学，不同的人按各自的意愿运用着各种犯罪符号学："不同人的相貌同衣服一样五花八门：这是一个庄严高贵的头颅，一张牟利罗（Murillo）^{**}笔下的面孔；那是一副邪恶的面孔，眉毛浓重突出，显示了这个强悍恶棍的精力。……那边一个顽童般的身体上有一个教唆犯的头颅。这边是一些圆滑阴柔的同谋犯，那边是目光呆滞、放荡堕落的教师面孔。"[3]犯人也对这种游戏做出回应，展示表演他们的罪行和不端行为。在这里，文身的一种功能就是使人对他们的行为或命运一目了然："他们佩戴着罪犯的标记，或者是纹在左臂上的断头台，或者是纹在前胸的一把插入正在淌血的心脏的匕首。"当他们通过人群时，他们表演自己的犯罪场景，嘲笑法官或警察，吹嘘尚未被发现的劣迹。拉塞奈尔（Lacenaire）的前同谋犯弗朗索瓦说，他发明了一种杀人方法，可以使人来不及喊叫，而且不溅一滴血。这个宏大的流动的罪行展览会有自己的杂技演员和哑剧演员。它以对真相的喜剧性证实来回答好奇心与辱骂。在 1836 年夏天，这一系列场面发生在德拉科隆日周围。他把怀孕的情妇大卸八块。因为他是牧师，这就使他的罪行更为引人注目。也正因为他是牧师，使他免上断头台。看来，他引起了民众极大的愤慨。早在 1836 年 6 月他被用车送到巴黎时，他就受到人身凌辱，使他不禁痛哭流涕。但是，他曾表示希望不要用封闭的车来装载他，因为他认为凌辱是他应得的一部分惩罚。当他离开巴黎

---

　*　加尔（1758～1828），德国解剖学家、生理学家、颅相学的创始人。

＊＊　牟利罗（1618～1682），西班牙的巴洛克宗教画家。

时，"人们简直无法想象人群对这个人所发出的义愤和粗俗的动作。他被泥土掩盖了。愤怒的路人向他抛去雨点般的石块和辱骂。……这是无法形容的愤慨的爆发。尤其是妇女们，就像是名符其实的泼妇，表现出令人难以置信的怒火"（《法朗吉》，1836 年 8 月 1 日）。为了保护他，只好给他换了服装。有些观众因此而被迷惑，把弗朗索瓦认成他。弗朗索瓦受到这种游戏气氛的感染，接受了这个角色。但是，除了表演并非他犯下的罪行，他还假冒那个牧师，做滑稽表演。除了讲述"自己的"罪行，他还增加了为喝彩的人群祈祷和祝福的夸张动作。就在几步远的位置，真正的德拉科隆日"就像是一个殉教者"，经受着双重凌辱。他并没有接受这种凌辱，但这种凌辱是针对他的。这种嘲弄使这个牧师回忆起另一个罪犯的种种表现背后的自己的过去和自己想掩盖的东西。他目睹着自己的受难，但这种受难是由和他拴在一起的杀人小丑展示的。

在途经的每个城镇，铁链囚犯队都造成了节日气氛。这是惩罚的胜利狂欢节，是变成特权的刑罚。而且，由于一种似乎在一般的公开处决的仪式中被忽略的奇特传统的作用，它在犯人身上不是唤起被迫悔恨的表示，而是唤起否定惩罚的狂喜。除了铁项圈和铁链这些装饰品外，犯人们还用缎带、草编、鲜花或贵重物品做装饰。铁链成了圆舞队形。它还是一种结合，是被禁止的爱情的强制婚姻。婚礼，这是铁链上的节日和仪式："他们在铁链前亲热，手持花束，用缎带或草编流苏装饰他们的帽子，心灵手巧者还制作了有顶饰的头盔。……还有些人穿戴着透孔织袜，木鞋或者在工作服下穿一件时髦的背心。"[4] 在被钉上铁链后的那个晚上，铁链囚犯队就成了一个大欢乐圈。它绕着比塞特的院子一圈一圈地转："铁链囚犯队对所认出的看守发出诅咒。看守们被它层层包围，陷在其中。直到夜幕降临，囚犯始终是这场战斗的主人。"〔5〕犯人的安息日联欢与司法所发明的展示仪式相对应。它颠倒了是非荣辱，颠倒了权力秩序及其符号，颠倒了享乐形式。但是，政治安息日的某种因素并没有消失。除非彻底聋了，才会听不出这些新曲调中的某些含义。犯人们唱着进行曲。这些进行曲很快就名闻遐迩，从此被到处传唱。毫无疑问，在它们中可以发现不满怨恨的回声。传单把这些不满归咎于罪犯。这些不满包括对犯罪的肯定，对黑道英雄的赞颂，对残忍的惩罚及其引起的普遍仇恨的回忆："光荣啊，让号角为我们吹响，……勇敢些，孩子，让我们无所畏惧地听从悬在头上的命运，……铁链沉重，但我们敢于承受。身为囚徒，不会听到有人说：免去他们的痛苦。"但是，在这些合唱歌曲中有一种崭新的音调。道德法典过去支配了大多数的不满，现在则被颠倒过来。酷刑不再产生悔恨，而是磨砺了自豪。做出判决的司法受到否定，观看忏悔和凌辱的人群遭到嘲笑："离乡背井，我们有时不免悲叹。我们横眉冷对，法官也畏缩不前。……被不幸的禁果诱惑着，你们把目光转向我们，想看到含垢忍辱、涕泗横流的人种。而我们的眼中却闪现着自豪。"人们还可以发现这种观念：犯人在一起有自由人所无法知道的欢乐。"让我们尽情欢乐吧。节日将在铁锁下诞生。……欢乐就是叛逆者。它们将逃避刽子手。只要有歌声就有欢乐。"最重要的是，现存秩序不会永远持续，犯人将会获得自由和恢复应有的权利，而那些原告将取代他们的位置。罪犯和法官颠倒位置的伟大审判即将到来："蔑视他人的权利属于我们犯人，他们顶礼膜拜的黄金也属于我们。总有一天，这些黄金将落到我们手中。我们将用我们的生命来换得它们。今天你们把锁链强加给我们，明天锁链将落在别人身上。他们将变成奴隶。当我们冲破这些枷锁，自由之星将为我们大放光芒。……别了，因为我们不怕你们的法律和锁链。"[6]在招贴传单所设想的严肃场面中，犯人会告诫围观者不要仿效自己。但是这种场面正变成危险场面。围观者必须在残暴的刑吏，不公正的法官与不幸的犯人之间做出选择。犯人今天是失败者，但总有一天会凯旋而归。

铁链囚犯队这一壮观场面是与公开处决的旧传统一脉相承的。它也与当时复杂纷纭的罪行展示有联系，后者导致了各种报纸、招贴传单、江湖骗子和街头剧的出现。[7]但是，它也与各种冲突和斗争有联系。它传达着它们最初的雷鸣。它给了它们一种象征性的宣泄口：尽管动乱大军已被法律击败，但仍发誓要卷土重来；被秩序的暴力所驱逐的东西将会东山再起，推翻秩序，带来自由。"我看到在这些灰烬中重新出现许多火星后感到不寒而栗。"(《一个囚犯的最后一日》)曾经一直伴随着公开处决的骚动，现在在这些明确的威胁中找到了共鸣。人们可以看到，七月王朝决定废除铁链队是与18世纪废除公开处决出于同样的理由，而且更紧迫："用这种方式对待人，不符合我们的道德。我们应该避免在护送队所途经的城镇造成如此可怕的却又不能教育民众的场面。"(《判决公报》，1836年7月19日)因此，必须与这些社会习俗决裂，让犯人的迁移也随着惩罚手段的变化而变化，也罩上体面的政府面纱。

然而，1837年6月用于取代铁链囚犯队的还不是人们曾经建议使用的简单的封闭马车，而是一种精心设计的机器：一种被设想为活动监狱的马车，一个活动的全景敞视监狱。马车中央是一个贯穿的走廊，两边各有六个小囚室。两排犯人相对而坐。他们的脚放在铁环里。这些铁环加了毛衬，用18英寸的铁链连在一起。他们的腿被金属护膝束缚住。犯人坐在一种"向下开口的、用锌和橡木做的漏斗上"。囚室没有向外的窗户。囚室是用铁皮彻底包封的。它只有一个通气片，也是用铁片做的，上面扎出一些孔眼，允许"适当的空气流通"。在走廊两侧，每个囚室的门上有一个小窗，分成两格，一格用于发食品，另一格装有铁栅，用于监视。"小窗的开口和倾斜角度是这样设计的：警卫能随时看到囚犯和听到他们的每一句话，但囚犯彼此不能看见，也听不到彼此的话。"这样，"同一辆车就可以毫无妨碍地同时装运重犯和轻犯、男犯和女犯、儿童和成年人。无论路途有多远，都可以把他们送到目的地，而他们彼此不会知道，也无法交谈"。车上有两名警卫，各持一根小橡木棒，"上面有碎金刚石的狼牙"。这两人能通过随时随地的监视来操作一个适合马车内部管理的惩罚体系：饮食限制、拇指夹、没有让人睡觉的垫子、捆住双臂的锁链。"除了伦理书外，阅读其他任何书籍都是不允许的。"

如果仅就其温和性与速度而言，这种机器"能使人对发明者的善良心地表示赞叹"。但是，它的优点在于它是一个十足的教养车。从它的外部效果看，它是一个边沁理想的化身："这个活动监狱的两侧晦暗寂静，只有几个大字——囚犯运输车。当它急速通过时，使人感到神秘和压抑。这正是边沁对执行判决的要求。与那些玩世不恭、兴高采烈的跋涉者的场面相比，它能在旁观者的脑海中留下更有益、更持久的印象。"（《判决公报》，1837年6月15日）它也有内在效果。在仅仅持续几天的旅程中（犯人始终不得下车），它起到一个教养规训机构的作用。当犯人下车时平静得令人吃惊："从某种道德观点看，这种不超过 72 小时的运送，是一次可怕的酷刑。它对犯人的影响似乎会持续很长时间。"犯人们也支持这种看法："在囚车里，当你不能睡觉时，你只能思考。当我思考时，我开始对自己的所作所为感到悔恨。最后，你是知道的，我本来害怕改过自新，但现在我不怕了。"〔8〕

全景敞视马车的历史极其短暂。但是它取代铁链囚犯队的方式及理由，浓缩地体现了刑事拘留（作为一种精心的改造人的行为的技术）取代公开处决的 80 年历程。囚室马车是一种改造机构。取代公开处决的不是一种集体禁闭，而是一种精心组接的规训机制，至少在原则上如此。

从其现状和看得见的效果考虑，监狱立即被视为刑事司法的重大失败而遭到指责。很奇怪的是，监禁的历史并没有按照人们所设想的下述编年时序发展：先是确立一种拘留刑罚，然后是承认它的失败；然后逐渐产生一些改造方案，似乎最终形成了比较有条理的教养技术定义；然后是实施这种方案；最后是承认它的成功或失败。实际上，这些情况都重叠在一起，或者说是以完全不同的次序排列。正如教养技术的方案是伴随着惩罚性拘留的原则同时产生的，对于监狱及其各种措施的批评也早在同一时间（1820—1845 年）就出现了。这些批评体现在一些习惯性的说法中——这些说法延续至今，除了数字之外，几乎毫无变化。

监狱并没有降低犯罪率。虽然监狱扩大、增多或受到改造，但犯罪和罪犯的数量依然如故，甚至还增多了："在法国，人们统计大约有 108000 人是公然与社会为敌的。人们可使用的镇压手段有：断头台、铁项圈、三艘囚犯船、19 个中央监狱、86 个司法监狱、362 个拘留所、2800 个区级监狱以及各警察所的 2238 个囚室。但是，道高一尺，魔高一丈。犯罪数字并没有下降，……惯犯的数量不是在减少而是在增加。"（《博爱报》，1842 年 2 月 10 日）

拘留造成了累犯。蹲过监狱的人比以前更有可能重入监狱。囚犯中的前囚犯比例很高。从中央监狱出去的人有 38% 被再次判刑，有 33% 被送上囚犯船（这个数字是德·罗什福科〔G. de Rochefoucauld〕于 1831 年 12 月 2 日辩论刑法典改革问题时提供的，见《议会档案》，LXXII，209～210）。1828—1834 年，在近 35000 名被判重刑的人中，有大约 7400 名是累犯（即 4.7：1），在 20 多万教养犯或轻微违法者中，近 35000 人是累犯（6：1），总计起来，每 5.8 名被定罪者中就有一名累犯（Ducpétiaux，1837，自 276 页起）。1831 年，在 2174 名被定为累犯的人中，有 350 人出自囚犯船，1682 人出自中央监狱，142 人出自四个实行与中央监狱相同制度的劳改监狱（Ducpétiaux，同上）。在七月王朝期间，这种情况变得更加严重。1835 年判刑的 7223 人中有 1486 人是累犯；1839 年判刑的 7858 人中有 1749 人是累犯；1844 年判刑的 7195 人中有 1821 人是累犯。鲁斯（Loos）监狱的 980 名囚犯中有 570 名累犯，默伦（Melun）监狱的 1008 名囚犯中有 745 名累犯（Ferrus，363～367）。监狱非但没有放出改造好的人，反而把大批危险的过失犯散布到居民中："每年有 7000 人被交还给社会，……他们是散布在社会的 7000 个犯罪或腐化根源。我们只要想一想，这批人在不断扩大，他们就在我们周围生活和走动，时刻伺机作乱，利用社会的每一次危机来一试身手，那么我们怎么能对这种局面无动于衷呢？"（博蒙和托克维尔，

22～23）

　　监狱必然制造过失犯。这是它强加给囚犯的生存状态所决定的。无论他们是否被单独囚禁，也无论他们是否做无用的工作（他们将因此而找不到工作），总而言之，都没有把他们"考虑成社会中的人，这是要创造一种非自然的、无用的、危险的生存状态"。监狱应该教育囚犯，但是，一种以有理性的人为对象的教育体制怎么能把逆自然本性而运作当作自己的目标呢？（Lucas，Ⅰ，127，130）。由于监狱对囚犯实行强制性限制，这也会造成过失犯。监狱是执行法律、教育人尊重法律的机构，但是它的全部运作都具有滥用权力的形式。监狱管理专横跋扈："犯人所怀有的冤屈感是造成其桀骜不驯性格的原因之一。当他看到自己因不公正而受苦——而这不是出于法律的规定，他就会逐渐习惯于对周围的一切忿忿然。他会把任何政府人员都看成刽子手。他不再认为自己有罪。他诅咒司法本身。"（Bigot Préameneu）看守人员腐化、畏缩、低效："一千到一千五百名犯人在三十到四十名监管人员的监视下生活。后者只有依赖告密者才能维持住某种程度的安全，也就是说必须依赖他们自己所精心散播的腐败。这些看守是什么人呢？退伍士兵，没有受过专业训练的人。由他们组成看守歹徒的行业。"（《博爱报》，1842 年 3 月）监狱利用刑罚劳动进行剥削，而这种劳动在现有条件下不具有任何教养性质："对于奴隶贸易人们会义愤填膺，口诛笔伐。但是，我们的囚犯不也像奴隶一样被承包人卖掉，被工厂主买走吗？……难道这就是我们教育犯人诚实正直的方法吗？难道这些可恶的剥削榜样不会使他们更加道德败坏吗？"[9]

　　监狱造成甚至鼓励了一种过失犯环境的形成。在这种环境中，过失犯称兄道弟，讲究义气，论资排辈，形成等级，随时准备支援和教唆任何未来的犯罪行动："社会禁止二十人以上的结社……但是它自身却在中央监狱里建立了二百名犯人、五百名犯人、一千五百名犯人的社团。这些监狱是特地为他们建设的。社会为了给他们创造更大的便利，把监狱分成车间、院子、宿舍、餐厅，让他们能够聚在一起。……社会还在全法国增加这种社团，凡是有监狱的地方就有一个社团，……从而形成了许多反社会俱乐部。"（Moreau-Christophe，7）在这些俱乐部里进行着对少年初犯的教育："他发自内心的第一个愿望将是向更机灵的长者学习如何逃避法律的严惩。第一课将学习以社会为敌的盗贼的严密逻辑。在我们的监狱中引以为荣的道德是告密和窥视。在他心中唤起的第一种激情将是年轻心灵对这牢笼中必然产生的怪物——写出来会玷污笔墨——的惊骇。……从此，他就断绝了把他同社会联系起来的一切。"（《法国大众年鉴》，49～56）福歇把监狱称作"犯罪兵营"。

　　获释犯人的处境必然使他们成为累犯。他们受到警察的监视。他们只能住在指定地点，或禁止到其他地方。"他们离开监狱时持有一份证件，无论到哪里都要出示它。上面写着他们的服刑判决。"（Barbé Marbois，17）刑满释放犯难以找到工作，只得过流浪生活，这是造成累犯的最常见的因素。《判决公报》以及工人的报纸经常提到这类案例：如鲁昂的一个曾犯盗窃罪的工人，受到警察监视因盗窃而再次被捕，没有律师为他辩护。他在法庭上为自己辩护，讲述自己的生活情况，解释他在离开监狱被迫住在指定地点后无法重操镀金工旧业的原因——因为他是刑满释放犯，无论走到哪里都遭到回绝，而警察又不允许他到别处找工作。他无法离开鲁昂，而在这种可怕的监护之下又无以为生，只能坐以待毙。他曾到市政厅要求工作，获得了在公墓的八天工作，每天挣十四个苏（法国钱币）："但是，"他说，"我年轻力壮，能吃能喝，五个苏一磅的面包，我每天能吃两磅多。我用十四个苏怎么能填饱肚子、换洗衣服和找到住处？我是被逼到绝境的，我希望重新做一个正直的人，但是监护使我重陷不幸。我开始憎恶一切。这时我遇到勒迈特。他也是个穷人。我们为生活所迫而重新产生偷窃的邪念。"[10]

最后一点，监狱把犯人家庭抛进贫困深渊从而制造了过失犯："这种制度把一家之长送进监狱，也就使母亲一天天陷于贫困，使儿童被遗弃，使整个家庭被迫流浪乞讨。犯罪也就因此而滋生。"（Lucas，II，64）

应该指出，这种一成不变的批评总是沿着两个方向，或者认为监狱的改造作用不充分，教养技术仍很原始粗糙，或者认为监狱力图成为改造场所，但失去了惩罚的威力[11]，真正的教养技术应该是严厉的[12]，监狱是一种双重经济失误：直接的失误是它的内在代价太高，间接的失误是它没有消除过失犯罪[13]。对这些批评从来只有一种不变的回应：重新强调教养技术的不变原则。在一个半世纪中，监狱总是被当作本身的补救办法：不断强化教养技术，以此作为克服其不断失败的唯一手段；贯彻教养目标，以此作为克服其不可行性的唯一方法。

可以作为结论性的事实是，最近几个星期的犯人暴动*被归咎为1945年提出的改革实际上从未生效，因此人们必须恢复监狱的基本原则。人们至今仍期待着这些原则产生美妙的结

---

* 1972—1974年，法国监狱发生一系列暴动，抗议恶劣的生活条件。

果。但是对这些原则人们太熟悉了：在过去的一百五十年间，它们构成了关于良好健全的"教养条件"的七条普遍准则。

1. 刑事拘留应该以改造人的行为举止为其基本职能："以改造犯人为刑罚的主要宗旨，这是一条神圣的原则。该原则在科学领域，尤其是在立法领域正式出现乃是最近的事情。"（"布鲁塞尔教养会议"，1847年）1945年5月的阿莫尔委员会（Amor Commission）亦步亦趋地重申："剥夺自由的刑罚以改造犯人和使犯人重返社会为主要宗旨。"这就是改造原则。

2. 对犯人的隔离，至少是对犯人的空间安置，应该根据其行为所受到的刑罚，但首先应根据年龄、思想态度、将使用的改造技术、改造的阶段。"在设法改变犯人性格中外在的和道德的重大缺陷时，必须考虑他们堕落扭曲的程度及其改造的难易程度。"（1850年2月）1945年的提法是："关押刑期为一年之内的犯人的教养机构对过失犯的空间安置应根据性别、个性和堕落程度。"这是分类原则。

3. 应该根据犯人的特点、进步或退步表现来调节刑罚。"因为刑罚的主要目的是改造犯人，因此应使确实改恶从善的犯人获得自由。"（Lucas，1838）1945年的提法是："实行一种分级渐进的制度，……根据犯人的态度和进步程度来调节对待犯人的方式。这种制度包括从单独禁闭到半自由的整个范围。……假释的恩惠扩大到适用于一切有期监禁刑罚。"这是刑罚调节原则。

4. 劳动应该是改造犯人和使犯人逐渐社会化的基本要素之一。犯人劳动"不应被视为一种附加因素，似乎是刑罚的加重，而应被视为一种减轻痛苦的因素，因而是犯人不可剥夺之物"。它应该能使犯人学会和从事一门手艺，能给犯人及其家庭提供一个收入来源（Ducpétiaux，1857）。1945 年的提法是：
"所有的法定囚犯都必须工作。……任何囚犯都不得被强制无
所事事。"这是工作义务权利原则。

5. 对囚犯的教育，对于当局来说，既是有利于社会的必
要措施，又是囚犯的义务。"教育本身就可以是一种教养手段。
教养监禁问题是一个教育问题。"（Lucas，1838）1945 年的提
法是："囚犯所受的待遇，除了不得男女混杂外，……应该主
要是对他进行一般教育和职业教育，使他改过自新。"这是教
养教育原则。

6. 监狱体制应该至少部分地受到一批专业人员的监督和
管理。这些人应具有作为教育者所应有的道德品质和业务能
力。1850 年费鲁就监狱医疗问题指出："这对于一切形式的监
禁都是有价值的补充，……没有人比医生更能获得犯人的信
任，能更好地了解他们的性格，能在减轻他们的病痛时更有效
地影响他们的精神状态，而且能够以恰当的方式给予谴责或鼓
励。"1945 年的提法是："在每一个教养机构中，都应有一种
社会和医疗—心理服务。"这是拘留的专业监管原则。

7. 监禁结束后应有监督和帮助措施，直至获释犯人彻底
恢复正常生活。犯人离开监狱后不仅应受到监督，"而且他应
得到帮助和扶持"（Boulet & Benquot）。1945 年的提法是："为
了促使犯人恢复正常生活，在监禁之时和之后应给他们以帮
助。"这是辅助制度原则。

斗转星移，一个多世纪以来，同样的基本命题逐字逐句地
得到重申。它们一再出现在每一次新的、来之不易的、最终被
接受的改革主张中。而这种改革始终是不尽如人意的。同样
的或几乎一模一样的语言也能从其他的"富有成效"的改革

时期找到：18 世纪末和"社会保卫运动"（movement of social defence）以及最近几年犯人暴动时期。

因此，人们不应该把监狱的发展、它的失败和它在某种程度上获得成功的改革看作是三个前后相继的阶段，而应该认为这是一个同时包容这几个方面的体制。这个体制在历史上是强加在法律对自由的剥夺上的。这个体制包含着四种因素：监狱附加的纪律因素——这是"至上权力"因素；对某种客观现实、某种技术、某种教养"理性原则"的生产——这是辅助认识因素；实际上对某种必须用监狱加以消灭的犯罪倾向的不断诱发甚至强化——这是相反效应因素；某种"改革"的重复进行，这种"改革"表面上追求"理想主义"，实际上与监狱的规训运作同构——这是乌托邦复制因素。正是这个复杂组合构成了"监狱体制"（carceral system）*，而不仅仅是构成由高墙、管理人员、规章条例和暴力组成的监狱机构。"监狱体制"把话语和建筑，强制性规章和科学命题，实际社会效应和所向披靡的乌托邦，改造过失犯的计划和强化过失倾向的机制组合成一个形象。所谓的失败不正是监狱运作的组成部分吗？难道不应把这种失败列入规训和监禁的辅助技术在司法机构及社会中所造成的权力效应中吗？这些效应不都集合在"监狱体制"的名下吗？如果说监狱机构能够屹然不动地长久存在，如果说刑事拘留原则从未受到严重的挑战，那么这无疑是由于这种"监狱体制"根深蒂固并完成着某些明确的功能。让我们以一个最

---

* 福柯用形容词 carceral（监狱的）泛指各种推行纪律的机构的一种共同性质：监狱性。为了与 prison（监狱）有所区别，在 carceral 单独出现或与其他名词搭配时，均译成带有引号的"监狱"或"监狱××"。

近的事例来说明它的力量和稳定性：1969 年在弗勒里－梅洛日（Fleury-Mérogis）设立的模范监狱在总体设计上完全照搬了 1836 年在小罗盖特（Petite-Roquette）轰动一时的星形全景敞视设计。这一权力机制既有现实实体又有象征形式。然而，人们希望它能起什么作用呢？

　　如果说法律被设定为确定违法行为，如果说刑罚机构的功能是减少违法行为，监狱是进行这种镇压的工具，那么人们就不能不承认失败。更确切地说，为了从历史角度做出判断，人们必须能够衡量刑事拘留对整个犯罪的影响——人们应该感到惊讶的是，在过去一百五十年间人们在宣布监狱失败的同时总是主张维持监狱的存在。人们实际上所能提出的唯一替代方法就是放逐。英国在 19 世纪初就废止了这种方法，而法国在第二帝国[*]期间则加以采用。但这可以说是一种严厉的、间接的监禁形式。

　　然而人们或许应该反过来考虑问题，反问自己，监狱的失败提供了什么东西？这些形形色色的不断受到批评的现象有什么作用？这些现象包括维持过失犯罪倾向，鼓励累犯，把偶尔的违法者改造成习惯性的过失犯，建立一种封闭的过失犯罪环境。人们或许应该探寻在刑罚体制的玩世不恭的外表背后所隐藏的东西。这种东西在用判决来净化犯人之后，继续用一系列的"烙印"（一种原来是理论上的、现在是实际上的监视；取代了犯人通行证的警察记录）来跟踪他们，因此这种东西是在跟踪已经接受过对犯罪者的惩罚的"有过失倾向"的人。这是

---

* 指路易·波拿巴建立的帝国（1852～1870）。

什么东西呢？难道我们在这里看到的不正是一种因果关系，而不是一种矛盾吗？如果确实如此，那么人们将不得不认为，监狱及其一般的惩罚并不旨在消灭违法行为，而是旨在区分它们，分配它们，利用它们。与其说它们使易于违法的人变得驯顺，不如说它们倾向于把对法律的僭越吸收进一种一般的征服策略中。因此刑罚就将显得是一种操纵非法活动、规定宽容界限、有所放任又有所苛待、有所排斥又有所利用的方式。总之，刑罚不是简单地"遏制"非法活动，而是"区分"它们，给它们提供一种普遍的"经济机制"。此外，如果人们能够谈论"正义"的话，那不仅是因为法律本身或实施法律的方式能够为一个阶级的利益服务，而且还因为通过刑罚的中介对非法活动的区别对待成为那些统治机制的一部分。法定惩罚应该在一种对待非法活动的总体战略中被重新定位。只有在这个基础上才能理解监狱的"失败"。

刑法改革的一般模式是在 18 世纪末反对非法活动的斗争中形成的。当时，使"旧制度"下各社会阶层的并行不悖的非法活动得以维持的宽容、相互支持和利益三者之间的总体平衡被打破了。于是产生了一种关于实行普遍公开惩罚的社会的乌托邦：刑罚机制将不停顿地积极运作，毫不拖沓，没有中间环节，没有任何不明确性；一种理想的法律（一方面本身精确周到，另一方面铭刻在每个公民心中）将连根消灭一切非法活动。而此时，即 18 世纪和 19 世纪之交，在新法典的背景下，新的民众非法活动的危险出现了。更确切地说，民众非法活动开始在新的层面发展起来。这些非法活动是 18 世纪 80 年代到 1848 年革命的各种运动带来的。这些运动把社会冲突、反对政治制度的斗争、对工业化的抵制、经济危机的后果联系在一起。广义地说，当时有三个特殊进程：首先是政治层面的非法活动的发展。这表现为两种方式。本来在某种意义上带有局部性的活动（如抗交租税或抵制征兵；强行没收囤积的商品；抢劫商店、强迫"平价"出售商品；与当局代理人发生冲突）在大革命期间能够导致直接的政治斗争，其目标不仅在于迫使国家让步或废除某些不可容忍的措施，而且还在于改换政府和改变权力结构本身。另外一些政治运动明显地以现存非法活动形式为基础（如法国西南部的保皇党利用农民来反对关于财产权、宗教和征兵的新法令）；这种政治层面的非法活动在 19 世纪工人运动与共和派政党的关系中，在工人斗争（罢工、非法结社）向政治革命的转变中变得愈益复杂和明显。总而言之，立法的限制愈益严格，这些非法活动也愈益倍增，而在这些非法活动领域中，产生了严格意义上的政治斗争。并非所有的非法活动形式都有可能推翻政权，但是许多非法活动形式能够被应用于总体政治斗争中，有时甚至能直接导致总体政治斗争。

其次，通过抵制法律或其他法规，很容易使人们认可反对那些为自己的利益而制定法规的人的斗争：民众不再反对包税人、金融家、国王代理人、推诿塞责的行政官或坏大臣这些不公正的代理人了，而是反对法律本身和执法的司法本身，反对提出新权利的地主，反对自己勾结在一起却禁止工人结盟的雇主，反对引入更多的机器、降低工资、延长劳动时间并把工厂规章制定得愈益严格的企业主。正是在反对从大革命中获利的资产阶级所建立的新的地产制度的斗争中，农民的各种非法活动发展起来。毫无疑问，从热月到执政府*这段时间，农民的

---

* 热月特指 1794 年 7 月；执政府于 1799 年建立。

非法活动最为激烈，但是此后也没有消亡。19世纪初，在反对新的合法剥削制度的斗争中，工人的非法活动发展起来：从破坏机器这类最激烈的形式或组织协会这类最持久的形式，到最日常的形式，如旷工、甩手不干、流浪、偷窃原材料、在工作数量和质量上弄虚作假等。一系列的非法活动也被纳入反对法律及反对推行法律的阶级的自觉斗争中。

最后，在18世纪，犯罪趋向于愈益专业化，包括盗窃也愈益讲究技巧，而且犯罪在某种程度上变成脱离一部分居民、受到这些居民仇视的社会边缘人的活动。但是，人们在18世纪末可以看到某些联系的重新组合或新型关系的确立。这不是由于——如当时人们所说的——民众骚动的领袖都有犯罪历史，而是由于法律的更新、劳动条件的严峻、国家或地主或雇主的要求以及十分细密的监视技术，增加了犯法的可能性，把许多生活在另一种条件下的、本来不会去从事职业犯罪的人抛到法律的另一边。正是在新的财产法的背景下，在无法接受的征兵方式的背景下，农民的非法活动在大革命最后几年发展起来，从而导致暴力事件、侵犯行为、盗窃、抢劫甚至更大规模的"政治土匪活动"的增多。也正是在立法或极其苛刻的规章（关于工作手册*、劳动证书、租金、劳动时间、缺勤等规定）的背景下，工人流浪现象发展起来，而且往往发展为实际上的过失犯罪。一系列的非法活动在前一个世纪往往是互不相干的孤立现象，而此时似乎聚在一起，形成一种新的威胁。

19世纪初，民众非法活动有三种扩散形式（数量的扩展

---

* 工作手册是拿破仑帝国时开始实行的一种制度，记录工人的表现和债务。工人必须把手册交给新雇主。

除外，因为这是有争议的、难以统计的）：它们进入一般的政治视野；它们明显地与社会斗争结合；不同形式和层次的违法行为相互沟通。这些过程也许还没有达到最充分的发展程度。它们在19世纪初确实没有发展成兼有政治性和社会性的大规模非法运动。但是，尽管它们才崭露头角，并且还很分散，它们已十分引人注目，加强了对待民众的"大恐惧"——即把民众整体视为犯罪和叛乱因素，成为关于一个野蛮、无道德和无法无天的阶级的神话的根据——那种神话从拿破仑帝国到七月王朝一直萦绕着立法者、慈善家和深入工人阶级生活的调查者的话语。这些过程可以从一系列断言中揭示出来。这些断言是在18世纪的刑法理论中根本看不到的，如犯罪并非是由利益或情欲铭写在所有人心中的一种潜在可能性，它几乎完全是某个社会阶级的所作所为；罪犯原来是在各社会阶级中都可以见到的，现在"几乎完全出自社会秩序的底层"（Comte，49）；"十分之九的凶手、窃贼和游惰者出自我们所谓的社会底层"（Lauvergne，337）；不是犯罪使人与社会疏离，相反，犯罪的产生是由于犯罪者是社会中的异己者，他属于塔尔热（Target）所说的"劣等人种"，属于"因困苦而堕落、恶习难改的阶级"（Bure，391）；在这种情况下，若是以为法律是代表一切人的，是为一切人而制定的，那就太虚伪或过于天真了；相反，应该明智地承认，法律是为少数人制定的，是用于对其他人施加压力的，原则上它适用于所有的公民，但它主要是针对人数最多而又最不开化的阶级；与政治性法律和民法不同，刑法的应用并不平等地对待每个人（Rossi，I，32）；在法庭上并不是社会整体来审判某一个社会成员，而是一个关心秩序的社会阶层审判另一个致力于动乱的社会阶层："让我们巡视一下审判、监禁或行刑的场所。……无论走到哪里，都有一件令你触目惊心的事情。无论在哪里，你都会看到两个泾渭分明的阶级，一个总是坐在原告和法官的席位上，另一个总是坐在被告的长凳上"，其原因被解释为，后者缺乏生计和教养，不知道"如何维持住合法的正直人格"（Lucas，Ⅱ，82）；因此，被认为具有普遍性的法律语言在这方面是不够用的；若想确实有效的话，它必须是一个阶级说给另一个阶级的话语，因为这两个阶级既没有共同的观念，甚至也没有共同的词句："我们怎么能用我们的语言使那些人了解我们的意思呢？我们的语言矫揉造作，傲慢无礼，充满了繁文缛节。而那些人从来只听到过集市上、酒馆中的粗野、贫乏、不规范但却生动、直率、形象的方言土语。……如果我们要制定能够有效地影响那些缺乏教养、难以抵御犯罪诱惑的人的法律，我们应该使用什么语言、什么方法呢？"（Rossi，Ⅰ，33）法律和司法都毫不犹豫地宣布它们必须具有阶级倾向。

如果这是事实的话，那么监狱表面上"失败了"，但实际上没有偏离它的目标。相反，它能达到目标，因为它促成了各种非法活动中的一种特殊形式的兴起，它能够把这种形式分离出来，暴露在光天化日之下，把后者组成一种相对封闭的但又能被渗透的环境。监狱有助于确立一种公开的非法状态。这种状态在某种层次上是不可简约的，具有秘密的使用价值。它既固执，又驯顺。监狱能分离、勾画和产生一种非法活动形式，后者似乎象征性地概括了其他各种非法活动，但这就使得有可能把那些人们想要或必须宽容的非法活动掩盖起来。这种形式严格地说就是过失犯罪。人们不应把过失犯罪视为最强烈、最有害的非法活动，认为由于它所体现的危害，刑罚机构必须竭力通过监禁来消除它。相反，它是刑罚（和刑事拘留）的一个效应。它使得人们有可能区分、安排和监督各种非法活动。毫无疑问，过失犯罪是一种非法活动形式。它也确实植根于非法活动。但是它是"监狱体制"及其网络所确定、分割、离析、渗透、组织、封闭在一个确定的环境中的非法活动；它被"监狱体制"当作一个对付其他非法活动的工具。总之，虽然在司法上合法活动和非法活动是对立的，但在战略上非法活动与过失犯罪是对立的。

对于监狱没有消灭犯罪这一观察结论，人们或许应该用下述假设来取而代之，即监狱极其成功地制造出过失犯罪这种特殊的、在政治上或经济上危害较小的、有时可以利用的非法活动形式，在一种表面上属于边缘、实际上受到中心监督的环境中制造出过失犯这种病态对象。在围绕着法律与非法活动进行的斗争中，监狱的成功之处就在于它确定了一种"过失犯罪"。我们已经看到，监狱体制是如何用"过失犯"取代罪犯，而且还给司法实践覆盖了一个完整的潜在知识领域。现在这种把过失犯罪构造成一种知识对象的过程包含着能够分解非法活动、从中分离出过失犯罪的政治运作。监狱就是这两种机制的结合物。它能使这二者不断地相辅相成，相得益彰，从而揭示出犯罪行为背后的过失性质，在各种非法活动的运动中确定过失犯罪。监狱是十分成功的，因此在一个半世纪的"失败"之后它依然存在，并产生着同样的结果，因而人们极不愿意废除它。

拘留的刑罚似乎制造了一种封闭的、孤立的和有用的非法活动，它本身无疑也因此得以长存。过失犯罪的循环似乎并非是监狱在进行惩罚时未能成功地进行改造工作的副产品。毋宁说它是一种刑罚的直接后果。这种刑罚为了控制非法活动似乎要用某种"惩罚—再生产"机制来确立某种非法活动，监禁则是其机制的主要组成部分之一。然而，监狱本来是用于制止过失犯罪的，那么为什么需要让监狱来参与制造一种过失犯罪呢？

过失犯罪构成了某种类似封闭的非法活动的东西。确立某种过失犯罪实际上有一系列的好处。首先，能够（通过给人定位、渗透进这个群体、组织相互间的告密）监督它。一种能随时监视的较小的封闭群体取代了那种混沌密集的民众群体（他们偶尔从事非法活动，而这些非法活动总是有可能扩散）或那些松散的流民团伙（他们在流动中扩大，从失业者、乞丐、各种"坏人"中得到补充；这些人占的比例有时很高，如在 18世纪末，形成了可怕的抢劫和暴动力量）。其次，能够把这种自我吸收的过失犯罪转化为危害较小的非法活动。过失犯的存在是靠着当局对社会边缘进行控制的压力维持的，他们在生存线上挣扎，缺乏与能够维持生存的居民的联系（相反的情况，如走私者或某些强盗——见 Hobsbawn），因此必然沦入某种局部性犯罪，而这种犯罪不足以唤起民众的支持，在政治上危害不大，在经济上微不足道。这样一种被集中的、受到监督的和被解除武装的非法活动就可以被直接利用了。它可以被用来对付其他非法活动。它脱离它们，转向自己的内在结构，致力于一种往往使贫困阶级成为首当其冲的受害者的暴力犯罪，陷于警方的天罗地网，面临长期徒刑，然后则是一种不断"专一化"的生活——过失犯罪。这个异化的、危险的而且往往敌对的世界排挤了日常非法活动（小偷小摸、轻微的暴力行为、日常的违法行为），至少是使之维持在一个相当低的水平。它阻止了它们向更宽广、更明显的方面发展。这种情况就好像是，过去曾期望断头台场面所产生的儆戒效果，现在不是力求从严峻的惩罚手段中，而是从过失犯罪本身有形的、带烙印的存在中获得：在使自身区别于其他民众非法活动时，过失犯罪也就使它们受到遏制。

但是，过失犯罪还有其他的直接用途。人们会想到殖民的例子。但这不是最有说服力的例子。尽管在复辟时期，众议院或主教会议曾几次要求放逐罪犯，但这实际上是为了减轻整个拘留机构的财政负担。尽管在七月王朝时期制定了一些将过失犯、目无纪律的士兵、妓女和孤儿送往阿尔及利亚的方案，但是1854年的法令正式地把那个殖民地排除在海外流放殖民地之外。尽管规定了犯人服刑结束后再以同样的年限留在服刑的殖民地（在某些情况下他们甚至在那里度过余生），但是实际上流放到圭亚那（Guiana）和后来的新喀里多尼亚（New Caledonia）并没有真正的经济意义。[14] 实际上，过失犯罪作为一种既孤立又可操纵的处境，对它的利用首先出现在合法状态的边缘。也就是说，在19世纪也确立了一种更低级的非法状态。这种非法状态作为过失犯罪的结构及其所暗含的全面监视，提供了一个实现驯顺状态的保证。过失犯罪这个被控制的非法状态是统治集团非法活动的一个工具。在这方面很能说明问题的就是19世纪娼妓网的建立[15]：警方一再地对妓女进行健康检查，妓女周期性地被捕入狱，大规模地组建妓院（maisons closes），色情业中实行严格的等级体制，卖淫还受到有前科的告密者的控制，所有这些都使得有可能通过一系列中介从一种淫乐中开发或发现巨大的利润。因为呼声日益高涨的日常道德教化迫使这种淫乐转为半秘密状态，因此也使之变得昂贵。在确定淫乐价格、从被压抑的性活动中创造利润和收集这种利润时，过失犯群体是与自私的清教要求处于一种共谋关系中，是一种操纵非法活动的不正当的财务代理人。[16]非法武器交易，禁酒国家中的非法出售烈酒，以及最近的毒品交易，都显示了这种"有用的过失犯罪"的相似功用：一项法律禁令就能在自身周围创造出一个人们设法加以监督的非法活动领域；人们同时通过一些非法分子从中获取一种不正当的利润。这些非法分子能够通过在过失犯罪中的组合而受到操纵。这种组合是管理和利用非法活动的一个手段。

它也是权力运作周围的非法活动的一个工具。在政治上把过失犯当作情报员（告密者）和进行蛊惑的内奸的做法早在19世纪之前就存在。[17]但是，在大革命之后，这种方法用于完全不同的方面：打入政党或工人协会，雇用暴徒来对付罢工和暴动，组织一批准警察——与警方直接合作，必要时可以转变为一支与警察相似的军队。这一整套超越法律的权力运作在一定程度上是由过失犯所组成的后备劳动大军加以保障的。后者是国家可以支配的一支秘密警察力量和备用军队。似乎可以说，在法国，这种活动在1848年革命与路易·拿破仑篡权时达到登峰造极的地步（Marx，《路易·波拿巴的雾月十八日》，63～65）。因此，由以监狱为中心的刑罚制度所牢固确定的过失犯罪，是实现统治阶级不正当的利润与权力流通的一种非法状态的转移和调用。

如果没有警察监督方面的发展，有系统地安排一种孤立的、囿于过失犯罪的非法活动是不可能的。对于居民的普遍监视，"无声的、神秘的、不易察觉的防范，……政府正是这样无时无刻不睁着眼睛、不分轩轾地盯着所有的公民，但又不用任何强制手段来迫使他们就范。……这是无须写入法律的"

（Bonneville，1847，397～399）。按照1810年法典的设想，应该对获释罪犯以及一切曾因受到严重指控而出庭受审的、可合法地视为威胁社会安宁的人进行监视。但是也应该对被坐探视为危险的群体进行监视。他们之中的绝大多数是有前科的过失犯，因而受到警方监视：过失犯罪作为警方监视的一个目标也是警方特有的一个工具。所有这些监视都是以一个等级体系组织为前提的。这种组织既是官方的又是秘密的（在巴黎警察局，这基本上属于"安全部门"，它除了有"公开人员"——警官和警士外，还有"密探"和告密者。后两种人是因惧怕惩罚或要邀功领赏而工作的。见Fregier，I，142～148）。它们还需要建立一个档案体系。该体系的核心工作是寻找和确定罪犯，其中包括：与陪审法庭发出的逮捕令相配合的对罪犯的必要描述，纳入入狱登记册的一份描述、陪审法庭和即决法庭记录的副本（这些副本每月呈报司法部和警察总局），稍后在内务部建立的罪犯档案署（存有按字母索引的有关记录摘要），1833年前后开始实行的个人卡片或档案制度（这是仿照"博物学家、图书馆管理专家、商人和实业家"的方法建立的。它便于汇总新资料，同时便于汇总被调查者名下的一切有关资料——Bonneville，1844，92～93）——卡片索引的出现和人事科学的建立是被历史学家所忽略的另一发明。过失犯罪及其导致的密探和普遍的治安控制，构成了一种对居民进行不间断监视的手段：它是一种有可能通过过失犯本身对全部社会领域进行监视的机制。过失犯罪起着一种政治观察站的作用。继警察之后，过了很长时间，统计学家和社会学家也来利用它了。

但是，这种监视只有与监狱结合才能发挥作用。由于监狱使对人的监视变得容易——这些人是从监狱中释放出来的，由于它使雇用告密者的可能性扩大，使人们之间的相互告发倍增，由于它使罪犯能够相互接触，这样它就促成了一个自我封闭但易于监视的过失犯群体的形成。而且，获释犯人不能恢复正常生活的状态所产生的各种后果（失业、居住限制、规定住所、缓刑）都使得他们很容易执行所指派的任务。监狱和警察构成了一个连体机制。它们一起确保在整个非法活动领域区分、离析和利用过失犯罪。在各种非法活动中，警察—监狱体制分割出一个可操纵的过失犯罪。这种具有特异性的过失犯罪是这种体制的产物。但是它也变成后者的一部分和工具。因此人们可以说，这是一种（警察—监狱—过失犯罪）三位一体的组合，三者相辅相成，并构成一个永不中断的循环。警察监视给监狱提供了罪犯，监狱把罪犯变成过失犯，后者成为警察监视的目标和助手，这种监视则有规律地把其中一些人送回监狱。

任何刑事司法都不会想对一切非法活动提出起诉。为了做到这一点，它就要用警察当助手，用监狱作为惩罚工具，而且不留下未消化掉的"过失犯罪"残渣。因此，人们应该把这种司法视为对非法活动实行有区别监督的一种工具。就这种工具性而言，刑事司法扮演着传导的合法保证人与合法原则的角色。它是非法活动的总体机制里的一个中继站，其他因素（不是低于它的，而是与它并行的）是警察、监狱和过失犯罪。警察对司法权的蚕食、监狱抗拒司法机关时的惯性力量，都不是新奇现象，也不是权力僵化或权力逐渐转移的结果。它们恰恰是现代社会惩罚机制所具有的结构特征。行政长官可以畅所欲言，但刑事司法及其戏剧性机构却是用于满足一种监督机构的日常需求的。这种监督机构是半隐半露的，部分地潜沉在警察与过失犯罪打交道的黑暗王国之中。法官是这种机构的几乎从不抗拒的雇员。[18]在构建过失犯罪方面，即在区分非法活动、用统治阶级的非法活动来监督、控制与利用某些非法活动方面，他们是竭尽全力提供帮助。

在 19 世纪前半叶，这种过程有两个突出的代表性人物。第一个是维多克（见他的《回忆录》和《维多克自述》）。他是一个从事旧式非法活动的人，是该世纪另一极端类型的很快就要倒运的吉尔·布拉斯（Gil Blas）*：卷入骚乱、冒险、欺诈（他自己总是受害者）、争吵和决斗，不断地被征兵又不断地开小差，与妓女厮混、赌博、偷窃并很快参与大规模的土匪抢劫。但是，他在同时代人心目中的几乎神话般的形象并不是基于这种可能被添枝加叶的劣迹，甚至也不是基于这个事实，即一个苦役船上的囚犯得到赎救或者说完全是用钱赎身后史无前例地变成了一个警察长官，而是基于另一种事实，即在他身上，过失犯罪显然具有一种含混的意义，它既是警察机构的打击对象，又是警察机构的合作工具。维多克标志着这样一个时期：过失犯罪脱离了其他非法活动，被权力所控制，从而调转了方向。就是在这个时候，警察与过失犯罪的直接的、制度化的结合形成了。这是一个动荡时期，就在这个时期，犯罪变成了权力机制之一。早先令人恐惧的形象是魔怪式的国王——他是一切司法之源，但又染指犯罪。现在出现的是另一种恐惧，即恐惧执法者与违法者之间的某种不可告人的默契。体现在单一形象中的君权与丑恶事物相对抗的莎士比亚时代已经过去

---

* 吉尔·布拉斯是法国作家勒萨日（1668～1747）著名小说《吉尔·布拉斯》中的主人公。

了，警察权力的戏剧、犯罪与权力共谋的日常戏剧马上就要开始了。

与维多克相对的是他的同时代人拉塞奈尔（Lacenaire）。拉塞奈尔的形象在犯罪审美主义者的天堂中永远是受到肯定的。他的出现就足以令人惊讶：尽管他一片好心，满腔赤诚，但他只能是笨拙地犯下一些轻微的罪行。他被其他囚犯认定是警察的奸细，管理人员不得不保护他免遭毒手（Canler 正式地提出其他囚犯要下毒手的说法，见 Canler，15）。路易 - 菲利普王朝的巴黎上流社会在他临刑前给他举办了一个宴会。与这个宴会相比，后来的许多文学赞颂不过是一种纸上谈兵了。他的名声既不是来自他的罪行，也不是这些罪行的酝酿方式。造成轰动的是他动机和效果的反差。但是，他的名声在很大程度上应归因于他的言行所包含的那种在非法活动与过失犯罪之间的可见游戏。欺诈、开小差、小偷小摸、监禁、狱中交情的恢复、相互勒索、再次犯罪，直至最后杀人未遂——拉塞奈尔是一个典型的"过失犯"。但是，他身上至少是潜在地具有一个非法活动的层面，这个层面在当时代表了一种威胁：这个曾受过良好教育的破落的小资产阶级分子若在前一代人中将会成为一个革命者，一个雅各宾分子，一个弑君者。[19] 如果他是罗伯斯庇尔（Robespierre）*的同时代人，他对法律的反抗将会具有一种直接的政治形式。他生于 1800 年，差不多与司汤达**小说中的于连·索黑尔同时。他的性格带有上述可能性的痕迹，但是这些可能性却采取了偷窃、谋杀与控诉的形式。所有这些

---

* 罗伯斯庇尔（1758～1794），法国大革命时期雅各宾专政的领袖。

** 司汤达（1783～1842），法国作家。于连·索黑尔是其小说《红与黑》的男主角。

潜在的可能性变成了毫无光彩的过失犯罪。在这个意义上，拉塞奈尔是一个令人放心的形象。而如果这些潜在的可能性再现的话，也是出现在他所谈论的犯罪理论中。在临终时刻，拉塞奈尔展示了过失犯罪对非法活动的胜利，或者说展示了某种非法活动的形象，这种非法活动一方面被拖入过失犯罪，另一方面则转向一种犯罪美学，即特权阶级的一种艺术。拉塞奈尔与维多克之间有一种对称关系。他们处于同一时期，他们都使得过失犯罪转而反对自身，把过失犯罪构造成一种封闭的、可观察的处境，把一种完整的过失犯罪活动变成治安技术，即变为法律所允许的权力的非法使用。巴黎资产阶级应该为拉塞奈尔盛宴诀别，他的牢房应该对显赫的来访者开放，他在生命的最后几天应该看到赞扬（在法官要处死他之前平民囚犯已经要求处死他，因为他在法庭上的表现无一不是要把他的同谋弗朗索瓦送上断头台），上述的一切有一个理由：正在受到赞美的是一种非法活动的象征形象，这种非法活动保持在过失犯罪的界限内并转化为话语，也就是说，是双重无害的；资产阶级为自己发明了一种新的享乐，他们至今仍乐此不疲。我们不应忘记，拉塞奈尔引人注目的死刑窒息了菲埃希（Fieschi）*暗杀路易－菲利普所产生的影响。菲埃希是当时的弑君者之一，是相反的由轻微犯罪发展为政治暴力行为的代表形象。我们还不应忘记，拉塞奈尔死刑之后的几个月最后一个铁链囚犯队出发，并伴有各种不堪入目的丑恶表演。在历史上，这两个盛典是重叠在一起的。而且，拉塞奈尔的同谋弗朗索瓦也是 7 月 19 日

---

* 菲埃希（1790～1836），法国共和主义密谋者，曾因盗窃罪被关押十年，1835 年暗杀国王路易－菲利普未遂，被处死。

铁链囚犯队中的一个著名人物。[20] 在这两种盛典中，一种是冒着在罪犯周围激发起民众非法活动的危险而继承和发扬古老的公开处决仪式。它是应该被取缔的，因为除了留给过失犯罪的空间外，罪犯不应再占用其他任何空间。另一种则开辟了关于特权者的某种非法活动的理论游戏。或者说，它标志着这样一个时期的到来，即资产阶级实际从事的政治与经济的非法活动将要在理论与美学观念中重现出来："犯罪的形而上学"，这是一个经常与拉塞奈尔联系在一起的术语。德·昆西（De Quincey）的《谋杀之作为一种艺术》（*Murder Considered as One of the Fine Arts*）的法文译本于 1849 年刊行。

这种过失犯罪的制造和刑事机构对它的控制，应该予以如实的对待：它们并不是一成不变的结果，而是根据它们实现目的的程度加以变化的策略。过失犯罪与其他非法活动之间的分裂，使过失犯罪转而反对非法活动的方式，统治阶级的非法活动对过失犯罪的控制利用，所有这一切都明显地出现在警察—监狱体制的运作方式中。但是，它们也一直遇到阻力。它们造成了矛盾斗争，激起了对抗的反应。如何建立一个屏障将过失犯与各种下层居民隔开，始终是一个棘手的任务，尤其在城市阶层中更是如此，因为他们是从这些阶层中产生的并与之保持着千丝万缕的联系。[21] 这是一项长期而艰苦的工程。它包括利用对穷苦阶级进行"道德教化"的各种一般原则（使他们具有某种可称之为"基本的守法观念"的东西，这在成文法典制度取代了习俗以后是必不可少的；让他们学习关于财产与盗窃的基本准则；对他们进行安居乐业的训练，等等）。这种道德的教化从经济与政治的角度看也是同样极其重要的。另外，还使用了更专门的方法来维持穷苦阶级对过失犯的敌意（如利用获释犯人充当告密者、警方密探、工贼和打手）。一般的违法犯罪与工人争取政治地位而犯法也被精心地有计划地混为一体。后者所触犯的是有关工作手册、罢工、串联和结社的严厉法令。[22] 这种行为通常被指控为受到纯粹刑事罪犯的挑动，甚至是受他们的操纵（例证可见Monfalcon，142）。针对工人的判决往往比对窃贼的判决更严厉（见《工厂报》，1840 年 10 月，或《博爱报》，1847 年 7—8 月）。这两类犯人在监狱中被混杂在一起。一般犯人还要更受一些优待，而被判刑的新闻记者和政治家通常受到隔离。总之，这一系列的混淆策略旨在维持一种持久的冲突状态。

此外，还有一种耐心的努力，旨在给一般人关于过失犯的观念罩上一个极其精巧的栅网，使他们觉得这些过失犯近在身边，到处出现，处处令人恐惧。这就是社会新闻（fait divers）的作用。社会新闻侵入了一部分报刊，并开始拥有自己的报纸。[23] 犯罪新闻每天层出不穷，这就使得人们容易接受那种分割社会、实行司法和警察监督的制度了。这种新闻日复一日地描述一种反对不露面的敌人的内战。在这场战争中，它成为报警或报捷的日常公告。从小册子和大众文学形式中开始发展起来的犯罪小说，则明显起着一种相反的作用。它的功能最主要的是表明，过失犯是属于另一个与人们所熟悉的日常生活无关的世界。具有这种异己性的首先是社会底层（《巴黎的秘密》*《罗康保尔》**），其次是疯癫（尤其是在 19 世纪后半期），

---

* 《巴黎的秘密》是法国作家欧仁·苏（Eugene Sue，1804 ～ 1857）描写社会阴暗面的小说。
** 《罗康保尔》（Rocambole）是 19 世纪中后期法国报纸上以同名人物为主角的长篇连载小说。

最后是上流社会的犯罪（阿尔塞纳·吕平 *）。在过去一百多年间，社会新闻与侦探小说的结合产生了大量的"犯罪故事"。在这些故事中，过失犯罪显得既十分贴近又极其疏远，既形成了一种对日常生活的无时不在的威胁，但又有着令人感到极其陌生的起源与动机，它所发生的环境既充满日常生活的气息，又具有异国他乡的情调。通过对过失犯罪重要性的强调和围绕它的不胜其烦的话语，在它周围划出了一条界线，这条界线既突出了它，又把它分离出来。在这样一种出自令人十分陌生的环境的可怕的过失犯罪中，非法活动怎么会认出自己呢？……

这种复合策略产生了效果。这种效果可从工人报刊的宣传战中得到证实。工人报刊抨击犯人劳动[24]，反对"监狱的安逸"，要求让犯人从事最艰苦最危险的工作，抨击慈善家对过失犯的过分关心，抨击赞扬犯罪的文学。[25] 这种效果还反映在整个工人运动中对获释的一般犯人的普遍不信任中。"在20世纪之初"，米歇尔·佩罗（Michèle Perrot）写道，"由蔑视——这堵最高的墙——所包围的监狱，最终把一批不受欢迎的人关了进来。"

但是，当然不能说这种策略取得了胜利或它在过失犯与下层阶级之间造成了一种全面决裂。穷苦阶级与非法活动的关系，无产阶级与城市平民的相互态度，都还有待研究。但有一点是可以肯定的，即在1830年到1850年的工人运动中，过失犯罪与镇压被视为一个重要问题。无疑，当时存在着对过失犯的敌意，但这是一场围绕刑罚的斗争。工人报纸常常提出一种

---

* 阿尔塞纳·吕平（Arsene Lupin）是莫里斯·勒布蓝（Maurice Leblanc）于1905年创造的一个上流社会罪犯形象。

关于犯罪的政治分析。这种分析逐字逐句地与慈善家们所熟悉的描述（贫困—挥霍—游惰—酗酒—恶习—偷窃—犯罪）针锋相对。工人报刊认为过失犯罪的根源不在于犯罪者本人（他仅仅是触发者或是第一个牺牲品），而在于社会："这个杀你的人实在出于无奈。应该对此负责的是社会，更准确地说，是恶劣的社会组织。"（《人道主义者》，1841 年 8 月）这种事情或者是由于社会不能提供基本的需求，或者是因为社会摧毁了或抹杀了他的前途、抱负或后来出现在犯罪中的需求："恶劣的教育，无处施展的能力与精力，在未成熟的年龄就被强制劳动所摧残的智力与心灵。"（《博爱报》，1845 年 11 月）但是，这种因需求或因压迫而产生的犯罪，由于受到关注与非难而掩盖着另一种犯罪，后者有时是前者的原因，但一般来说是前者的延伸。后者就是来自上面的过失犯罪，是一种丑恶的榜样，是苦难的根源，是穷人造反的原因。"当苦难用尸骨点缀街道，用窃贼与凶手填充监狱时，上流社会的骗子在什么地方呢？……最堕落的榜样，最令人作呕的犬儒作风，最无耻的掠夺。……难道你们不害怕因从面包坊偷了一块面包就被送上法庭的人有朝一日会雷霆震怒，将证券交易所这个野兽的巢穴——国库与私人财富在这里被不受惩罚地盗窃着——彻底摧毁、片瓦不留？"（《大众蜂群》，1842 年 11 月）然而，这种富人的过失犯罪受到法律的宽容。当它要走上法庭时，它可以倚仗法官的宽容与报刊的谨慎而有恃无恐。[26] 因此就产生了一种想法，即刑事审判可以变成政治辩论的场合，应该利用有争议的审判或针对工人的程序来谴责刑事司法的一般运作："法庭再也不像过去那样是一个展览时代的苦难与伤痛的场所，一种从各个方面展示我们的社会混乱的悲惨牺牲者的烙刑。它是一个回荡着战士呼喊声的战场。"(《博爱报》，1841 年 11 月）因此还产生了一种观念，即政治犯像过失犯一样有对刑罚制度的直接体验，但又与过失犯不同，能够发出引人注意的声音，因此他们有责任成为一切囚犯的代言人。开导"法国善良的资产阶级"乃是他们的任务，因为"法国善良的资产阶级从来不了解公共检察官的夸张起诉所导致的刑罚"(《法国大众年鉴》，1839 年，第 50 页）。

在这种对刑事司法及其在过失犯罪周围所精心勾画的边界的重新评估中，可称之为"反社会新闻"的策略是很有代表性的。工人报纸的做法旨在颠倒诸如《判决公报》的报纸对犯罪或审判的利用，后一种报纸"渲染血淋淋场面"，"靠监狱为生"，提供每日的"耸人听闻的消息"(《穷雅克》，第 1 年，第 3 期）。"反社会新闻"则系统地突出报道资产阶级中的过失犯罪事件，展示这个阶级的"生活堕落"与"道德败坏"。它用关于剥削者使普通人陷于苦难、饥饿，实际上是在谋杀后者的描述，取代关于普通人犯罪的报道。[27] 它在关于工人的刑事审判案的报道中指出雇主与整个社会应承担的责任。总之，这是旨在颠倒那种一成不变的关于犯罪的话语的努力——那种话语竭力把犯罪当作一种怪物孤立起来，并把它描述成最穷苦阶级的所作所为。

在这种反刑法论战中，傅立叶主义者无疑比其他人都走得更远。他们或许是最早提出一种对犯罪给予积极评价的政治理论的人。在他们看来，虽然犯罪是"文明"的一个结果，但是犯罪也因此是一个反对"文明"的武器。它自身蕴含着一种形象和一种前途。"受其压迫原则的必然性支配的社会秩序，不断地通过刽子手和监狱，杀害那些生性坚强、拒绝和蔑视社会规定的人，那些已经长大、挣破襁褓并把它撕得粉碎的人，那些不想永远当婴儿的人。"（《法朗吉》，1837年1月10日）因此，不是犯罪天性，而是一种力量的较量游戏，根据每个人所从属的阶级，[28] 或者使他们掌握权力，或者把他们送入监狱。如果出身贫贱，今日做了官，将来无疑要上囚犯船。如果出身高贵富有，虽然是罪犯，但是"将来也要主持法庭，行使司法大权"（《法朗吉》，1838年12月1日）。归根结底，犯罪的存在显示了"人性的一种十分幸运的不可压抑性"。不应该把它看作一种弱点或一种病态，而应视之为一种正在苏醒的活力，一种"在人的个性名义下的抗议爆发"，由此才能理解犯罪的奇异诱惑力。"犯罪唤醒了我们混沌麻木的情感与半遮半掩的激情。没有犯罪，我们将长久地陷于混乱与软弱。"（《法朗吉》，1837年1月10日）因此，犯罪也许会成为一种政治武器，正如它曾对黑人解放起过作用一样，它也可能被证明对于我们社会的解放是弥足珍贵的。是啊，如果没有它，这样一种解放能够实现吗？"监狱、纵火甚至暴动，是灾难深重的社会状况的证据。"（《法朗吉》，1837年1月10日）那么，犯人这些"人类最不幸、受压迫最深重的部分"有什么重要性呢？《法朗吉》有时也赞同同时代人对犯罪的赞美，但却出自截然不同的原因。

因此就出现了一种对社会新闻的使用方法，这种使用不仅旨在把对道德败坏的谴责回敬给对方，而且还要揭露反对势力的把戏。《法朗吉》把刑事案件当作一种"文明"所编制的冲突来分析，认为重大犯罪不是畸形怪胎，而是被压抑的东西的必然回归和反抗，[29] 轻微非法活动不是社会的必要边缘地带的产物，而是从战场中心传来的低沉轰鸣。

除了维多克和拉塞奈尔外，还应该举出第三种形象。他仅仅是昙花一现。他引起的轰动几乎不超过一天。他仅仅是一个转瞬即逝的从事轻微非法活动的小人物：一个13岁的孩子，无家可归，被指控犯有流浪罪，被判二年监禁，但这二年监禁就足以使他陷入过失犯罪的循环中。如果他没有用关于某种非法活动的话语来对抗（以纪律的名义，而不是以法典的名义）使他成为过失犯的法律的话语，他肯定不会给人留下任何印象。那种非法活动是对这些压制的反抗，那种话语系统地揭示了无纪律（indiscipline）的双重含义：既是社会的无序的秩序，又是对不可转让的权利的肯定。所有被法庭定为犯罪的非法活动，都被被告变成一种对生命力的肯定：无家可归当然浪迹天涯，没有主人就意味着独立，没有工作就等于自由，没有时间表的约束就等于日以继夜地工作。这种非法状态与纪律—刑罚—过失犯罪体系的冲突，被同时代人，更确切地说是被恰好在场的记者理解为与琐细的无纪律现象搏斗的刑法的喜剧效果。实际上，这个案件及其判决体现了19世纪合法惩罚的问题核心。法官可笑地试图用法律的威严来管束无纪律现象，被告则以目空一切的态度把不受纪律约束重新纳入基本权利之列，这对于刑罚来说是一个典型的场面。

这无疑就是1840年8月《判决公报》的报道的价值所在。这篇报道如下："法官：人应该睡在家里。贝阿斯：我有家吗？法官：你一直在流浪。贝阿斯：我以工作为生。法官：你的谋生职业是什么？贝阿斯：我的职业，首先，我至少36岁了。我不为任何人工作。我长期以来只为自己工作。我有白天的职业和晚上的职业。白天，例如，我向一切过往行人免费散发传单；当公共马车过来时，我跟在后面跑，为乘客提箱子；我在努伊利街帮助推车轮；晚上有演出，我给马车开车门，我推销门票。我有许多事情要做。法官：应该把你安置在一个良好的习艺所里，让你当学徒，学一门手艺。贝阿斯：噢，良好的习艺所、学徒，这太麻烦了。而且，不管怎样，资产阶级……总是抱怨，一点自由也没有。法官：你父亲不想让你浪子回头吗？贝阿斯：我没有父亲。法官：那你母亲呢？贝阿斯：我也没有母亲，父母都没有，也没有朋友，我是自由独立的。"在听到被判决教养二年后，贝阿斯"拉长了难看的脸，然后又恢复了他的幽默感，说：两年，那不过是二十四个月。那就去吧"。

《法朗吉》也提到这一场面。但是该报的极其冗长细致的分析表明，傅立叶主义者在这种常见的案例中看到了各种基本力量的表演。一方面是由法官、"活生生的法律活动、法律的精神与词句"所代表的"文明"的表演。它有自己的强制体制，表面上是法典，实际上是纪律。必须有一个地点、一个位置、一种强制性的嵌入："法官说，人是睡在家里的。这是因为在他看来，一切事物都应有个家，有个归宿，而不论这个归宿是富丽堂皇还是简陋下贱。他的任务不是提供一个归宿，而是强迫每个人生活在一个巢穴中。"而且，每个人都必须有一个谋生职业、一种可辨认的身份、一种永远固定的个性："你的职业是什么？这个问题最简明地体现了现存社会秩序。流浪是与之抵触的，是对它的骚扰。人们必须有一个稳定的、长期不变的职业，必须考虑未来，考虑一个有保障的前途，以免受各种侵扰。"总之，人应该有一个主人，被安置在一个等级体系中。人只能以固定在明确的支配关系中的方式存在："你和谁在一起工作？这就是说，不论你从事什么职业，既然你不是主人，你就必须是仆人。这不是你作为一个人是否令人满意的问题，而是一个维护秩序的问题。"某种自称为一种权利的非法状态，与表面上是法律的纪律发生冲突。造成敌对冲突的是无纪律，而不是犯罪。一种无纪律的语言——不规范语法和回答问题的语调"表明了被告与社会之间的深刻裂痕，因为社会是通过法官用规范的措辞向他提问的"。这种无纪律是天然直接的自由的无纪律："他十分清楚地意识到，学徒、工人就是奴隶，而受奴役是很悲惨的。……这种自由，这种对流动的需求支配着他，他十分清楚，在循规蹈矩的生活中，他将再也不能享受这种自由。……他热爱自由。别人把这视为不正常，但这与他有什么相干？这就是自由，也就是说，这就是他的个性的最自然的发展。这是一种野性的发展，是兽性的、有限的，但也是自然的、出于本能的发展。"在家庭关系方面是无纪律的。无论这个迷途的孩子是被遗弃的还是自我放纵的，都无所谓，因为"他不能忍受家长的或陌生人的教育奴役"。正是由于这些繁琐的纪律，最终导致整个"文明"遭到抵制，"野性"从而产生："这就是工作，这就是游惰，这就是轻率愚钝，总之，这就是除了秩序之外的一切。除了职业与放荡上的差异之外，这就是过一天算一天的野蛮人的生活。"(《法朗吉》，1840年8月15日)

毫无疑问，"法朗吉"的分析不能被视为当时工人报刊关于犯罪与刑罚的讨论的代表性意见。但是，应该把这些分析放在这种讨论的背景中来考察。"法朗吉"的说教并没有完全白费口舌，在19世纪后半期产生了回声。当无政府主义者把刑法机构当作攻击目标时，他们提出了过失犯罪的政治问题。他们想从中找到对法律最有战斗性的否定。他们不是想把过失犯的暴动加以英雄化，而是试图把过失犯罪同控制利用它的资产阶级的合法与非法活动区分开。他们的目的是重新确立或构建民众非法活动的政治统一。

注　释

〔1〕《巴黎评论》，1836年6月7日。在1836年，这一部分场面不再公之于众，只允许少数特殊观众在场。《巴黎评论》的这段关于给犯人钉枷锁的报道，甚至在词句上都与《一个犯人的最后一日》(*Dernier jour d'un condamné*，1829) 相同。

〔2〕《判决公报》经常公布这种名单与"罪犯"介绍。民众根据下述描述就能辨认出德拉科隆日 (Delacollonge)："一条旧布裤子与一双靴子，头上戴着一顶同样布料的尖帽，上身穿着一件灰罩衫。……外面套着一件蓝布外套。"(1836年6月6日) 后来，为了使德拉科隆日免受人群的袭击，决定给他改装。《判决公报》马上就报道了改装的情况："带条的裤子、蓝色亚麻罩衫、草帽。"(7月20日)

〔3〕《巴黎评论》，1836年6月。另见克劳德·盖克斯 (Claude Gueux) 的描述："看看这些人的面相。……这些堕落的人各藏着一种属相，……这是山猫，这是猫，这是猴，这是秃鹫，这是鬣狗。"

〔4〕《巴黎评论》，1836年6月7日。根据《判决公报》的报道，7月19日铁链囚犯队的队长多列士 (Thorez) 想去掉这些装饰："你们是去囚犯船赎罪，不是去参加自己婚礼，不要这样厚颜无耻地梳妆打扮。"

〔5〕《巴黎评论》，1836年6月7日。这一天，铁链囚犯队的铁链被弄短，以防止这种转圈跳舞。士兵受命维持秩序，直到铁链囚犯队出发。在《一个犯人的最后一日》中这样描述犯人的"安息日"："在那里，监狱看守与既恐惧又好奇的旁观者就代表了社会。犯人确定了社会的意图，把这种可怕的惩罚变成一个家庭节日。"

〔6〕1836年4月10日的《判决公报》摘引了一首这种性质的歌。这首歌是按照

《马赛曲》的调子唱的。这首爱国主义战歌变成了社会战争之歌："我们惨遭不幸，他们都来侮辱我们。这些愚昧的民众想从我们这里得到什么？他们看着我们，冷淡而平静，对宰割我们的屠夫居然不生恐惧。"

〔7〕有一类作家"极力赞美某些技艺非凡的歹徒的罪行，抬高这些人的地位，用各种俏皮话几乎不加掩饰地嘲弄政府官员。凡是看过《阿德雷客栈》（Auberge des Adrets）或民间流行的戏剧《罗伯特·迈克尔》（Robert Macaire）的人都会承认我的看法的正确性。这是大胆放肆与犯罪的凯歌与神曲。老实人、维护公共秩序的力量从始至终受到嘲弄"（Fregier，Ⅱ，187～188）。

〔8〕《判决公报》，1837 年 7 月 23 日。8 月 9 日的《判决公报》报道说，马车在甘冈（Guingamp）郊区翻了车，犯人没有逃跑，而是"帮助警卫把他们共同的车厢安放回车轮上"。但是在 10 月 30 日，该报报道了在瓦朗斯（Valence）发生的一起逃跑事件。

〔9〕这是一位因参加工会而入狱的工人写给《工厂报》的信（1842 年 10 月发表）。这种抗议能够引起注意，因为当时该报正在反对犯人劳动造成的竞争。另一名工人的一封信谈到了同样的问题。另参见《博爱报》，1842 年 3 月，第 1 年第 10 期。

〔10〕《判决公报》，1829 年 12 月 3 日。另参见《判决公报》，1839 年 7 月 19 日；《大众蜂群》，1840 年 8 月；《博爱报》，1847 年 7—8 月。

〔11〕在 1839 年通过新的中央监狱管理条例前后，这种批评十分激烈。该条例很严厉（规定犯人必须保持沉默，取消烟酒供应，减少食品），引起了犯人反抗。1840 年 10 月 3 日的《导报》（Le Moniteur）写道："犯人们沉溺于酒、肉、野味及各种精美食品，把监狱当作临时招待所，在那里获得自由状态所不能给予的一切享受。看到这种情况，令人无法容忍。"

〔12〕1826 年，许多省议会要求用放逐取代经常而无效的监禁。1842 年上阿尔卑斯省议会要求把监狱变成"真正的赎罪所"。德龙省、厄尔·卢瓦省、涅夫勒省、罗讷省、塞纳·瓦兹省议会都提出类似的要求。

〔13〕这里依据的是 1839 年对各中央监狱的监狱长所做的调查。恩布伦（Embrun）中央监狱的监狱长认为："监狱内过分舒适的生活可能在很大程度上是由于累犯犯人数量大大增多造成的。"埃塞斯（Eysses）监狱长认为："现行制度不够严厉。有一点可以肯定，即对于许多犯人来说，监狱有其诱人之处，他们在监狱里找到了完全符合口味的被剥夺的享乐。"利摩日（Limoges）监狱长认为："现行的中央监狱制度毫无压制作用，对于累犯犯人来说，它们实际上差不多

是一个供应膳食的寄宿处。"（参见 Moreau-Christophe，1840，86）可以把这些言论与 1974 年监狱工会领袖关于监狱中的解放后果的宣言做一比较。

〔14〕关于放逐问题，参见 Barbe-Marbois 以及 Blosseville 与 La Pilorgerie 关于植物学湾（Botany Bay）问题的讨论。Bure Marengo 和 L. de Carné 等人都先后草拟了在阿尔及利亚开辟犯人殖民地的方案。

〔15〕最初的一个插曲是，在警方监督下建立"宽容所"（maisons de tolerance，1823）。这种妓院的组建远远超出了 1791 年 7 月 14 日关于妓院监督的法律规定。参见警察局关于这个问题所收集的文件原稿（20～26）。尤其值得一读的是 1823 年 6 月 14 日警察局长的通报："妓院的建立应该很自然地让关心公共道德的人感到不快。警察分局局长们尽其所能来反对在所辖各区建立妓院，对此，我毫不惊奇。……警察局相信，如果他们能把卖淫限制在宽容所里，能够对它们施加经常而一贯的压力，使它们无法逃脱监视，那么他们对公共秩序的贡献就会更大。"

〔16〕帕兰·杜沙特来（Parent-Duchatelet）的著作《巴黎的娼妓》（*Prostitution ā Paris*，1836）可以当作史实来读，它显示了受到警方与刑罚制度鼓励的这种过失犯罪阶层与卖淫活动的联系。移植到美国的意大利黑手党既被用于谋取非法利润又被用于政治目的，这是对起源于民间的非法活动加以控制的一个很好例证。

〔17〕关于过失犯为警方，尤其是为政治监视服务的角色，参见勒梅尔（Lemaire）写的备忘录："告密者"是那些"想自我放纵的人"。他们通常是"揭发其他更坏的人的不良分子。此外，某个人的名字一旦进了警察的名单，他就永远不会被放过"。

〔18〕律师拒绝参加这种功能运作的情况，自复辟时期起就有大量证据（这也表明，这一点绝不是最近出现的现象）。尤其是，清理或更确切地说是重新利用拿破仑时期的警察局，引出了若干问题。但是，对于律师们来讲，依然有些艰难。参见贝莱姆 1825 年就职后第一次讲演。他竭力想把自己与前任诸人区分开："合法方式对于我们是开放的。……我们是法律学校培养出来的，在培养合格的法律官员的学校接受过教育，……我们是正义的助手。……"（Belleyme）另参见莫兰（Molene）那本引人入胜的小册子《论自由》（*De La Liberté*）。

〔19〕关于当时人们对拉塞奈尔的看法，见勒贝伊（M. Lebailly）编辑的拉塞奈尔的《回忆录》（1968 年），第 297～304 页，勒贝伊编纂的有关资料。

〔20〕1835—1836 年的氛围是，因为菲埃希被处以对弑父者与弑君者都适用的刑

罚，所以弑父的里维埃尔（Rivière）也被处以死刑。里维埃尔令人震惊的形象无疑是被拉塞奈尔的光彩、审判及著作所遮蔽。拉塞奈尔的著作经过保安局首脑的检查删减，于1836年初出版。几个月后，他的同伙弗朗索瓦与布雷斯特（Brest）铁链囚犯队提供了最后几场犯罪杂要大表演中的一场。这是一个非法活动与过失犯罪的氛围，是犯罪的话语与关于犯罪的话语的氛围。

〔21〕18世纪末考尔克洪就提出对于像伦敦这种大城市这种任务之困难的观点（Colquhoun, 27～29, 293～294）。

〔22〕"任何其他阶级都没有受到这种监视。这种监视是以与对获释犯人的监视几乎相同的方式进行的。看起来，工人被置于我们现在所说的危险的社会阶级的范畴。"（《工厂报》，第5年，第6期，1845年3月）

〔23〕《判决公报》，《审判通讯》（*Courrier des tribunaux*）与《守门人杂志》（*Journal des concierges*）不在其列。

〔24〕参见《工厂报》（1844年6月）刊登的要求让犯人做"有害健康与危险的工作"的致巴黎议会的请愿书。1845年4月，该报援引了布列塔尼（Brittany）的一个例子。在那里有许多开掘运河的充军犯人死于热病。因此在1845年4月就提出这样的问题：犯人为什么不从事与金银或白铅打交道的工作？……另参见1844—1845年的《政治民主》（*Démocratie politique*）。

〔25〕1843年11月的《工厂报》对《巴黎的秘密》提出批评，理由是该作品过分美化了过失犯，注重对他们的形象与他们的语言的描述，过分强调了犯罪倾向的必然命运。《大众蜂群》也有类似的对戏剧的批评。

〔26〕在1839年12月的《大众蜂群》上，文萨尔（Vinsard）对《世纪》（*Le Siècle*）上发表的巴尔扎克（Balzac）的一篇文章给予反驳。巴尔扎克说，对两个行窃的富人提出指控应该谨慎行事，因为稍微有点欺骗行为就会立刻变成丑闻。文萨尔写道："喂，先生，请你扪心自问，难道相反的情况不是每天都在发生吗？难道一个有钱有地位的人找不到各种手段来平息某种不幸的事件吗？"

〔27〕在1847年3月的《博爱报》上讨论德鲁伊亚尔（Drouillard）案件，涉及的是设在罗什福尔（Rochefort）的海军机关的盗窃案。1847年6月有一篇文章论述布尔密（Boulmy）审判与居比埃尔·佩拉普拉（Cubière Pellaprat）案件。1847年7—8月，有一篇文章评论掠夺公款的贝尼埃·格朗日·茹歇（Benier Lagrange Jussien）案件。

〔28〕"获准卖淫、盗窃实物、侵入住宅、凶杀、流浪，都属于下层阶级。而高明的

抢劫、间接而巧妙的盗窃、精明地剥削人力、精心策划而大胆完成的背叛、超凡出众的欺骗表演，总之，一切真正高雅的恶习与以牟利为目的的犯罪，受到法律的宽容而不被中途打断，成为上层阶级的专利。"（1838 年 12 月 1 日）

〔29〕参见 1836 年 8 月 1 日与 1840 年 10 月 2 日《法朗吉》关于德拉科隆日或埃利拉比德（Elirabide）所发表的评论。

第三章 "监狱"

　　如果让我来确定"监狱体制"最终形成日期，我不会选择颁布刑法典的 1810 年，也不会选择通过了关于分格囚禁原则的法律的 1844 年。我甚至不会选择 1838 年，那一年夏尔·卢卡、莫罗·克利斯托夫与福歇撰写的关于监狱改革的著作纷纷问世。我要选的日期是 1840 年 1 月 22 日。这是梅特莱（Mettray）农场（教养所）正式开始使用的日子。正是在这个不被注意、不被纳入史册的光荣日子，梅特莱的一个孩子在垂危之际说："我这么快就离开了这个农场，太可惜了！"（Ducpétiaux，1852，383）这标志着第一个教养所圣徒的死亡。据说，来自其他惩罚场所的犯人在咏唱关于这个农场的新惩戒方针的赞美诗时说："我们过去宁愿挨打，但是现在囚室更合我们心意。"如果这种话可信以为真的话，那就无疑有许多被赐福的人将加入那个圣徒的行列。

　　为什么我选择梅特莱？因为它是最极端的规训机构，是各种对行为进行强制的技术集大成的标本。在它那里可以发现"修道院、监狱、学校、兵团"。囚犯被分配在等级严明的小

HOC EST REGULA RECTI.

1. A. 安德里:《矫形外科——防治儿童身体畸形的技术》, 1749 年

2. 1666 年路易十四第一次阅兵纪念章。参见第 202 页

FIGURE LXVI.

Repofez-vous fur vos armes.

C E commandement s'éxecute en quatre temps : le premier, en étendant le bras droit vis-à-vis la cravatte, le moufquet planté droit fur fa croffe : le fecond temps, en laiffant gliffer le moufquet au deffous de la ceinture de la culotte, & en hauffant la main gauche au bout du canon du moufquet : le troifiéme, en laiffant tomber la croffe du moufquet : & le quatriéme, en gliffant la main droite pour la joindre à la main gauche.

FIGURE LXVI.

Reposez vous sur vos armes .

R ij

FIGURE LXX.

Reprenez vos mefches.

C E commandement s'éxecute en quatre temps : le premier eft, d'avancer la pointe du pied droit à quatre doigts de la mefche, ayant le bras droit étendu à la hauteur de la cravatte : le deuxiéme eft, de baiffer le corps en tenant le jarret roide, & le genouil droit un peu plié pour prendre la mefche dans les doigts de la main droite : le troifiéme temps eft, de fe relever droit en mettant le pied droit vis-à-vis du pied gauche, & en gliffant la croffe du moufquet en dedans pour remettre la mefche dans les doigts de la main gauche : le quatriéme temps eft, de repouffer fon moufquet fur l'épaule, & d'étendre le bras droit le long de la cuiffe.

FIGURE LXX.

Reprenez vos méches

S ij

3/4. P. 吉法尔 :《法兰西兵法》, 1696 年。参见第 165 ～ 166 页

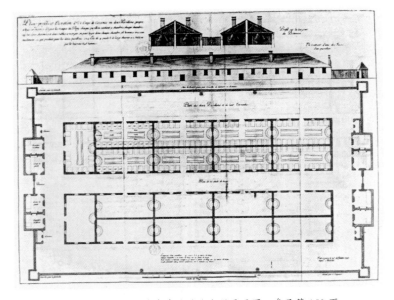

5/6. 1719 年 9 月 25 日关于营房建筑的法令附平面图。参见第 153 页

7. P. G. 若里·德·梅泽鲁瓦:《战争论》, 1777 年。

参见第 185 ～ 186 页

18 个步兵营和 24 个骑兵连的营房

1. 步兵营房　2. 骑兵营房

3. 轻甲连队　4. 特别警卫

5. 营房警戒线　6. 司令部

7. 火炮区　8. 粮仓　9. 棱堡

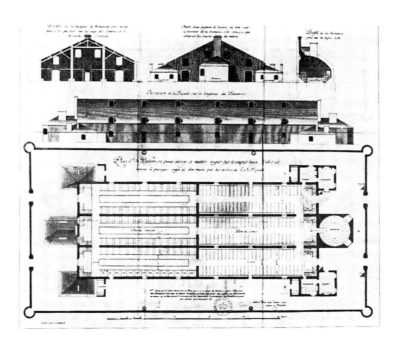

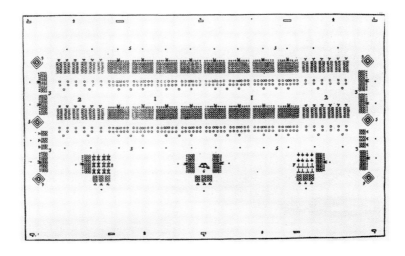

8. 书写模式。参见第 164 页

9. 纳瓦尔学院。雕版作者：费朗索瓦·尼古拉·马蒂内，约 1760 年。
参见第 154 ～ 155 页

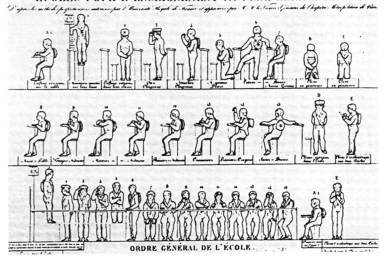

10. 互教学校，位于波特－马洪街。参见第 158～159 页

11. 书写训练。石版画作者：伊波利特·勒孔特，1818 年

12. B.普瓦耶：医院设计图，
1786 年。参见第 188 页

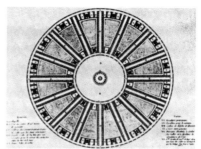

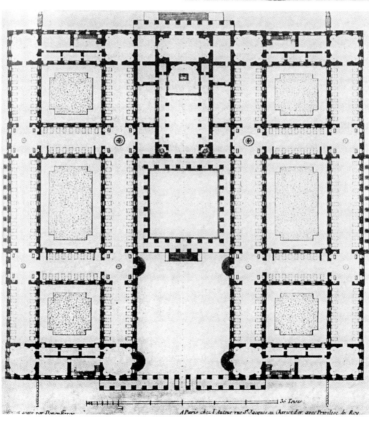

13. J. F. 德·纳福尔日：医院设计图。《建筑资料集》(1757—1780)。参见第
188 页

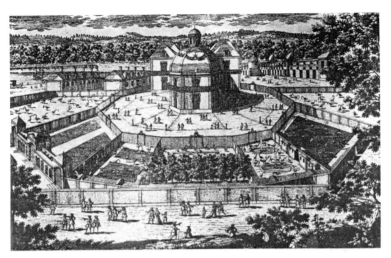

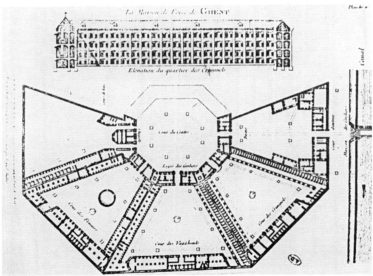

14. 路易十四时期的凡尔赛动物园。雕版作者：阿韦林。参见第 219 页

15. 根特监狱平面图，1773 年。参见第 130 页

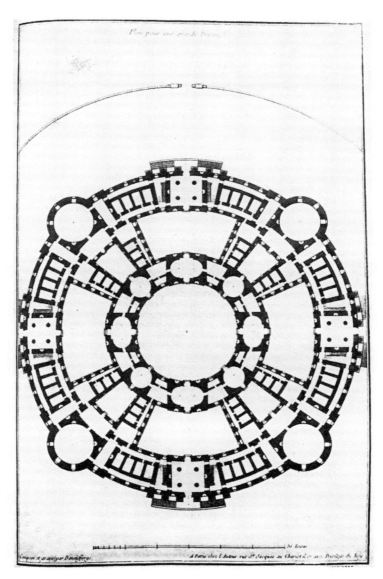

16. J. F. 德·纳福尔日：监狱设计图。《建筑资料集》（1757—1780）。参见第 188 页

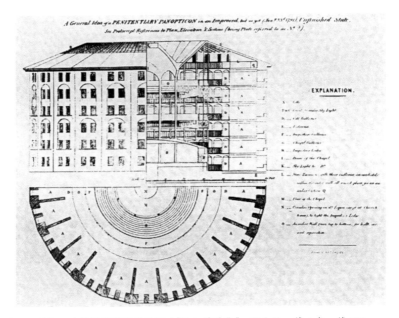

17. 边沁：全景敞视监狱平面图（《边沁著作集》，鲍令编，第 4 卷，第 172 ～ 173 页）。参见第 215 页

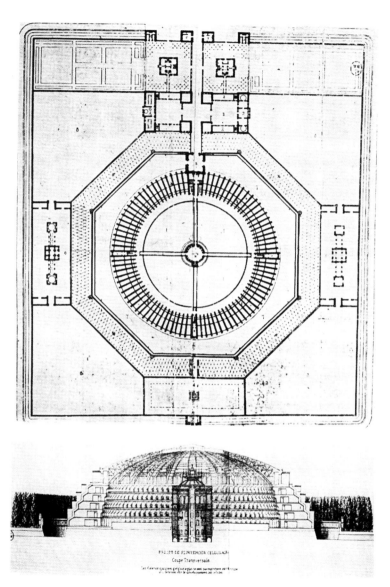

PROJET DE PÉNITENCIER CELLULAIRE.
Coupe Transversale.

18/19. N. 阿鲁-罗曼：教养院设计图，1840 年。参见第 268 ～ 269 页

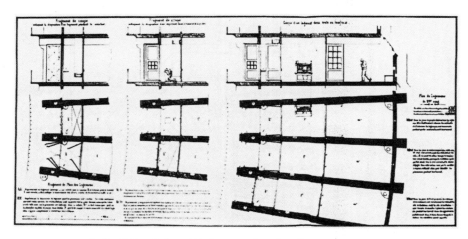

20. N. 阿鲁-罗曼：教养院设计图，1840 年。参见第 268 ~ 269 页
单人囚室平面和切面图。
　　每间囚室都有一个入口过道，一个卧室，一个工作间，一个散步间。在祈祷
时，入口的门是敞开的。

21. N. 阿鲁-罗曼：教养院设计图，1840 年。参见第 268 ～ 269 页
一个犯人在自己的单人囚室里，面向中央监视塔做祈祷。

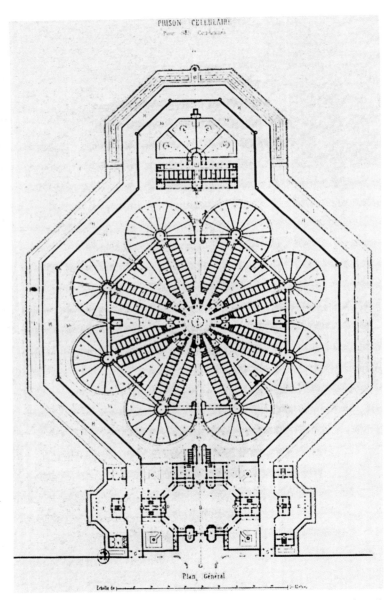

22. A. 布鲁埃：容纳 588 名犯人的单人牢房监狱设计图，1843 年。参见第 268 ～ 269 页

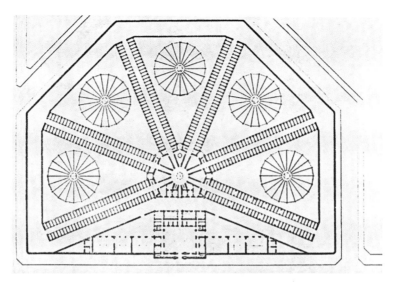

23. 马扎监狱平面图。参见第 268 ～ 269 页
24. 小罗盖特监狱。参见第 268 ～ 269 页

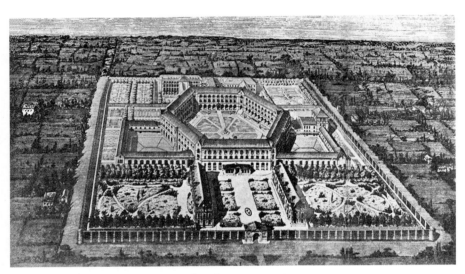

25. 雷恩中心监狱，1877 年。参见第 268 ～ 269 页

26. 20世纪美国斯泰茨维尔教养院内景。参见第 270 页

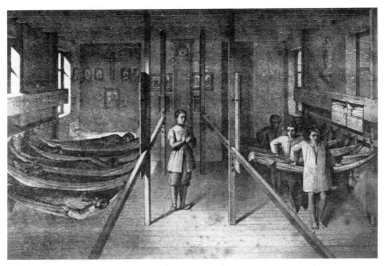

27. 梅特莱农场的寝室。参见第 324 ～ 325 页

28. 弗雷纳监狱礼堂。宣讲饮酒的罪恶

29. 用轮椅矫正男女幼童的蒸汽机

　　各位父亲、母亲、叔舅、姑姨、监护人、寄宿学校女教师等等，凡身边的孩子有懒惰、贪婪、桀骜、闹事、蛮横、好打架、爱告状、饶舌、不敬神等坏毛病，敬请周知：恶煞先生和古板太太刚刚在巴黎各区各安装了一台图上的机器，每天正午到下午2点在各个点上接待需要矫正的淘气儿童。狼先生、炭人稻草人先生、填不饱先生和悍妇太太、恶毒傻太太和不解渴太太，以及恶煞先生和古板太太的亲朋好友将装配类似的机器，发送到各省市镇，数量有限，送完为止。他们还将亲自监督机器的操作。蒸汽机矫正价格低廉，效果惊人；儿童行为恶劣，父母焉有不用之理。接受屡教不改的孩子寄宿，供应面包和水。

　　该版画作于18世纪末。

MACHINE A VAPEUR POUR LA CORRECTION CÉLÉRIFERE DES
PETITES FILLES ET DES PETITS GARÇONS.

30. A. 安德里：《矫形外科——防治儿童身体畸形的技术》，1749 年

班中。这些班同时奉行五种模式：家庭模式（每个班都是由两个"老大哥"与"兄弟"组成的"家庭"）；军队模式（每个家庭有一个班长，下分两个小组，每组各有一名组长；每个囚犯都有号码，都要学习基本的军事操练；每天有一次卫生检查，每周有一次服装被褥检查；每天有三次点名）；工厂模式（有监工和工头，负责管理工作秩序与年轻囚犯学艺）；学校模式（每天上一小时或一个半小时的课；由训导员或副班长讲课）；司法模式（每天在谈话室进行"司法"惩治："任何轻微的不服从行为都要受到惩罚。避免严重违法乱纪的最好方法是极其严厉地惩治最轻微的错误：在梅特莱，说一句废话都要受到惩罚。"主要惩罚手段是单独禁闭，因为"孤独是影响孩子道德本性的最好手段。尤其是在孤独时，宗教的声音，即使以前从未进入他们的心灵，现在也会恢复全部感人的力量"。——Ducpétiaux，1852，377）。整个准刑罚制度都是人们为了使之不成其为监狱而创造出来的。它在囚室内得到最充分的体现。囚室的墙上书写着黑色大字："上帝注视着你。"

这种不同模式的复合使得人们有可能揭示"训练"的功能特征。梅特莱的长官都不能是纯粹的法官、教师、工头、非正式官员或"家长"，而只能是一种独特的干预方式中的这些东西的混合。他们在某种意义上是行为技师：品行工程师，个性矫正师。他们的任务是造就既驯顺又能干的肉体。他们每天负责监督九或十小时的工作（或者在车间里或者在田地）。他们指挥囚犯班组按照号角或哨声进行有秩序的活动、体育训练、军事操练、起床就寝、散步。他们教授体育动作。[1]他们检查卫生，督促洗澡。训练是与观察同时进行的。根据囚犯的日常表现，他们不断地积累起一整套认识。这种认识被用来当作不断评估的工具："少年犯一进入农场（教养所），就要接受一番调查，包括他的出身、家庭状况、被送上法庭的罪名以及构成他短暂但往往十分悲惨的经历的其他违法行为。这种资料被写在一块木板上。在这块板上依次记录着与每个囚犯有关的每一件事，他在农场的停留时间以及他离开后被送往何处。"（Ducpétiaux，1851，61）对肉体的塑造产生了一种关于个人的知识。学习技术的学徒训练导致了各种行为模式。掌握技能与建立权力关系密不可分地联系在一起。强壮能干的农业工人被制造出来。在这种受到专门监督的劳动中，产生出顺从的臣民，形成一套有关他们的可靠知识。这种规训肉体的技术有双重效果：洞察"心灵"和维持服从关系。有一个成果可以证明这种训练工作的有效性：1848 年，当"革命的狂热激发了所有人的想象时，当昂热、拉弗莱什、阿尔福尔等地的学校，甚至各寄宿学校都起来造反时，梅特莱的囚犯比以往更平静"（Ferrus）。

梅特莱特别具有典型意义之处，在于它自己所承认的这种训练运作的特点。这种训练是与其他监督方式——医疗，一般教育和宗教指导——联系在一起的，并以它们为基础。但是，不能把它与它们完全等同起来，也不能等同于严格意义上的管理。"家庭"的班组长、工头都必须与囚犯亲密地生活在一起。他们的衣衫几乎与囚犯一样"简陋"。他们实际上从不离开囚犯左右，日夜观察着他们。他们在囚犯中形成了一个持续观察网。为了使囚犯能够自我训练，在农场建立了一所专业学校。教学计划的主要宗旨是使未来的干部受到与囚犯一样的学徒训练与强制：他们"像学生一样受到纪律约束，以后他们作为教师将自己实行这种纪律"。他们学习有关权力关系的技艺。这是第一所实行纯粹纪律的训练学院，因为"教养"不仅仅是一种追求在"人性"方面的证明或在某种"科学"方面的依据的工程，而且是一种可以学习、可以传承的，服从一般规范的技术。这种实践通过强制来规范无纪律者或危险分子的行为，反过来也通过制定技术与理性思考来使自己被"规范化"。这种规训技术变成了一门有专门学校的"学科"。

人文科学历史的研究者碰巧也把科学心理学的诞生日期确定在这个时间，因为在这些年里，韦伯（Weber）*正在使用他的小罗盘来测量感觉。而在梅特莱出现的东西（迟早在其他欧洲国家也会发生）显然属于另外一种截然不同的类型。它标志着一种新型监督的出现或制度化或命名礼。这种监督是施加于抗拒规训者的知识与权力。然而，在心理学的形成与发展中，这些纪律专家的出现肯定标志着一个新阶段的开始。人们会说，对感觉反应的定量评定至少能从新兴的生理学中找到根据。单凭这一点，它也应在科学史上占一席之地。但是，规范监督也被一种医学或精神病学紧紧地包装起来，从而也具有一种"科学性"。它还受到一种司法机制的支持，后者直接或间接地给予它一种法律证明。因此，在这两种重要的保护层下，作为这二者的联系纽带或交流媒介，一种精心制定的规范监督技术不断地得到发展，延续至今。自从梅特莱的小学校建立以来，这些方法获得了层出不穷的具体而制度化的支持。它们的机构无论在数量上还是在规模上都扩大了。它们的辅助设施也随着医院、学校、公共管理机关、私人企业的增多而增加。它们的人员在数量、权力与专业资格方面都得到扩充。对付无纪

---

* 韦伯（Weber，Ernst Heinrich，1795～1878），德国解剖学家、生理学家，主要以对感觉反应的研究而著名。

律的技术人员形成了一个大家庭。在实施规范化的权力被规范化的过程中，在对一种凌驾于个人的权力—知识的部署中，梅特莱及其学校标志着一个新时代。

但是，为什么要选择这个时刻作为一种我们至今仍在某种程度上使用的惩罚艺术形成的起点呢？这是因为这种选择总是有点"不公正"。因为它把这个过程的"终点"置于刑法的较低应用领域中。因为梅特莱既是一所监狱，又不完全是监狱；说它是监狱，是因为它收容被法庭定罪的少年犯，但它还收容受到指控、但根据法典第66条应宣判无罪的未成年人，同18世纪一样收容代替家长管教的寄宿生。梅特莱这个惩罚样板恰恰位于严格意义的刑罚范围的边界。在刑法领域之外，有一系列的机构组成了"监狱群岛"。梅特莱则是其中最著名的一个。

然而，一般原则、重大法典以及法规在这一问题上都十分明确：不准有"法律之外"的监禁，不准有未经正式司法机构决定的拘留，那些专横但却普遍存在的禁闭不得再继续存在。然而，刑罚外监禁的原则实际上从未废弃。（大革命期间有关家内法庭、家长管教、家长禁闭子女权利的辩论还有待研究。）此外，如果说古典主义方式的大禁闭机构部分地（仅仅是部分地）被废除了，那么它又很快地复活了，并沿着某些方向重新部署和发展。然而，更重要的是，它通过监狱这个中介，一方面与法律惩罚手段相统一，另一方面与规训机制相统一。禁闭、司法惩罚与各种规训机构之间的界限在古典时代已经被弄得模糊不清，现在则趋向于消失，趋向于构成一个宏大的"监狱连续统一体"。这个系统把教养技术扩散到各种最单纯的纪律中，使纪律规范渗入到刑法体制的核心，并用纪律规范来控制最轻微的非法活动，最不起眼的不正规、偏离或反常以及过失犯罪的威胁。一种微妙的、分等级的"监狱网络"及其严密的机构与各自使用的方法，担负起古典时代那种专横、普遍但很不统一的禁闭的责任。

在此，我无意重构这整个网络——它首先是形成监狱的直接外围，然后不断地向外扩展。但是，提供少许的提示与若干日期，将有助于了解这种现象的广度与早熟性。

在中央监狱里建立了农业部门（1824年加永〔Gaillon〕首创，随后丰特夫罗〔Fontevrault〕、勒杜埃尔〔Les Douaires〕、勒布拉尔〔Le Boulard〕相继建立）。为被遗弃的流浪儿童建立了教养所（1840年珀蒂堡〔Petit-Bourg〕，1842年奥斯瓦尔德〔Ostwald〕）。为"惧怕堕入非正常生活"的年轻女犯，"因母亲堕落而过早接触丑恶生活的贫穷而纯洁的女孩"，被遗弃在医院和夜店门前的女孩，设立了救济院。根据1850年法令建立了劳改农场：免于起诉的与被定罪的未成年人被送到这些农场，"在严格的纪律下过集体生活，在农业劳动及与农业有关的基本产业中接受训练"；后来，被判处终身苦役的未成年人与"受公共事业救济局监护的未成年流氓"也被送进来（有关各机构的情况，见 Gaillac, 99～107）。此外，"监狱领域"愈益远离严格意义的刑罚，愈益扩大，监狱的形式慢慢削弱乃至最终彻底消失，出现了遗弃儿童或贫穷儿童收容所，孤儿院（如诺伊霍夫〔Neuhof〕或梅尼尔菲尔曼〔Mesnil-Firmin〕），习艺所（如兰斯的伯利恒〔Bethleem de Reims〕或南锡习艺所〔Maison de Nancy〕，甚至出现了工厂—修道院，如拉索瓦热尔〔La Sauvagère〕、塔拉尔〔Tarare〕和瑞瑞里约〔Jujuriew〕，年轻女工在13岁左右进入这些地方，几年内过着禁闭生活，外出必须有人监督，领取的是记账单而不是工资；劳动热情高、表现好，可多得奖金；工资只有在离开时才能拿到）。再扩大些看，还有一系列的机制虽然没有采用"严密的"监狱模式，但是使用了某些"监狱方法"，如慈善团体，道德改良协会（提供帮助但也进行监督），工人住宅区与集体宿舍——最原始的宿舍依然带有十分明显的教养制度的痕迹。[2]最后，这个大"监狱网"包容了遍及整个社会的所有规训机制。

我们已经看到，在刑事司法中，监狱把惩罚程序变成一种教养技术，而"监狱群岛"则把这种技术从刑罚机构扩散到整个社会机体。这就产生若干重要后果。

1. 这个宏大的机制建立了一种渐进的、连续的、不易察觉的等级，这就容易很自然地从不守秩序过渡到犯罪，反过来，从触犯法律过渡到对准则、常态、要求和规范的轻微偏离。在古典时代，尽管有某些关于犯罪的一般提法，[3]但是犯罪（crime）领域、罪愆（sin）领域与不良行为领域始终是分开的，它们有各自的标准与各自的权威（法庭、忏悔、禁闭）。相反，具有监视与惩罚机制的监禁是按照一种相对连续原则运作的。各种机构本身具有连续性。这种连续性把它们彼此联系起来（公共救济与孤儿院、改造所、教养所、规训营、监狱相联系；学校与慈善团体、工厂、救济院、女教养修道院相联系；工人住宅区与医院、监狱相联系）。惩罚标准和机制具有连续性。这种连续性以单纯的离轨行为为基础，逐渐强化准则和增加惩罚。（在知识领域与权力领域）已确立的、专业化的、有权能的权威有一种连续的等级。这种权威绝不恣意妄为，而是严格地照章办事，借助观察与评估，划分等级，分辨程度，做出裁决，施加惩罚，从矫正反常逐渐地过渡到惩罚犯罪。这种"监狱体系"具有许多分散或紧凑的形式，具有许多监督或限制、周密监视或持续强制的机构，从而保证了惩罚手段按照质和量相互沟通。它根据十分微妙的划分，把轻重刑罚、温和与严厉的处置、不好的评分与不重的判决连成序列。最轻微的无纪律似乎也预示着，你将最终被送上囚犯船；严酷的监狱则向被判处终身监禁的囚犯说，我将记录下你的任何不规矩行为。18世纪的人曾在有关表象与符号的"意识形态"技术中寻求惩罚功能的共相。现在，各种"监狱机制"的复杂、分散但统一的扩展与物质构架，成为这种共相的依托。结果，某种重要的共相贯通了最轻微的不规矩与最严重的犯罪。它不是犯法，不是对共同利益的冒犯，而是对规范的偏离、反常。正是它纠缠着学校、法庭、收容院与监狱。它在意义与功能的领域中统一了"监狱"在策略领域中所统一的东西。社会的敌人取代了君主的对头，同时也被变成一个不正常者，他本身带有捣乱、犯罪与疯癫等多重危险。"监狱网络"通过千丝万缕的联系把惩罚与不正常这两个复杂的长序列联结起来。

2. "监狱"及其广泛的网络允许募用重要"过失犯"。它建立了"规训职业经历"。在这种经历中，经过各种排斥和遗弃后，就启动了一种纯粹的进程。在古典时期，在社会的禁区或空隙开辟出一个混沌的、受到宽容的、危险的"非法者"领域，至少是逃避权力直接控制者的领域：这个不确定空间对于犯罪来说是一个训练场或避难所。在那里，贫困、失业、逃避无辜迫害，狡猾多诈、反抗权势，无视义务与法律、有组织的犯罪，都因各种缘由汇聚在一起。这是一个冒险领域，吉尔·布拉斯、谢泼德和曼德兰都以各自的方式栖身于此。19世纪的情况则不同：通过规训区分，构建起体系内的严格渠道。这些渠道借助相同的机制，培养驯顺状态，制造过失犯罪。这里有一种连续而强制性的规训"训练"，它有某种教育课程与某种职业网络。从中产生了安全的、可预知的、属于社会生活的职业经历：救济团体、寄宿学徒、劳改农场、训练兵营、监狱、医院、救济院。这些网络早在19世纪初已被规划出来："我们的慈善机构是一个极其协调的整体，穷人从摇篮到坟墓无时无刻不得到帮助。观察一下不幸者的人生旅程，你会看到，他出生便遭遗弃，被送进育婴堂，然后进入孤儿院，6岁时进入小学，以后又进入少年学校。如果他没有工作能力，他就被列入地区慈善机构的名单，如果他病了，他可以在十二家医院中选择就医。……最后，当这个可怜的巴黎人接近生命的尽头，七家救济院在等待他，它们那有益于健康的制度使他的风烛残年得以延长，超过了富人的寿命。"（Moreau de Jonnès，转引自 Touquet）

"监狱网络"不会把不能消化的人抛进混沌的地狱。它是没有边界的。它用一只手把似乎要被另一只手排除的东西捡回来。它不愿意浪费即便是被它判定为不合格的东西。在这个用监禁把全身武装起来的全景敞视社会中，过失犯并不是在法律之外的，他从一开始就置身于法律之中，置身于法律的核心，至少是置身于各种机制的包围之中。那些机制以不易察觉的方式将个人从纪律转交给法律，从离轨转变为犯法。诚然，监狱是惩罚过失犯罪的，但是，大部分过失犯罪是在监禁中由监禁制造出来的。归根结底，是监狱使这种监禁得以无限延续。监狱仅仅是一个自然而然的结果，是那种循序渐进的等级中的一个高级阶梯。过失犯是一种制度产物。因此毫不奇怪，在相当多的案例中，犯人的履历中包括了所有那些被普遍认为旨在使人远离监狱的机制与设施。人们会在其中发现有关怙恶不悛的过失犯"形象"的标记：被判处苦役的犯人是按照统一的"监狱体系"的作用方向从在教养所度过的童年中精心制造出来的。反之，赞美边缘状态的抒情诗兴则可以在这种"非法者"形象中，在这个游荡在一个驯顺、怯懦的秩序的边缘的庞大社会流民群中找到灵感。然而，犯罪不是在社会的边缘通过连续的放逐而产生的，而恰恰是借助于在愈益强化的监视下的愈益严密的嵌入，通过规训强制的积累而产生的。总之，"监狱群岛"保证了在社会深层基于微妙的非法活动的过失犯罪的形成，过失犯罪与非法活动的迭盖，某种特殊犯罪的确立。

3. 但是，"监狱体系"及其远远超出合法监禁的外延的最重要的后果也许是，它成功地使惩罚权力变得自然与正当了，至少人们对刑罚的容忍尺度放宽了。它趋向于消除惩罚实施中代价太大的因素。它是通过使两个领域相互对抗来实现这一点的。这两个领域是法律的司法领域与超法律的规训领域。实际上，贯穿于法律及其判决书的"监狱体系"的宏大连续性，给予规训机制及其所实施的决定与裁决一种合法的认可。在这个包括许多相对独立自主的"局部"机构的网络中，司法模式本身与监狱形式一起广泛扩散，乃至无所不在。规训机构的规章条例可以照搬法律，惩罚方式可以效仿陪审团的裁决与刑事惩罚，监视方式可以遵从警察模式。凌驾于所有这些衍生机构之上的是监狱这种最纯粹的形式。它给了它们某种正式的认可。"监狱"是一个以囚犯船或苦役到各种轻微限制的广泛等级。它传送着某种由法律所肯定的、被司法当作最得心应手的武器的权力。当纪律与在纪律中运作的权力完全运用司法本身的机制时（甚至是为了减轻这些机制的强度），当权力的效果被统一起来，权力被传送到各个层面，从而使它可以避免过分严厉时，纪律与权力的运作怎么可能显得是专断的呢？"监狱"的连续性以及监狱形式的聚变，使得规训权力有可能合法化，或者说，在任何情况下都能为规训权力正名。这样就使规训权力不可能具有任何过分或滥用的因素。

然而，反之，"监狱金字塔"给实施合法惩罚的权力提供了一种背景，在这种背景下它似乎不再具有任何过分与暴力性质。在规训机构及其所包含的连续"嵌入行动"的精密等级序列中，监狱并不表示另外一种权方的释放，而仅仅表示一种机制的补充强度，而那种机制从最早的合法惩罚形式产生以来就一直在运作着。下述两种机构的差异几乎是（而且应该是）难以察觉的：一种是为了使人悬崖勒马、避免入狱而将人收容进来的最新的"康复"（rehabilitation）机构，另一种是人在犯了明确罪行后被送进去的监狱。这里有一种严格的经济机制。它具有极其谨慎地提供统一的惩罚权力的功效。这里没有任何因素能使人想起君主权力在用自己的权威对即将处死者的受刑肉体进行报复时的那种过分性质。监狱对于那些交付给它的人继续进行着在其他地方已经开始的工作。而这种工作正是整个社会通过无数规训机制对每个人所做的工作。借助于一个"监狱连续统一体"，做出判决的权威渗透进其他所有从事监督、改造、矫正、改良工作的权威机构。甚至可以说，除了过失犯的独一无二的"危险"性质，除了他们偏离正常行为的严重程度以及仪式方面的必要严肃性之外，没有任何东西能把上述权威机构区分开。但是，就其功能而言，惩罚权力实质上与治疗权力或教育权力并无二致。它从它们那里，从它们的较次要的任务中，获得来自下面的认可。但这种认可并非不重要，因为这是对技术与合理性的认可。正如"监狱"使技术性规训权力"合法化"，它也使合法的惩罚权力"自然化"。"监狱"在二者同质化时，消除了其中一个的暴力性与另一个的专横性，减轻了二者都可能引起的反抗后果，从而使二者都不必有多余的目的，并且使同样精心计算的、机械的与谨慎的各种方法得以在二者之间流通。在这种情况下，"监狱"就使伟大的权力"经济"得以贯彻——在18世纪有关人的积聚与有效管理的问题首次出现时，人们曾努力探索这种"经济"的公式。

通过在社会各层面的运作，通过不断地将矫正艺术与惩罚权力混合，"监狱"的普遍性使惩罚之变得自然与可接受的标准降低了。人们经常提出一个问题，在大革命前后，惩罚权利是如何获得一种新基础的？无疑，答案应该在契约理论中寻找。但是，更重要的或许是提出相反的问题：民众是如何被造就得能够接受惩罚权力，更简单地说，民众是如何被造就得能够容忍被惩罚？契约理论仅仅能够用下述虚构来回答这个问题，即合法成员赋予他人以权力，这种权力对他行使他本人所拥有的对他人的权利。但更有可能的情况是，宏大的"监狱连续统一体"造成了规训权力与法律权力之间的沟通，并且从最轻微的强制不间断地延展到时间最长的刑事拘留，从而建构了与那种胡诌的授权相反的具有直接物质性的技术现实。

4. 由于有了这种新的权力经济，作为其基本手段的"监狱体系"就能够促成一种新形式的"法律"的出现：这是一种合法性与自然性、约定俗成与章程的混合，即规范（norm）。这就产生了一系列的后果：司法权力至少是它的功能运作出现内部错位；审判日益困难，似乎人们羞于做出判决；法官方面强烈地希望对正常与非正常进行判断、估量、诊断与辨认，声称有治疗与使人康复的能力。从这一角度看，是否相信法官有良心，甚至无意识的良心，是无意义的。他们"对医学的（无限）偏爱"（这一点不断地表现出来——从对精神病专家的诉诸到对犯罪学的说法的关注）体现了这样一个重大现实，即他们所行使的权力已经"变质"；它在某种层面上是受法律支配的，而在另一个更基本的层面上它是作为一种规范性权力运作的；正是他们行使的权力的机制，而不是他们的顾忌或人道主义的机制，使他们做出"治疗性"判决，提出"使人康复"的监禁期限。但是，反之，即便法官愈益不情愿为判罪而判罪，审判活动也已经扩大到规范权力所扩展的程度。这种审判完全是由于无所不在的规训机制而产生的，是以所有的"监狱机构"为基础的。它已成为我们社会的主要功能之一。对是否正常进行裁决的法官无处不有。我们生活在一个教师—法官、医生—法官、教育家—法官、"社会工作者"—法官的社会里。规范性之无所不在的统治就是以他们为基础的。每个人无论自觉与否都使自己的肉体、姿势、行为、态度、成就听命于它。在现代社会里，"监狱网络"，无论是在严密集中的形式中还是分散的形式中，都有嵌入、分配、监视、观察的体制。这一网络一直是规范权力的最大支柱。

5.社会的"监狱结构"确保对肉体的实际捕获与持续观察；由于本身性质的缘故，惩罚机构基本上能够适应新的权力经济，适应形成满足这种经济所需要的知识的手段。它的全景敞视运作使它能够起到这双重作用。由于它具备固定、划分与记录的方法，它一直是使人的行为客体化的无穷尽的检查活动得以发展的最简单、最原始、最具体但或许最必要的条件之一。如果说在"刑讯"司法时代之后我们进入了"检查"司法的时代，如果说检查方法能够以一种更一般的方式广布于整个社会并在某种程度上促成了关于人的科学，那么造成这种情况的一个重要手段就是各种繁多而相互重合的监禁机制。我并不认为人文科学源出于监狱。但是，如果说它们（人文科学）能够形成，能够在"知识型"（episteme）中造成如此之多的深刻变化，那是因为它们是通过一种特殊而新颖的权力渠道而传送的，即一种关于肉体的政策，一种使人的群体变得驯顺而有用的方法。这种政策要求把确定的知识关系包容进权力关系，要求有一种使征服与客体化重合的技术。它本身就带有新的造成个人化的技术。这种权力—知识造成了人文科学的历史可能性，而"监狱网络"则是这种权力—知识的盔甲之一。可认识的人（灵魂、个性、意识、行为等等）是这种分析介入、这种支配—观察的对象—效果。

6. 上述这些无疑可以解释监狱这个从一开始就受到诋毁的小发明为何极其牢固。如果它仅仅是一个为国家机器服务的镇压或排斥工具，那么它会比较容易地改变自己赤裸裸的形式，或寻找更容易被人接受的替代方式。但是，因为它植根于权力的机制与战略之中，所以它能以巨大的惯性力量来应付任何改造它的尝试。有一个事实很能说明问题：当改变监禁制度的问题被提出时，反对意见不仅出自司法机构本身。阻力不是出自实施刑事制裁的监狱，而是出自具有各种决断、联系与超司法效应的监狱，作为处于一个普遍的纪律与监视网络中的中转站的监狱，在一种全景敞视制度中运作的监狱。这并不意味着它是不可改变的，也不意味着它一旦确立就成为我们这种社会永远不可或缺的。相反，人们可以确定这样两个进程，这两个进程在使监狱得以运作的连续进程中能够对监狱的用途加以重大限制并转变其内部功能。无疑，这两个进程已经在很大程度上展开了。第一个进程是，减少被当作一种被封闭与被监视的特殊非法活动的过失犯罪的效用（或者增加其不利之处）。譬如，同政治与经济机构有直接联系的重大国内或国际非法活动（金融方面的非法活动、情报工作、武器与毒品交易、资产投机生意）表明，带有土气的而且引人注目的过失犯罪劳动力被证明是无能的。再如，从范围稍小的例子看，只要通过出售避孕套或间接地通过出版物、电影或歌舞剧就能够更有效地对淫乐进行经济榨取，古老的卖淫体系就丧失了其原有的许多效能。第二个进程是，规训网络日益发展，它们与刑法机构的交流日益扩大，它们获得愈益重要的权力，司法功能愈益大规模地转交给它们。现在，随着医学、心理学、教育、公共援助、"社会工作"等承担了愈来愈多的监督与评估权力，刑法机构也将能够变得具有医学性、心理学性与教育性。由于同样的原因，当监狱借助它的教养话语与它的加强过失犯罪的效果之间的裂痕把刑罚权力与规训权力联结起来时，监狱所体现的转折作用也就变得没有那么大了。在所有这些从事规范化的机制（它们的使用正在变得愈益严格）中间，监狱的特点及其作为联结环节的作用正在丧失原有的某种目的。

如果说围绕着监狱有一个全局性的政治问题，那么这个问题不是它是否应该具有矫正作用，也不是法官、精神病学家或社会学家是否应该在监狱中行使比管理人员更多的权力，甚至也不是我们究竟应该要监狱还是要其他某种东西。目前的问题在于，这些从事规范化的机制及其通过新纪律的扩增所具有的广泛权力被过分地使用了。

1836 年，有一名通讯员给《法朗吉》的信中写道："道德家、哲学家、立法者、文明的谄媚者，这就是你们的秩序井然的巴黎蓝图，这就是实行物以类聚的修正案。在中心点，在第一封闭区里，有对付各种疾病的医院，对付各种贫困的救济院，为男人、女人和儿童开设的疯人院、监狱与重罪犯监狱。围绕着第一封闭区，有兵营、法庭、警察分局、监狱看守住宅、断头台、刽子手及其助手的住宅。四角分别是众议院、贵族院、法兰西研究院和王宫。在中央区的外面，有为中央区服务的各种行业：骗子云集、破产频仍的商业，明争暗斗的工业，摇唇鼓舌的出版业，赌场，卖淫业，饥寒交迫的或放荡堕落的民众——他们随时准备竖起耳朵听从革命之神的召唤，还有铁石心肠的富人。……最终会产生一场人人对人人的无情战争。"（《法朗吉》，1836 年 8 月 10 日）

我的论述就以这篇未署名的通信作为结束。我们此时已远离刑轮、绞刑柱、绞刑架、示众柱星罗棋布的酷刑国度，我们也远离大约五十年之前改革者的梦想——惩罚之城，其中，数以千计的小舞台展示出无限丰富多彩的司法表演，在装饰过的断头台上精心制造出的惩罚将构成刑法典的持续节目。"监狱之城"及其虚构的"地理政治"则受到完全不同的原则支配。摘自《法朗吉》的上述文字使我们想到某些更重要的东西：位于这座城市中心的，而且似乎是为了恰当地控制这个中心的，不是"权力中心"，不是一种武力网络，而是一个由不同因素组成的复杂网络：高墙、空间、机构、规章、话语；因此，"监狱之城"的原型不是作为权力之源的国王人身，也不是产生某种既有个人性又有集体性的实体的契约式的意志聚合，而是一种对各种性质与各种层面的因素的战略分配。监狱不是法律、法典或司法机构的产物，它并不从属于法庭，不是实现法庭判决和法庭想要达到的结果的灵活或笨拙的工具。相反，法庭外在于和从属于监狱。监狱占据着中心位置，但它不是茕茕孑立，而是与一系列的"监狱"机制相联系。这些机制都是用于减轻痛苦、治疗创伤和给予慰藉的，因此表面上与监狱迥然有异，但它们同监狱一样，都往往行使着一种致力于规范化的权力。这些机制不是被用于对付对"中心"法律的冒犯，而是被用于生产机构——"商业"和"工业"，用于对付一系列复杂的非法活动。这些非法活动具有各式各样的性质与根源，有特殊的谋利作用，惩罚机制对付它们的方法也是各式各样的。追根究底，统辖着所有这些机制的不是某种机构的统一运作，而是进行战斗的必要性与战略准则。因此，把这些机构说成是压制、排斥、制造边缘状态的机构的种种观念，不足以描述出处于"监狱之城"核心的居心叵测的怜悯、不可公开的残酷伎俩、鸡零狗碎的小花招、精心计算的方法以及技术与"科学"等等的形成。所有这一切都是为了制造出受规训的个人。这种处于中心位置的并被统一起来的人性是复杂的权力关系的效果和工具，是受制于多种"监禁"机制的肉体和力量，是本身就包含着这种战略的诸种因素的话语的对象。在这种人性中，我们应该能听到隐约传来的战斗厮杀声。

结束本书的这一终点应该成为一种历史背景。有关现代社会的规范化权力以及知识的形成的各种研究都应该在这一历史背景下进行。

注　释

〔1〕"凡是有助于劳其筋骨的，都有助于消除不良思想。因此要使体育活动充满剧

烈运动。到了晚上，他们倒头就会入睡。"（Ducpétiaux，1854，375 ～ 376）

〔2〕例如，关于 19 世纪中期里尔（Lille）的工人宿舍有如下描述："白天必须保持
清洁。这是条例的核心。条例中有一些禁止喧哗、酗酒以及各种不守秩序行为
的条款。严重违反条例者将被驱逐。工人由于恢复正常的守秩序与精打细算的
习惯，就不会在星期一不进工厂。……子女受到更严格的管束，不再引出丑
闻。……对维护住宅、表现良好、有献身精神者，给予奖励。每年都有大批的
人竞争这些奖励。"（Houzé de l'Aulnay，13 ～ 15）

〔3〕给予犯罪以明确界定的是一些法学家，如米亚尔·德·伍格朗（Muyart de
Vouglans，1767，108 和 1780，3）和卢索（Rousseaud de la Combe，1 ～ 2）。

参考文献

Aguet, J. P., *Les Grèves sous la monarchie de Juillet*, 1954.

Agulhon, M., *La view sociale en Provence*, 1970.

Almanach populaire de la France, L', 1839.

Amboise, Projet de règlement pour l'aciérie d', Archives nationales, f. 12, 1301.

Anchel, R., *Crimes et châtiments au XVIIIe siècle*, 1933.

Annales du barreau moderne, III, 1823.

Archives nationales, MM 658, 30 March 1758 and MM 666, 15 September 1763.

Archives militaires de Vincennes, A 1,516 91 sc.

Archives parlementaires, XII, XXVI, LXXII.

Argenson, Marquis d', *Journal et mémoires*, VI, 1859–67 edn.

Ariès, P., *L'Enfant et la famille*, 1960.

Atelier, L', October 1840; March 1842; October 1842; November 1843; June 1844; March 1845.

Aylies, S., *Du système pénitentiaire*, 1837.

Ayrault, P., *L'Ordre, formalité et instruction judiciaire*.

Baltard, L., *Architectonographie des prisons*, 1829.

Barbé-Marbois, F. de, *Rapport sur l'état des prisons du Calvados, de l'Eure, la Manche et la Seine Inférieure*, 1823.

Barbier, E.-J.-F., *Journal*, IV, ed. 1847–56.

Barnave, A., 'Discours à la Constituante', *Archives parlementaires*, XXVII, 6 July 1791.

Batencourt, J. de, *Instruction méthodique pour l'école paroissiale*, 1669.

Beaumont, E. de and Tocqueville, A. de, *Note sur le système pénitentiaire*, 1831.

Le Système pénitentiaire aux États-Unis, ed. 1845.

Beausobre, J. de, *Commentaire sur les défenses des places*, II, 1757.

Beccaria, C. de, *Traité des délits et des peines*, 1764, ed. 1856.

Belleyme, M. de, *Histoire de l'administration*.

Beneton de Morange, E. C., *Dissertations sur les Tentes*, 1735.
　Histoire de la guerre, 1741.
Bentham, J., *Works*, ed. Bowring, IV, 1843.
Bercé, Y.-M., *Croquants et nu-pieds*, 1974.
Bérenger, A., *Rapport à l'Académie des sciences morales*, June 1836.
Bergasse, N., *Rapport à la Constituante sur le pouvoir judiciaire*, 1789.
Bernard, Samuel, *Rapport du 30 octobre 1816 à la société de l'enseignement mutuel*.
Bexon, S., *Code de sûreté publique*, part 2, 1807.
Bigot Préameneu, F., *Rapport au conseil général de la société des prisons*, 1819.
Blackstone, W., *Commentaries on the Laws of England*, vol. 4, 1766–9.
Blouet, Abel, *Projet de prisons cellulaires*, 1843.
Bonneville, A., *De la récidive*, 1844.
　Des libérations préparatoires, 1846.
　Des institutions complémentaires du systeme pénitencier, 1847.
Boucher d'Argis, A., *Observations sur les lois criminelles*, 1781.
　Cahier d'un magistrat, 1789.
Boussanelle, L. de, *Le Bon Militaire*, 1770.
Bradford, W., *An inquiry how far the punishment of death is necessary in Pennsylvania*, 1793.
Brantôme, *Mémoires. La vie des hommes illustres*, II, ed. 1722.
Brissot, J. P., *Théorie des lois criminelles*, I, 1781.
Bruneau, A., *Observations et maximes sur les matières criminelles*, 1715.
Bulletin de la société d'histoire du protestantisme, XXV.
Buré, E., *De la misère des classes laborieuses en Angleterre et en France*, II, 1840.
Buxton, Thomas Fowell, *Parliamentary Debate*, 1819, XXXIX.

Canguilhem, G., *Le Normal et le Pathologique*, ed. 1966.
Canler, P. L. A., *Mémoires*, ed. 1968.
Cariou, P., *Les Idéalités casuistiques* (unpublished thesis).
Chabroud, C., *Archives parlementaires*, XXVI.
Chassaigne, M., *La Lieutenance générale de police*, 1906.
Chassanée, B. de, *Consuetudo Burgundi*, 1528.
Chaunu, P., *Annales de Normandie*.
Choiseul, *Mémoire expositif*, B.N. MS. 8129.
Colquhoun, P., *Treatise on the Police of the Metropolis*, 1797.
Comte, C., *Traité de législation*, 1833.
Coquille, G., *Coutume du Nivernais*, ed. 1646.
Corre, A., *Documents de criminologie rétrospective*, 1895.
　Documents pour servir à l'histoire de la torture judiciaire en Bretagne, 1896.

Cournol, G., *Considérations d'intérêt public sur le droit d'exploiter les mines*, 1790, Arch. nat. A XIII[14].

Crime et criminalité en France sous l'Ancien Régime, 1971 (various authors).

Daisy, *Le royaume de France*, 1745.

Damhoudère, J. de, *Pratique judiciaire ès causes civiles*, 1572.

Danjou, E., *Des prisons*, 1821.

Dauphin, V., *Recherches sur l'industrie textile en Anjou*, 1913.

Dautricourt, P., *La Criminalité et la répression au Parlement de Flandre, 1721-1790*, 1912.

Decazes, E., 'Rapport au roi sur les prisons', *Le Moniteur*, 11 April 1819.

Delamare, N., *Traité de police*, 1705.

Deleuze, Gilles and Guattari, Félix, *Anti-Oedipe*, 1972.

Demia, C., *Règlement pour les écoles de la ville de Lyon*, 1716.

Dépôts de la Guerre, 3689.

Des Essarts, T. N., *Dictionnaire universel de police*, 1787.

Desjardin, A., *Les Cahiers des États généraux et la justice criminelle*, 1883.

Ducatel, *Instruction pour la construction des maisons d'arrêt*, 1841.

Ducpétiaux, E., *De la réforme pénitentiaire*, III, 1837.

   Des colonies agricoles, 1851.

   De la condition physique et morale des jeunes ouvriers, II, 1854.

   Du système de l'emprisonnement cellulaire, 1857.

Dufau, 'Discours à la Constituante', *Arch. parl.*, XXVI.

Dufriche de Valazé, C. E., *Des lois pénales*, 1784.

Duhamel, L., *Les Exécutions capitales à Avignon au XVIIIe siècle*, 1890.

Dupaty, C., *Mémoire justificatif pour les trois hommes condamnés à la roue*, 1786.

   Lettres sur la procédure criminelle, 1788.

Dupont-Ferrier, *Du collège de Clermont au lycée Louis-le-Grand*, I.

Duport, A., 'Discours à la Constituante', 22 December 1789, *Arch. parl.*, X and XXI.

Duras, L., article appearing in *Le Progressif* and quoted by *La Phalange*, 1 December 1838.

Durkheim, E., 'Deux lois de l'évolution pénale', *Année sociologique* IV, 1899-1900.

Encyclopédie, articles on 'Supplice' and 'Manufacture'.

Esmein, A., *Historie de la procédure criminelle en France*, 1882.

Farge, A., *Le Vol d'aliments à Paris au XVIIIe siècle*, 1974.

Faucher, L., *De la réforme des prisons*, 1838.

Ferrière, C., *Dictionnaire de pratique*, II, 1740.

Ferrus, G., *Des prisonniers*, 1850.

Festy, O., *Les Délits ruraux et leur répression sous la Révolution et le Consulat*, 1956.

Fielding, Henry, *The Causes of the late increase in Robbers*, 1751, in *Works*, X, ed. 1784.

Filangieri, G., *La Science de la législation*, IV, 1786 (Fr. trans.).

Fleury, Joly de, B.N. Fonds Joly de Fleury, 258.

Fraternité, La, November 1841; February 1842; March 1842; November 1845; March 1847; July–August 1847.

Fregier, H. A., *Les Classes dangereuses*, 1840.

Fresnel, R., *Considérations sur les maisons de refuge*, 1829.

Funck-Brentano, F., *Catalogue des manuscrits de la bibliothèque de l'Arsenal*, IX.

Gaillac, H., *Les Maisons de correction*, 1971.

Gasparin, A. E. de, *Rapport au ministre de l'Intérieur sur la réforme des prisons*, 1837.

Gazette d'Amsterdam, 1 April, 1757.

Gazette des tribunaux, 3 December 1829; 30 August 1832; 10 April 1836; 6 June 1836; 20 July 1836; 6 April 1837; 15 June 1837; 23 July 1837; 9 August 1837; 19 July 1839; August 1840.

Gerspach, E., *La Manufacture des Gobelins*, 1892.

Goubert, P., and Denis, M., *Les Français ont la parole*, 1964.

Grellet-Wammy, *Manuel des prisons*, II, 1839.

Grégory, G. de, *Projet de Code pénal universel*, 1832.

Grosrenaud, F., *La Corporation ouvrière à Besançon*, 1907.

Guerry, F. and Deleule, D., *Le Corps productif*, 1973.

Guibert, J. A. de, 'Discours préliminaire', *Essai général de tactique*, I, 1772.

Hanway, J., *The Defects of Police*, 1775.

Hardy, S. P., *Mes loisirs*, B.N. MS. 6680–87, 1778.

Harou-Romain, N. P., *Project de pénitencier*, 1840.

Helot, R., *La Bibliothèque bleue en Normandie*, 1928.

Hibbert, C., *The Roots of Evil*, 1966.

Hobsbawm, E. J., *Bandits*, 1969.

Houzé de l'Aulnay, A., *Des logements ouvriers à Lille*, 1863.

Humanitaire, L', August 1841.

Instruction par l'exercice de l'infanterie, 14 May 1754.

Instruction sur le service des règlements de Cavalerie dans les camps, 29 June 1753.

Joly de Maizeroy, P., *Théorie de la guerre*, 1777.
Jousse, D., *Traité de la justice criminelle*, 1771.
Jucquiot, J., *Le Club français de la médaille*, 4th term, 1970.
Juillard, M., *Brigandage et contrebande en haute Auvergne au XVIIIe siècle*, 1937.
Julius, N. H., *Leçons sur les prisons*, I, 1831 (Fr. trans.).

Kantorowitz, E., *The King's Two Bodies*, 1959.
Kropotkin, P., *Memoirs of a Revolutionist*, ed. 1906.

Lacenaire, *Mémoires*, ed. 1968.
Lachèze, 'Discours à la Constituante', 3 June 1791, *Arch. parl.*, XXVI.
Lacretelle, P. L. de, *Discours sur les préjugés des peines infamantes*, 1784.
La Métherie, C. de, *Journal de physique*, XXX, 1787.
La Rochefoucauld-Liancourt, G. de, *Des prisons de Philadelphie*, 1796.
La Salle, J.-B. de, *Conduite des écoles chrétiennes*, B.N. MS. 11759.
    Traité sur les obligations des frères des écoles chrétiennes, ed. 1783.
Laulau, R., *L'École militaire de Paris*, 1950.
Lauvergne, H., *Les Forçats*, 1841.
Lawrence, J., *A History of Capital Punishment*, 1932.
Léon, A., *La Révolution française et l'éducation technique*, 1968.
Le Peletier de Saint-Fargeau, *Arch. parl.*, XXVI, 3 June 1791.
Le Roy-Ladurie, E., *Contrepoint*, 1973.
    'L'histoire immobile', *Annales*, May–June 1974.
Le Trosne, G., *Mémoires sur les vagabonds*, 1764.
    Vues sur la justice criminelle, 1777.
Lévy, J. P., *La Hierarchie des preuves dans le droit savant du Moyen Age*, 1939.
Linguet, S., *Nécessité d'une réforme dans l'administration de la justice*, 1764.
Locré, *La Législation de la France*, XXIX.
Loisel, G., *Histoire des ménageries*, II, 1912.
Loyseau, C., *Cinq livres du droit des offices*, ed. 1613.
Lucas, C., *De la réforme des prisons*, 1836.

Mably, G. de, *De la législation, Oeuvres complètes*, IX, 1789.
Mandrou, R., *De la culture populaire aux XVIIe et XVIIIe siècles*, 1964.
Marat, J.-P., *Plan de législation criminelle*, 1780.
Marchegay, P., *Archives d'Anjou*, II, 1850.

Marquet-Wasselot, J. J., *La Ville du refuge*, 1832.
L'Ethnographie des prisons, 1841.
Marx, Karl, *The Eighteenth Brumaire of Louis Bonaparte*, ed. 1954.
Capital, vol. 1, ed. 1970.
Masson, L., *La Révolution pénale en 1791*, 1899.
Meir, G. Codina, *Aux sources de la pédagogie des Jésuites*, 1968.
M.I.D.B. (Batencourt), *Instruction méthodique pour l'école paroissiale*, 1669.
Mittermaier, K. J., *Traité de la preuve*, 1848 (Fr. trans.).
Mogensen, N. W., *Aspects de la société augeronne aux XVIIᵉ et XVIIIᵉ siècles*, 1971.
Molène, A. de, *De l'humanité des lois criminelles*, 1830.
Monfalcon, J. B., *Histoire des insurrections à Lyon*, 1834.
Montgommery, J. de, *La Milice française*, ed. 1636.
Moreau-Christophe, L., *De la mortalité et de la folie dans le régime pénitentiaire*, 1839.
Polémiques pénitentiaires, 1840.
Mougins de Roquefort, J. J., 'Discours à la Constituante', *Arch. parl.* XXVI.
Muyart de Vouglans, P. F., *Instituts au droit criminel*, 1757.
Réfutation du Traité des délits et des peines, 1767.
Les lois criminelles en France, 1780.

Nantes, Archives municipales de, F.F. 124.
Navereau, A., *Le Logement et les ustensiles des gens de guerre de 1439 à 1789*, 1924.
Nicolas, *Si la torture est un moyen à verifier les crimes*, 1682.
Noue, F. de la, *Discours politiques et militaires*, 1614.

Ollyffe, G., *An Essay to Prevent Capital Crimes*, 1731.
Oppenheim, *Règlement provisoire pour la fabrique de M.S.*, 1809, in Hayem, J., *Mémoires et documents pour revenir à l'histoire du commerce*, 1911.
'Ordonnace du 1ᵉʳ janvier 1766, pour régler l'exercise de l'infanterie'.

Parfouru, P., *Mémoires de la société archéologique d'Ille-et-Vilaine*, XXV, 1896.
Pastoret, C. E. de, *Des lois pénales*, 1790.
Pauvre Jacques, 1st year, no. 3.
Perrot, Michèle, *Délinquance et système pénitentiaire de France au XIXᵉ siècle* (unpublished).
Petion de Villeneuve, J., 'Discours à la Constituante', *Arch. parl.*, XXVI.
Petrovitch, P., *Crime et criminalité en France XVIIᵉ–XVIIIᵉ siècles*, 1971.

Phalange, La, 1 August 1836; 10 August 1836; 10 January 1837; 1 December 1838; 15 August 1840; 2 October 1840.

Pictet de Rochemont, C., *Journal de Genève*, 5 January 1788.

Pièces originales et procédures du procès fait à Robert-François Damiens, III, 1757.

Poullain du Parc, A. M., *Principes du droit français selon les coutumes de Bretagne*, XI, 1767–71.

Praissac, *Les Discours militaires*, 1623.

Radzinovitz, L., *The English Criminal Law*, II, 1956.

Réal, A., *Arch. parl.*, 2e série, LXXII, 1 December 1831.

Real, G. A., *Motifs du Code d'instruction criminelle*, 1808.

Registre des déliberations du bureau de l'Hôtel-Dieu.

'Règlement de 1743 pour l'infanterie prussienne', Arsenal, MS. 4076.

Rémusat, C. F. M. de, *Arch. parl.*, LXXII, 1 December 1831.

Revue de Paris, 7 June 1836.

Richet, D., *La France moderne*, 1974.

Risi, P., *Observations sur les matières de jurisprudence criminelle*, 1768.

Rochemonteix, C. de, *Un collège au XVIIe siècle*, III, 1889.

Rossi, P., *Traité de droit pénal*, III, 1829.

Rousseau, J.-J., *Social Contract*, ed. 1913 (Eng. trans.).

Rousseaud de la Combe, G., *Traité des matières criminelles*, 1741.

Ruche populaire, La, December 1839; August 1840; November 1842.

Rusche, G. and Kirchheimer, O., *Punishment and Social Structures*, 1939.

Rush, B., *An Enquiry into the Effects of Public Punishments upon Criminals and upon Society*, 1787.

Saint-Edme (E. Bourg), *Dictionnaire de pénalité*, IV, 1825.

Saint-Hilaire, E. Geoffroy, *Notions synthétiques et historiques de philosophie naturelle*, 1838.

'Saint-Maur, Règlement de la fabrique de', B.N. MS. Coll. Delamare, Manufactures III.

Saxe, Maréchal de, *Les Rêveries*, 1756.

Seigneux de Correvon, G., *Essai sur l'usage, l'abus et les inconvénients de la torture*, 1768.

Seligman, E., *La Justice sous la Révolution*, I, 1901.

Sellin, Thorsten, *Pioneering in Penology*, 1944.

Serpillon, F., *Code criminel*, III, 1767.

Servan, J., *Le Soldat citoyen*, 1780.

Servan, J. M., *Discours sur l'administration de la justice criminelle*, 1767.

Snyders, G., *La Pédagogie en France aux XVIIe et XVIIIe siècles*, 1965.

Soulatges, J. A., *Traité des crimes*, I, 1762.
Stoobant, L., in *Annales de la Société d'histoire de Gand*, III, 1898.
Swedish Discipline, The, London, 1632 (anon.).

Target, G., *L'Esprit des cahiers présentés aux États généraux*, 1789.
Tatou, R. (ed.), *L'Enseignement et la diffusion des sciences au XVIIIe*, 1964.
Teeters, N. K., *The Cradle of the Penitentiary*, 1935.
They were in Prison, 1937.
Tobias, J., *Crime and Industrial Society*, 1967.
Tort, Michel, *Q.I.*, 1974.
Touquet, H. du, *De la condition des classes pauvres*, 1846.
Treilhard, J. B., *Motifs du code d'instruction criminelle*, 1808.
Tronchot, R. R., *L'Enseignement mutuel en France*, I (unpublished thesis).
Turnbull, J., *Visite à la prison de Philadelphie*, 1797 (Fr. trans.).

Van Meenen, P., 'Congrès pénitentiaire de Bruxelles', in *Annales de la Charité*, 1847.
Vattel, E. de, *Le Droit des gens*, 1768.
Vaux, Roberts, *Notices*, 1826.
Vermeil, F. M., *Essai sur les réformes à faire dans notre législation criminelle*, 1781.
Vidocq, F.-E., *Historie de Vidocq racontée par lui-même*.
Mémoires.
Vilan XIV, *Mémoire sur les moyens de corriger les malfaiteurs*, 1773.

Walhausen, J. J., *L'Art militaire pour l'infanterie*, 1615.

Zevaes, A. L., *Damiens le régicide*, 1937.

译者后记

《规训与惩罚》是法国著名思想家米歇尔·福柯（1926—1984）的代表作之一，于 1975 年问世。福柯称这部著作为"我的第一部著作"，这可以从"成熟之作"和"领衔之作"这双重意义来理解，但由此也可以看出福柯本人对这部著作的重视。

这里仅对几个术语的译名做一简单的说明。

1. 本书的法文书名是 *Surveiller et punir*，直译过来是《监视与惩罚》。但是福柯本人建议英译本将书名改为 *Discipline and Punish*。这是因为 discipline 是本书的一个核心概念，也是福柯创用的一个新术语。在西文中，这个词既可以作名词使用，也可以作动词使用；它具有纪律、教育、训练、校正、训诫等多种释义，还有"学科"的释义。福柯正是利用这个词的多词性和多义性，赋予它新的含义，用以指近代产生的一种特殊的权力技术，既是权力干预、训练和监视肉体的技术，又是制造知识的手段。福柯认为，规范化是这种技术的核心特征。福柯对书名的改动，显然是为了突出这一术语。基于上述情况，我们可以看到在一些谈到福柯的文章或译文中关于这个术语有各种各样的译法，有的译为"纪律"，但也有的译为"戒律"或"训诫"。根据对本书的理解，尤其是考虑到福柯把"规范化"看作是现代社会权力技术的核心，也为了便于名词和动词之间的转化，我们杜撰了"规训"这一译名，意为"规范化训练"。书名也采用英译本的书名，译为《规训与惩罚》。在正文中，这个词作为名词时如果是单数，则一般译为"规训"，如果是复数则一般译为"纪律"；作为形容词一般译为"规训（的）"。

2．本书所考察的惩罚权力的历史包括三个阶段：中世纪末和"旧制度"时期作为王权武器的酷刑；18世纪末，包括法国大革命时期人道主义的"再现"式惩罚；19世纪开始的、使用现代规训技术的监狱和普遍化的监视。书中提到的"古典时期"（法文：l'age classique；英文：classical period），不是指古希腊罗马时期的古典古代，而是指17—18世纪近代绝对君主制时期，大体上与西方文学史上所说的古典主义文学时期一致。本书中这一术语的用法与福柯其他著作中的用法也是一致的。

3．关于古典时期的惩罚权力，书中概括为"表象的、戏剧性的、能指的、公开的、集体的方式"。这里的"表象"（representation）一词在书中有的场合根据上下文译为"观念"或"再现"。表象或再现是福柯用以描述古典时期"权力—知识"综合体的一个重要术语。这种观点是与他在1966年发表的《词与物》（英译版《事物的秩序》）一脉相承的。在《词与物》中，福柯考察了近代西方的"知识型"（episteme）的替嬗。其中，他认为17—18世纪古典时期知识型的特点是，词并不直接表示物，而是一种符号，而符号只是对其他符号的"再现"。词组成了享有特权的符号系统。人们用词的秩序来再现（表现）物的秩序。

4．本书第四部分在分析现代刑罚制度时，认为现代规训技术制造出一种"过失犯"（delinquent）。本书中所谓的"过失犯"，据我们的理解，不是指一般意义上的无犯罪动机的违法者，而是指因恶劣环境或性格缺陷而有犯罪倾向的人，也指屡教不改的习惯性犯罪者。相关的一个描述性状的法文名词deliquence（英文：delinquency），在本书中有的地方译为"过失性状"，是指犯罪倾向；一般译为"过失犯罪"，是指习惯性犯罪。

5．"规范"（法文：norme；英文：norm）及其派生的形容词（normal）、动词（法文：normaliser；英文：normalize）和动名词（法文：normalisation；英文：normalization）等是本书中的一组重要术语。其动词和动名词又可译为正常化，但为了保持词面上的连贯，本书一般都译为"规范化"。关于福柯在"规范"问题上的观点还可参见他的《临床医学的诞生》（1963 年）。在那部著作中，福柯在分析医学与健康和"正常"（法文：normalite；英文：normality）的关系时认为，直至 18世纪末为止，医学和健康的关系要大于它和"正常"的关系，而 19 世纪的医学对"正常"的考虑要重于健康。

某些术语的译名是我们的尝试，是否合适，还有待读者的批评。本书的译稿在前些年就已译竣，并于 1992 年在台湾出版。此次交由三联书店出版，我们又做了全面的校订，但恐仍有不当之处，亦请识者指正。

1998 年 3 月

此次重印，对个别字句做了改订。

2012 年 2 月

　　法文词 corps（英文 body）是福柯的一个重要术语，在本书中译为肉体。中文学界现在将 body politics（法文：politique du corps）译为身体政治（学），而福柯是身体政治学的开创者之一。因此本书中的肉体也可读作身体。

2018 年 12 月